经济法新视野研究丛书

U0963699

本书获2014年湖北省社会科学基金项目（批准号：2014128）资助

社会转型期
我国经济法价值目标实现理路研究
——以马克思主义利益理论为视角

曹胜亮 著

WUHAN UNIVERSITY PRESS
武汉大学出版社

图书在版编目(CIP)数据

社会转型期我国经济法价值目标实现理路研究:以马克思主义利益理论为视角/曹胜亮著. —武汉: 武汉大学出版社,2015.6
经济法新视野研究丛书
ISBN 978-7-307-15886-3

Ⅰ.社… Ⅱ.曹… Ⅲ.经济法—研究—中国 Ⅳ.D922.290.4

中国版本图书馆 CIP 数据核字(2015)第 106005 号

责任编辑:田红恩　　责任校对:李孟潇　　版式设计:马　佳

出版发行: **武汉大学出版社**　(430072　武昌　珞珈山)
(电子邮件: cbs22@ whu. edu. cn　网址: www. wdp. com. cn)
印刷:武汉中远印务有限公司
开本: 720×1000　1/16　印张:19.5　字数:280 千字　插页:1
版次:2015 年 6 月第 1 版　2015 年 6 月第 1 次印刷
ISBN 978-7-307-15886-3　定价:42.00 元

版权所有，不得翻印；凡购我社的图书，如有质量问题，请与当地图书销售部门联系调换。

前　言

经济法作为一个积极回应社会的法律部门，不仅要担负起因市场和政府失灵而赋予的使命，而且还要对和谐社会发展指引下的社会经济运行作出有效的回应。从应然的角度而言，经济法本应成为规范市场秩序、促进宏观经济稳定发展的重要法律部门。然而，从实然的视域进行田野考察和实证分析，可以发现经济法并没有发挥应然层面的作用，尤其是在面向“转型中国”这一制度背景下，面向市场经济而建立的、依照西方主要资本主义国家法律安排（市场失灵—政府干预）进行建构的经济法在我国社会转型期并没有形成适宜的行之有效的“制度供给”。这体现在两个方面：一方面，经济法在许多领域“制度供给”过度，制定了许多与现实经济情况不相符合的法律制度，造成了制度浪费；另一方面，经济法在许多领域“制度供给”不足，使得经济管制方面的法律漏洞在实际经济运行中大量存在。这一切问题的解决均依赖于对经济法价值目标实现理路的重构，偏离经济法价值目标实现理路的比对考辨，难以求得与时俱进的正确良方。具体而言，必须从整体上深研经济法的价值目标，深挖来自于域外经济法传统实现理路在中国转型环境下移植成长的现实困惑。深探重构后的实现理路对经济法价值目标——社会整体利益实现的具体保障机制。经济法在运作过程中，如何化解面向“转型中国”条件下巨大的利益冲突呢？本书以马克思利益理论为视角，将经济法价值目标实现理路的框架置于利益冲突与平衡的基本范式之下，以此使得经济法在研究范式上得以实现根本性的转换。重构后的经济法价值目标实现理路应当设计为“规范政府权力，促成利益均衡机制”，这样才能够更好地实现经济法对社会转型的回应与“制度供给”。本书运用语境论与价值论相结合的方法、系统分析法、比较分析法、科际整合法等多元研究方法，从理论、立法与实践层面，使用大量的数据与实例，借鉴马克思主义哲学、法哲学、法经济学、制度经济学、政治学、社会学等外围学科的理论和学说，对经济法价值目标实现理路的基本问题进行了系统研究，力求理论分析的前瞻性和创新性、实践指导的针对性和有效性、研究方法的科学性和多元性，以期为经济法价值目标实现理路的根本性转换提供一个切实可行、论之有据的改革思路。

研究进路亦可称研究思路，是指研究主体对研究对象的宏观架构和谋篇布局。研究进路体现了研究对象发展脉络。本书共分六章，围绕利益这根主线而展开。

第一章是经济法价值目标的范式考究。本章主要是对一些与经济法价值目标相关的基础性概念和基本范畴进行界定和阐析，目的是为后文研究作理论铺垫，起前提和基础作用。首先，是对经济法价值内涵的界定，为此，本章从价值界定的范式选择入手，按价值—法的价值—经济法的价值这样一个逻辑顺序，得出经济法价值的内涵，在此基础上指出经济法的价值体系是由自由、秩序、效率、正义等既具备整体法秩序又具备严密逻辑架构的价值元素构成。尔后，对经济法价值、经济法价值目标以及经济法价值取向进行比对分析，指出其间关系——价值目标是基于一般法价值的逻辑基础而产生，是对一般法价值整合与优选的结果，为切入和研究主题作奏前准备。其次，对法的本位观进行探讨和思考，指出经济法以调整社会公共利益作为出发点，维护社会整体利益，以社会整体利益为本位。在明确经济法社会本位观后，社会本位的指向已转换为社会整体利益，也就是说，在社会的基础之上，社会整体利益作为经济法价值目标这一命题是其正常的逻辑推演结果。如果将社会作为一个整体，其存在着由其自身性质所决定的利益，在构建一个以社会为主体的利益关系里面，最为重要的就是社会整体利益，即社会整体层面上的利益，这是对个人利益、国家利益的超越与反思，也是经济法得以存在与发展的要件之一。这部分从两个角度展开，首先从分析的前提：市民社会与政治国家的二元理论——分析的基础；形式理性的衰微与实质理性的兴起——分析的视角；社会化趋势三个不同方面证成社会整体利益的客观存在性。然后，从民法视域下社会整体利益与个人利益的矛盾关系——行政法视域下社会整体利益与国家利益的比对——经济法语境下实质正义和形式正义的博弈，即在经济法语境下从实质正义的回归等不同的方面去证成社会整体利益作为经济法价值目标的合理性。最后深入论述了以马克思主义利益论为视角对转型期中国经济法价值目标实现理路研究的意义。引入马克思主义利益论基本框架，是为了阐述利益论对经济法价值目标研究的现实意义，为转型期我国经济法价值目标实现理路重构指引方向。

第二章是经济法价值目标的传统实现理路。本章首先梳理西方资本主义国家经济法产生的路径范式，从经济基础、法律基础、思想文化基础三个方面入手，论述了西方主要资本主义国家经济法价值目标实现理路的生成基础；其次，进一步深挖了西方主要资本主义国家经济法价值目标传统实现理路的理念渊源，指出西方主要资本主义国家经济法价值目标传统实现理路的深层决定因素；其次从遵循时间—事件维度以及政府—市场维度两个层面详细地论述了中国经济法产生路径范式以及我国经济法价值目标传统实现理路的实然基础；最后，重点比较中西方两种生成范式的区别，而这种区别将是直接导致中西经济法价值目标的实现理路存在分歧的主要缘由。批判主流经济法学把西方主要资本主义国家经济法产生的路径范式“市场失灵—政府干预”作为我国经济法理论逻辑起点的局限性，把西方国家成熟市场经济社会中的问题及西方经济法理论旨在回答的问题虚构为中国自己发展进程中的问题，这种“离乡背井”式研究遮蔽了中国自己的“真正问题”，无法为转轨改革提供有价值、有针对性的指导。这就为第三章社会转型和我国经济法价值目标传统实现理路的困惑的撰写埋下伏笔，作了铺垫。

第三章是对社会转型和我国经济法价值目标传统实现理路的困惑。从理论直接回到社会现实，分析现有的经济法价值目标的实现理路与转型中国的社会环境产生背离与张力，乃至仍采用经济法价值目标的传统实现理路，无法实现经济法的价值目标——社会整体利益。本章首先界定什么是社会转型与利益冲突，社会转型实质是利益结构从一种均衡到另一种均衡转化的过程。中国社会的转型是一个非常复杂的过程，是社会经济、政治、文化结构分化重组、递升跃迁的历史运动，是整个社会由僵滞走向变革、由封闭走向开放、由落后走向文明的现代化过程。本章首先从利益结构的重组（经济）——社会权力的结构改变（政治）——价值观多元引发的冲突（文化）三个维度阐析社会转型期中国呈现出来的种种特征，对这种种特征的剖析，可以窥视出中国社会转型是与整个世界历史的演进紧密联系在一起的。其整体意义指向是正面向上的，但是，我国社会转型代表的是以上三个维度利益结构的变化与打破，其中出现的断裂与失落也就伴随着转型而产生。这种断裂与失落必然带来利益主体相互间的对立与冲突，我国社会转型期利益冲突的表现形式为利益失衡，体现为经济利益与社会利益失衡，个体利益与整体利益的失衡。这种失衡的深层次原因在于，我国在从“乡土社会”向“商土社会”转型的过程中，同时在进行着从计划经济向市场经济转轨的深层次的制度变迁，这使得回应社会发展的经济法在回应其价值目标实现理路的变化上应当体现出更多的灵活性和适应性；在阐析我国社会转型期利益冲突的表现形式为利益失衡和剖析这种失衡的深层次原因后，本章第二节从应然和实然两个角度剖析了转型期我国经济法价值目标实现理路的应然理想与实然状况相悖，从应然的维度来看，我国经济法价值目标的实现理路应该具有多元权利的确认与维护功能以及利益冲突的平衡与协调功能。然而，在社会转型的语境下，沿用经济法价值目标传统实现理路范式（市场失灵——政府干预）并没有实现经济法的应然理想，也就是说，加入社会转型这一变量，经济法价值目标传统实现理路范式对经济法的价值目标社会整体利益的维护出现了困惑与盲点。这包括经济基础的固化使利益冲突更为激烈、法律基础薄弱、政治基础成为进一步改革的阻碍等因素。

第四章是转型期我国经济法价值目标实现理路重构的诱因、基础及取向。第三章全面阐析了社会转型和我国经济法价值目标传统实现理路的困惑，也就是说，加入社会转型这一变量，经济法价值目标传统实现理路范式对经济法的价值目标社会整体利益的维护出现了困惑与盲点。按照一般的逻辑进路，接下来的任务是回到“转型中国”语境之下，在“中国”维度之上讨论我国经济法价值目标——社会整体利益传统实现理路重构的问题，这样才能使经济法的本身成为一个可以适用，能够回应本土问题的法律部门。为此，本章首先从直接意义上阐述社会整体利益实现理路重构的诱因，这包括本土资源的社会症结、全球化的影响、现代性的要求、传统法律调控的困惑、经济法外围学科环境变化的影响五大因素，结合之前所论述的具有间接意义的社会转型和经济体制转轨这一变量，它们将共同作用转型期的中国社会现实，使得经济法价值目标实现理路重构成为必要。其次，本章指出重构并不是经济法本身能够完成的，必须借助特定的环境才可能实现。为此，本章第二节从经济利益环境、政治利益环境、法治利益环境三个方面详细的论述了经济法价值目标实现理路进行自我重构的基础。这些基础所呈现出来的是在现时社会变化与经济情况转化的过程中已经出现了若干支持理路重构的事实与性状，这使得经济法价值目标实现理路重构成为可能。最后，本章第三节进一步阐析了转型期重构经济法价值目标实现理路的取向，针对我国社会转型期利益冲突的表现形式，回应性地提出了包括平衡经济利益和社会利益，平衡社会整体利益、国家利益、个人利益和保护社会整体利益实现包容性增长三个方面的建设性指导意见。从宏观层面上为最终实现社会整体利益提供了方向性的制度设计与实施框架。

第五章是重构后的经济法价值目标实现理路。本章以纵横两种利益视角为基本框架，把重构后经济法价值目标的实现理路探索性的设计为“规范政府权力，促成利益均衡机制”。首先探讨在“转型中国”条件下，如何做到规范政府权力，从而使社会整体利益不至于受到政府过度干预、不当干预等滥用干预权行为的影响。规范政府权力，必须要做到以依法干预为主导，明确划定政府权力边界，界定政府干预主体、明确政府干预范围、规范政府干预手段、拟定政府干预责任、设定相机择动的授权机制等方面。然后，从横向维度提出若干促成利益均衡的机制，这主要包括促进社会中间层的发展、公共治理、社会整体利益形成的程序保障三个方面。在促进社会中间层的发展方面，本章深入地剖析了社会中间层缺位与越位的原因，分析了社会中间层主体路径的依据，阐析了社会中间层与政府及市场的利益博弈关系，指出了构建政府—社会中间层—市场三元法益主体的必要性，提出了促进社会中间层的发展的制度建构；在公共治理方面，本章从三个方面展开，首先，阐析了公共治理的理论内涵，从治理主体、治理客体、治理目标、治理手段等方面分析了公共治理理论构成；其次，探讨了公共治理理论意蕴与经济法价值目标的契合性；最后指出公共治理引入经济法的积极意义与理论边界；在社会整体利益形成的程序保障方面，全面论述了利益总体表达、参与、协调机制以及公益诉讼制度。从纵横两种利益视角来阐析经济法价值目标实现理路内容本身是一个有机统一的整体：规范政府权力要求现时掌握最多社会资源的政府打破原有计划经济“全能政府”的路径依赖，放松整个社会利益的强控制，以促使在政府之外有足够多的权利与利益内容，培育足够多的利益主体，这既是扩大社会整体利益，也是在政府层面合理调整利益结构。而对于利益均衡机制，则是在既有的利益总量条件下，通过利益均衡具体机制一方面扩大社会整体利益，另一方面也促成社会整体利益的均衡。同时，均衡机制本身也需要政府权力作为保障。两者相辅相成，相互作用，共同促进经济法的价值目标社会整体利益的实现。

第六章将回归主流政治话语，论述重构后的经济法价值目标实现理路对和谐社会价值诉求的回应。本章首先论述在利益论视野下的和谐社会问题，陈述何为和谐社会，分析了和谐社会的价值诉求。然后进一步指出，和谐社会价值诉求的关键是：从利益冲突转向利益和谐。运用马克思主义利益理论入木三分地剖析了重构后的经济法价值目标实现理路：规范政府权力，促成利益均衡机制，能够很好地化解我国社会转型期出现的利益矛盾和利益冲突，实现社会主义和谐社会。最后，深入剖析了重构后的经济法价值目标实现理路对和谐社会价值诉求的齿接与利好。

目　　录

导　　论

一、研究意义

经济法作为一个积极回应社会的法律部门，不仅要担负起因市场和政府失灵而赋予的使命，而且还要对和谐社会发展指引下的社会经济运行作出有效的回应。从应然的角度而言，经济法本应成为规范市场秩序、促进宏观经济稳定发展的重要法律部门。然而，从实然的视域进行田野考察和实证分析，可以发现经济法并没有发挥应然层面的作用，尤其是在面向“转型中国”这一制度背景下，面向市场经济而建立的、依照西方主要资本主义国家法律安排（市场失灵—政府干预）进行建构的经济法在我国社会转型期并没有形成适宜的行之有效的“制度供给”。为什么会出现这种情况？如何解决这种情况？如何使得经济法能够回应经济与社会发展的需要？在本书看来，这需要回到经济法价值目标的实现理路上来考察。当然，对于同一个事物的考察可以借助不同的视角、观点与理论框架展开。而经济法价值目标实现理路的实现在现时促进利益和谐的主流话语下，借助马克思主义利益理论进行展开与切入，更有利于认清和重构经济法价值目标及其实现理路。因此，本书将借助马克思主义的利益理论对经济法价值目标的实现理路进行全面的展开与分析，期望达到以下几点目标：

1. 摆脱研究误区，直面和回应转型中国的现实问题，彰显经济法与时俱进的品质

目前经济法学者们基本上都是把西方成熟市场经济社会的国家干预市场的经济法理论成果与实践经验直接移植到中国。把中国经济法的任务也理解为解决市场失灵，强调中国经济法是国家干预市

场之法，而中国的现实问题不是市场充分成熟出现市场失灵，而是市场不成熟，发育不全，经济法发展处处受到权力因素的掣肘。经济法学界对中国经济法现象缺乏独立的思考，对中国国情和中国经济法的基本任务认识模糊，对理论的建构与时代发展脱节，无法很好地回应当代中国经济社会转型的本土现实需求。脱离中国本土的社会经济状况，通过移植，生搬硬套国外的经济法理论来构建中国经济法，无法为转轨改革提供有价值的、有针对性的指导，无法对我国经济社会改革有所作为，形成的经济法制度经常会水土不服，没有实施绩效，不能彰显经济法与时俱进的品质。在当今社会，只有立足中国现实问题，正确把握在社会转型期经济法的价值目标，才能从理性和逻辑性的高度彰显经济法与时俱进的品质，确立经济法的独立地位，为经济法体系的内在协调奠定坚实的基础。

2. 拓展经济法研究范式，将马克思主义利益理论引入经济法研究中，为经济法价值目标实现理路的重构提供范式基础

正如霍姆斯所言，法学从来不是一门自给自足的学科。这已经成为共识，法学的发展必须依赖于其他社会科学乃至自然科学的研究成果。理论是对现实的镜像反映，法之理在法外，运用马克思主义利益理论的认知视角来阐析社会转型期经济法的价值目标，可以为经济法价值目标实现理路的重构提供一个可供实现与发展的理论框架资源。在一般的经济法研究中，都是借助西方的经济学与政治学理论来阐述经济法的生成与运作机理。但是，从对学科论述进行扩展的角度来看，研究方法的不断多样化，为经济法在多层次上进行展开提供了可能。一旦将马克思主义利益理论引入经济法价值研究，会使得经济法经历了一次重大的范式转换。由于经济法不但需要回应其他法律部门面临的问题，其更加需要从社会整体利益中找到其寻求的基础状态。因此，从马克思主义利益理论的视角对转型期经济法价值目标实现理路的探讨和澄清，对经济法在整个法学体系中的定位及经济法体系的建立与完善都有十分重要的意义。

3. 明确经济法价值目标实现理路的模式转向，保证经济法发展及经济法学研究沿着正确的方向发展

“不知道目的地，选择走哪条路或如何走某条路都是无甚意义

的；然而，不知道目的地的性质，无论选择哪条路还是如何确定走某路，却都有可能把我们引向深渊。”系统论认为，任何一个系统欲发挥其最大功效，不仅要求系统自身性能优良，而且还需要各子系统之间的配合与协调完美无缺和统一有序。如果将经济法看作是一个大系统，那么经济法中的各部门法便是这个大系统中的子系统，而在经济法学的各种法律范畴中，担负着促进各经济法部门协调统一功能的应当是经济法的价值目标，即只有将经济法价值目标明确界定，才能使经济法体系中的各部门法可以在价值目标同一的基石上相互配合和作用，不至于因价值目标的紊乱而相互冲突。本书试图通过对经济法价值目标的阐析，指出隐含在经济法大量制度条文内部和在现时经济法基础理论范围内的一致的价值目标。这种价值目标的实现理路与主要资本国家经济法价值目标的实现理路基本一致。但是，回到转型中国背景之下，这种价值目标实现理路就可能出现问题。这种问题既指向经济法的建构缺乏一致的价值目标，使得所有的经济立法和经济法学研究都会偏离正确的方向；又指向经济法价值目标传统实现理路无法对转型中国条件下的社会经济生活进行有效的回应，无法实现经济法的应然理想。因此，本书要做的不但是明确现有经济法价值目标的具体规定，同时更要论证经济法价值目标实现理路的应然取向。

4. 深探转型期经济法价值目标的实现理路为和谐社会的构建提供精神准则和行动指南

制度和价值是法律的基本范畴，制度规范是实现特定价值目标的基础。法律可以有复杂多样的具体制度，这些制度都是由彼此相连、具有共性的基本要素组成。价值目标是这些具体制度共同作用的方向，价值目标决定经济法具体制度的选择，防止具体制度出现随意性和发展的无方向性。社会整体利益的维护是经济法的价值目标，经济法各部门法的具体制度都应在这一目标的指引下去建构和实施。不完备的经济法律制度的补充、修订及执行也都应以社会整体利益的维护为依归。经济法价值目标契合了和谐社会的价值诉求，和谐社会不是一个没有利益冲突的社会，而是一个能够容纳利益冲突，能够用制度化解利益冲突，有效平衡协调社会各种矛盾冲突的社会。经济法作为经济社会化、现代化、法律社会化过程中的产物，它站在社会整体利益的高度，把追求社会整体利益作为自己的毕生追求和价值目标。当下，主流经济法学者的研究脱离了中国本土的社会经济状况，通过移植，生搬硬套国外的经济法理论来构建中国经济法，这种“离乡背井”式研究形成的经济法理论无法很好地回应当代中国经济社会转型的本土现实需求。

只有深探转型期经济法价值目标的实现理路，将经济法价值目标实现理路的框架置于利益冲突与平衡的基本范式之下，以此使得经济法在研究范式上得以根本性的转换，把经济法价值目标实现理路界定为“规范政府权力，促成利益均衡机制”。这种明确的界定就为和谐社会的构建提供了精神准则和行动目标。

二、国内外研究现状

法的价值在国外是一个古老而久远的话题，也是一个充满争议的法学范畴。美国法学家庞德说：“在法律的各个经典时期，无论在古代或近代里，对价值准则的论证、批判或合乎逻辑的适用都曾是法学家们的主要活动。”在中国它却是近些年来才引起人们的注意和讨论。而经济法的价值问题，则无论在国内或国外，都是一个新问题，值得认真研究。我国学者近年来虽对经济法的价值问题作了一些艰难而又有益的探讨，但各说各的、各论各的，互不搭讪，既不对话，也不论争。学者们对经济法价值探讨，其立足点多侧重于价值的现实状态和价值预期，对经济法价值研究，不仅存在非本位倾向，而且还存在着与此相关的另一种倾向，即对经济法从不成熟到逐步成熟的发展过程阶段性的关注明显不足。在谈到经济法价值时，虽然或多或少涉及经济法产生的背景，但涉及不等于重视，没有从根源上探索经济法价值的生成基础，经济法生成的过程也就是经济法价值形成的过程，生成基础的研究属于价值形成的溯源性研究，它是全方位研究经济法价值最基本也是最重要的一环；在对价值的探索中总是与经济法的调整对象和部门法的独立纠缠不清，没有进一步深挖物质利益关系是基本的社会关系、利益的社会本质和社会基础是生产关系，追求利益是人类一切社会活动的动因，利益是思想的基础，利益决定理念，利益决定、支配政治权力、政治活动、整体利益决定社会制度变迁。虽然对个人利益、国家利益、社会利益与法律本位观点与部门法有着对应联系研究，但忽视了它们共存的联系、对立统一的联系，忽视了法益目标和部门法划分的关系；对经济法价值体系构成也有作者专门谈及，例如孟庆垒认为，经济法价值体系为原生价值—衍生价值—终极价值。王贺娟认为经济法的价值体系为，基石价值—基本价值—终极价值，多数学者认为经济法的终极价值为社会整体利益；但在他们的价值构建中，忽视价值目标的时空维度，即价值目标的阶段性和具体国情分析，离开具体语境，抽象的从理论到理论的阐析经济法的价值目标；也有学者提出，时空维度的解读并非必然推导出法学意义上的社会整体利益对经济法突出性的价值意义和理论影响。社会（整体）利益只是一种抽象的利益，社会（整体）利益的存在不是建构经济法的必然理由。

对社会整体利益内涵的界定亦是众说纷纭、莫衷一是。首先学者们对社会（整体）利益与社会公共利益、公共利益、社会利益、国家利益之间的关系进行了艰巨而有益的探索，达成了一些共识，但它们之间的区别不能进行清晰辨析。其次，有的学者从主体和内容的视角来界定社会整体利益，但对社会的理解又存在一些分歧。一般认为这里的社会是指市民社会，但对市民社会理论的理解又存在古代市民社会、近代市民社会、现代市民社会的遴选问题。

一般学者都认为经济法的价值目标是社会整体利益，但他们的论述都是直陈式的，没有作深入系统的分析，没有回答经济法的价值目标为什么是社会整体利益；没有回答经济法的价值目标凭什么是社会整体利益，即经济法的价值目标——社会整体利益的法律依据是什么？更多是从与民商、行政法的利益本位观辨析中述及经济法的价值目标，没有对经济法的价值目标社会整体利益的客观性、合理性、法益目标的相对唯一性作深入研究，更多是以法论法，没有结合经济法的内在特殊性和特定背景法外论法。

目前经济法学者们基本上都是把西方成熟市场经济社会的国家干预市场的经济法理论成果与实践经验直接移植到中国。把中国经济法的任务也理解为解决市场失灵，强调中国经济法是国家干预市场之法，这种理解和界定说明经济法学界对中国经济法现象缺乏独立的思考，对中国国情和中国经济法的基本任务认识模糊，中国的现实问题不是市场充分发达出现市场失灵，而是市场不成熟，发育不全，经济法发展处处受到权力因素的掣肘。这种研究脱离了中国本土的社会经济状况，与时代发展脱节，无法很好地回应当代中国经济社会转型的本土现实需求。通过移植，生搬硬套国外的经济法理论来构建中国经济法，无法为转轨改革提供有价值的、有针对性的指导，无法对我国经济社会改革有所作为，通过移植形成的经济法制度经常会水土不服，没有实施绩效，不能彰显经济法与时俱进的品质。把社会转型和经济法价值目标传统实现理路的困惑联合起来，通过田野考察和实证分析，探寻转型中国语境下经济法传统实现理路困惑的诱因、基础以及重构经济法价值目标实现理路的制度取向，从笔者掌握的资料来看，目前极少有人涉足。立足转型期，紧扣中国语境下，以马克思主义利益理论为视角和方法论来研究经济法的价值目标——社会整体利益的实现理路，包括“推倒与重建”，以及对和谐社会价值诉求的利好分析等基本上没有人进行系统的耕耘和归纳。利益是法律的真正缔造者，利益是法律产生之源，利益是人们通过社会关系所表现出来的需要，法律对社会关系的调控的实质就是对人的各种利益关系的调整。利益与法唇齿相依。法之理在法外，以马克思主义利益论为视角和方法论能更好地认知经济法，能更好地抓住问题的根本，能更好地解释经济法的本质属性，能更好阐析经济法的价值目标——社会整体利益实现理路重构的诸多问题。同时，也表明经济法价值研究经历了一次重大的范式转换。经济法回应了不单是民法、行政法面临着社会化的问题，以社会整体利益作为自己安身立命之本，为经济法赢得生成的正当性，并为经济法与邻近部门法划定基本的活动边界。只有从价值和利益范畴中寻找答案，才能避免本末倒置地划分部门法，才能消除经济法地位的尴尬。

另外也有一些论文，在论述经济法的基本原则、本质属性、社会本位观等方面时也提及经济法的价值目标，他们一般涉及的都是经济法的终极价值目标，但对社会转型期经济法价值目标实现理路的研究实在太少。除了漆多俊、陈云良、冯果等几位法学大家在论述转轨经济法时提到：回到中国的转轨现实，注重解决转轨现实中的本土问题，把握转轨时期中国经济法的过渡性，把注意力集中到研究转型时期经济立法实践的规律中去，制定出适合转轨时期特点的经济法规范外，很少再有学者注重经济法价值目标的时空维度研究，尤其是转型时期经济法价值目标实现理路变迁研究，转型期经济法价值目标与具体制度以及和谐社会构建关系研究。

国外对经济法价值目标——社会整体利益的探讨主要集中在公法领域，针对的主要是土地和私有财产的征收征用和公共设施的提供方面。而以马克思主义利益理论为视角结合语境论和价值论来研究转型期经济法价值目标——社会整体利益实现理路，以笔者目前收集到的资料来看，基本是处于空白状态。因此，笔者认为，回到中国，回到转型期的现实，从马克思主义利益理论的视角对转型期经济法的价值目标——社会整体利益实现理路作一深入探讨，不仅必要而且意义深远。

三、研究方法

“工欲善其事，必先利其器。”这句古话是对方法论的重要的最为朴素和最为直观的解读。法学的进步，仰赖于研究方法上的进步，作为一门走在法与经济边缘的新兴人文社会学科，经济法理论研究尤其需要科学方法论的支持。只有寻求正确的研讨方法，才能够解除经济法困局中的障碍、解决经济法发展过程中面临的本土化的转轨现实问题，从而不断化解理论之间的冲突，进而促进经济法理论研究与实践的和谐齿接。本书在坚持历史唯物主义基本原则的基础上，以马克思主义利益理论为视角，对转型期经济法价值目标实现理路这一课题采取了以下研究方法：

第一，语境论与价值论相结合的方法。任何理论范式的分析视角与价值取向都取决于特定的语境。法律无论是把它作为一种文化，还是看作一种制度，其背后总有其生成的语境世界。语境论作为研究法律制度的一种新进路，对于法学尤其是对作为新兴学科的经济法学如何形成自己的解释方法、价值判断及理论范式具有十分重要的价值。本书摒弃了传统的以法论法、从理论到理论的研究方法，否认了直接移植嫁接未经本土化锤炼，生搬硬套的当前主流的市场经济法研究范式，结合我国改革开放三十多年的经验和当下社会转型和经济转轨的现实，从这一具体的语境出发，选择马克思主义利益理论为视角来阐析社会转型期经济法的价值目标实现理路。当然这不是否认价值论对经济法形成、发展、完善的历史功绩。"应然"往往是实然的一个条件，或者"应然"至少是先行被考虑到的，也正是在这种问题的意识下，"应然"的价值判断，就成为包括法学在内的人文社会学科研究中的一个重要问题，特别是在社会转型期，价值论常常被作为最能满足社会需要的思想武器。也正因此，一些主流法学家的研究范畴和成就，一直体现为对规范性价值理论的陈述和发展，也就是说，价值论研究范式在先期经济法的研究中注定要扮演非常重要的角色。

第二，系统分析法。依据贝塔朗菲的权威定义，"所谓系统，就是一系列处在互动之中的要素"，或者说系统就是由互赖而又互动的各类要素所组成的有机整体。"所谓的系统分析法一般是指把系统视为一个整体，通过分析组成系统的各个子系统之间以及系统与外部环境之间的互赖或互动来调整和完善系统。"系统分析法侧重于宏观分析和整体分析。本书对系统分析法的运用体现在两个方面：首先，把经济法的价值目标作为一个系统，研究经济法各种价值目标及其基本元素之间的关系以及其互相之互动转化；其次，将经济法所依赖的转轨现实视为一个系统，在本土化转轨现实的语境下，研究来自政治系统、文化系统、经济社会环境等外界系统对经济法价值目标实现理路和具体制度的作用和影响。

第三，利益分析法。利益分析法是马克思主义的经济分析方法。利益分析，就是根据利益原则解释人们社会活动背后的利益动因，找到利益关系所赖以表现出来的生产关系，然后从这种利益动因和利益关系出发来说明各种社会关系和社会历史现象。通过对社会转型期各种社会矛盾和社会冲突产生的利益动因，探寻国家干预社会经济生活过程中各种利益矛盾和利益冲突产生的背景和原因，进而为经济法价值目标实现理路的重构寻求理论支撑以及为利益和谐基础上的社会整体利益的实现提供精神准则和行动目标。利益理论是人们关于作为社会生活中重要社会现象利益的思想体系，是人类思想宝库中的重要内容。马克思主义利益理论科学地揭示了利益的本质、特征和产生、发展及作用的一般规律。利益是我们分析社会现象和社会问题的一个基本视角。利益支配人们的社会历史活动，一定的经济关系必然体现一定的利益关系，这是一条重要的历史唯物主义原则。根据利益原则对复杂的经济、政治思想、文化等社会生活及其关系进行利益分系，这是洞察社会历史奥秘的重要方法。

第四，比较分析法。比较分析法是对于两种或两种以上的具有类似特征而实质不同的法律现象的考察方法。这种方法又可以分为横向比较和纵向比较。本书在第一章第一节中有关经济法价值、经济法价值目标及经济法价值取向的关系阐析，第三章第一节中中西经济法生成路径范式和使命比较研究就集中运用横向比较分析法；第二章第二节经济法价值内涵界定中就比较集中运用纵向比较分析法。纵览全书，不难发现，对社会转型经济法价值目标实现理路的重构也是以传统实现理路为参照系的。

第五，科际整合法。“法学从来不是一门自给自足的学科，其发展必须依赖于其他社会科学乃至自然科学的研究成果。”“对经济法理论的探寻，更离不开多学科、多维度的思考，也唯有采取多学科、多维度的认知视角，才有可能丰富和深入对经济法的认知。”所以，哈耶克研究自由理论时强调：“我们必须把关于自由的哲学、法理学和经济学综合交融为一体，或者说为了增进对自由的洞见，我们必须把经济学、社会学、法理学、历史学和经济学综合起来对自由进行研究”，单一学科难以驾驭。对社会转型期经济法价值目标实现理路的研究“必须放置在具体的社会、历史、政治、经济背景中进行多维度的综合考察”，“因此对本选题的研究，除了运用法学理论的基本范畴和分析方法外，不可避免的会涉及如哲学、社会学、经济学、政治学、伦理学、历史学等学科的知识和分析方法。而且，也唯有采取多学科的分析方法，才能比较全面地把握好本论题的研究”。

四、研究进路

本书共分六章，围绕利益这根主线而展开，将社会转型期经济法价值目标实现理路这一论点进行全面的论述。

第一章是经济法价值目标的范式考究。本章主要是对一些与经济法价值目标相关的基础性概念和基本范畴进行界定和阐析，目的是为后文研究作理论铺垫，起着前提和基础作用。首先，是对经济法价值内涵的界定，为此，本章从价值界定的范式选择入手，按价值—法的价值—经济法的价值这样一个逻辑顺序，得出经济法价值的内涵，在此基础上指出经济法的价值体系是由自由、秩序、效率、正义等即具备整体法秩序又具备严密逻辑架构的价值元素构成。尔后，对经济法价值、经济法价值目标以及经济法价值取向进行比对分析，指出其间关系——价值目标是基于一般法价值的逻辑基础而产生，是对一般法价值整合与优选的结果，为切入和研究主题作奏前准备。其次，对法的本位观进行探讨和思考，指出经济法以调整社会公共利益作为出发点，维护社会整体利益，以社会整体利益为本位。在明确经济法社会本位观后，社会本位的指向已转换为社会整体利益，也就是说，在社会的基础之上，社会整体利益作为经济法价值目标这一命题是其正常的逻辑推演结果。如果将社会作为一个整体，其存在着由其自身性质所决定的利益，在构建一个以社会为主体的利益关系里面，最为重要的就是社会整体利益，即社会整体层面上的利益，这是对个人利益、国家利益的超越与反思，也是经济法得以存在与发展的要件之一。这部分从两个角度展开，首先从分析的前提：市民社会与政治国家的二元理论——分析的基础；形式理性的衰微与实质理性的兴起——分析的视角；社会化趋势三个不同方面证成社会整体利益的客观存在性。然后，从民法视域下社会整体利益与个人利益的矛盾关系——行政法视域下社会整体利益与国家利益的比对——经济法语境下实质正义和形式正义的博弈，即经济法语境下实质正义的回归三个不同的方面去证成社会整体利益作为经济法价值目标的合理性。最后深入论述了以马克思主义利益论为视角对转型期中国经济法价值目标实现理路研究的意义。引入马克思主义利益论基本框架，是为了阐述马克思主义利益论对经济法价值目标研究的现实意义，为转型期我国经济法价值目标实现理路重构指引方向。

第二章是经济法价值目标的传统实现理路。本章先梳理西方资本主义国家经济法产生的路径范式，从经济基础、法律基础、思想文化基础等三个方面入手，论述了西方主要资本主义国家经济法价值目标实现理路的生成基础，尔后，进一步深挖了西方主要资本主义国家经济法价值目标传统实现理路的理念渊源，指出西方主要资本主义国家经济法价值目标传统实现理路的深层决定因素；其次遵循时间—事件维度以及政府—市场维度两个层面详细地论述了中国经济法产生路径范式以及我国经济法价值目标传统实现理路的实然基础；最后，重点比较了中西两种生成范式的区别所在，而这种区别将是直接导致中西经济法价值目标的实现理路存在分歧的主要缘由。批判主流经济法学把西方主要资本主义国家经济法产生的路径范式“市场失灵—政府干预”作为我国经济法理论逻辑起点的局限性，把西方国家成熟市场经济社会中的问题及西方经济法理论旨在回答的问题虚构为中国自己发展进程中的问题，这种“离乡背井”式研究遮蔽了中国自己的“真正问题”，无法为转轨改革提供有价值、有针对性的指导。这就为第三章社会转型和我国经济法价值目标传统实现理路的困惑的撰写埋下伏笔，作了铺垫。

第三章是社会转型和我国经济法价值目标传统实现理路的困惑。从理论直接回到社会现实，分析现有的经济法价值目标的实现理路与转型中国的社会环境产生背离与张力，乃至造成了仍采用经济法价值目标的传统实现理路，无法实现经济法的价值目标——社会整体利益。本章首先界定什么是社会转型与利益冲突，社会转型实质是利益结构从一种均衡到另一种均衡转化的过程。中国社会的转型是一个非常复杂的过程，是社会经济、政治、文化结构分化重组、递升跃迁的历史运动，是整个社会由僵滞走向变革、由封闭走向开放、由落后走向文明的现代化过程。本章首先从利益结构的重组（经济）——社会权力的结构改变（政治）——-价值观多元引发的冲突（文化）三个维度阐析社会转型期中国呈现出来的种种特征，这种特征的剖析，可以窥视出中国社会转型是与整个世界历史的演进紧密联系在一起的。其整体意义指向是正面向上的，但是，我国社会转型代表的是以上三个维度利益结构的变化与打破，其中出现的断裂与失落也就伴随着转型而产生。这种断裂与失落必然带来利益主体相互间的对立与冲突，我国社会转型期利益冲突的表现形式为利益失衡，体现为经济利益与社会利益失衡，个体利益与整体利益的失衡。这种失衡的深层次原因在于，我国在从“乡土社会”向“商土社会”转型的过程中，同时在进行着从计划经济向市场经济转轨的深层次的制度变迁，这使得回应社会发展的经济法在回应其价值目标实现理路的变化上应当体现出更多的灵活性和适应性；在阐析我国社会转型期利益冲突的表现形式为利益失衡和剖析这种失衡的深层次原因后，本章第二节从应然和实然两个角度剖析了转型期我国经济法价值目标实现理路的应然理想与实然状况相悖，从应然的维度来看，我国经济法价值目标的实现理路应该具有多元权利的确认与维护功能以及利益冲突的平衡与协调功能。然而，在社会转型的语境下，沿用经济法价值目标传统实现理路范式（市场失灵—政府干预）并没有实现经济法的应然理想，也就是说，加入社会转型这一变量，经济法价值目标传统实现理路范式对经济法的价值目标社会整体利益的维护出现了困惑与盲点。这包括经济基础的固化使利益冲突更为激烈、法律基础薄弱、政治基础成为进一步改革的阻碍。

第四章是转型期我国经济法价值目标实现理路重构的诱因、基础及取向。第三章全面阐析了社会转型和我国经济法价值目标传统实现理路的困惑，也就是说，加入社会转型这一变量，经济法价值目标传统实现理路范式对经济法的价值目标社会整体利益的维护出现了困惑与盲点。按照一般的逻辑进路，接下来的任务是回到“转型中国”语境之下，在“中国”维度之上讨论我国经济法价值目标社会整体利益传统实现理路重构的问题，这样才能使经济法的本身成为一个可以适用，能够回应本土问题的法律部门。为此，本章首先从直接意义上阐述社会整体利益实现理路重构的诱因，这包括本土资源的社会症结、全球化的影响、现代化的要求、传统法律调控的困惑、经济法外围学科环境变化的影响五大因素，结合之前所论述的具有间接意义的社会转型和经济体制转轨这一变量，它们将共同作用转型期的中国社会现实，使得经济法价值目标实现理路重构成为必要；其次，本章指出重构并不是经济法本身能够完成的，必须借助特定的环境才可能实现。为此，本章第二节从经济利益环境—政治利益环境—法治利益环境三个方面详细的论述了经济法价值目标实现理路进行自我重构的利益基础。这些基础所呈现出来的是在现时社会变化与经济情况转化的过程中已经出现了若干支持理路重构的事实与性状，这使得经济法价值目标实现理路重构成为可能；最后，本章第三节进一步阐析了转型期重构经济法价值目标实现理路的取向，针对我国社会转型期利益冲突的表现形式，回应性的提出了包括平衡经济利益和社会利益——平衡社会整体利益、国家利益和个人利益——保护社会整体利益实现包容性增长三个方面的建设性指导意见。从宏观层面上为最终实现社会整体利益提供了方向性的制度设计与实施框架。

第五章是重构后的经济法价值目标实现理路。本章以纵横两种利益视角为基本框架，把重构后经济法价值目标的实现理路探索性的设计为“规范政府权力，促成利益均衡机制”。首先探讨在“转型中国”条件下，如何做到规范政府权力，从而使社会整体利益不至于受到政府过度干预、不当干预等滥用干预权行为的影响。规范政府权力，必须要做到依法干预为主导，明确划定政府权力边界，界定政府干预主体、明确政府干预范围、规范政府干预手段、拟定政府干预责任、设定相机择动的授权机制等方面。然后，从横向维度提出若干促成利益均衡的机制，这主要包括促进社会中间层的发展、公共治理、社会整体利益形成的程序保障三个方面。在促进社会中间层的发展方面，本章深入的剖析了社会中间层缺位与越位的原因，分析了社会中间层主体路径的依据，阐析了社会中间层与政府及市场的利益博弈关系，指出了构建政府——社会中间层——市场三元法益主体的必要性，提出了促进社会中间层发展的制度建构；在公共治理方面，本章从四个方面展开，首先，阐析了公共治理的理论内涵，从治理主体——治理客体——治理目标——治理手段等方面分析了公共治理理论构成。其次，探讨了公共治理理论意蕴与经济法价值目标的契合性。最后指出公共治理引入经济法的积极意义与理论边界；在社会整体利益形成的程序保障方面，全面论述了利益总体表达、参与、协调机制以及公益诉讼制度。从纵横两种利益视角来阐析经济法价值目标实现理路内容本身是一个有机统一的整体：规范政府权力要求现时掌握最多社会资源的政府打破原有计划经济“全能政府”的路径依赖，放松整个社会利益的过度控制，以促使在政府之外有足够多的权利与利益内容，培育足够多的利益主体勃兴，这既是做大社会整体利益，也是在政府层面合理调整利益结构的结果。而对于利益均衡机制，则是在既有的利益总量条件下，通过利益均衡具体机制一方面扩大社会整体利益，另一方面也促成社会整体利益的均衡；同时，均衡机制本身也需要政府权力作为保证。两者相辅相成，相互作用，共同促进经济法的价值目标社会整体利益的实现。

第六章将回归主流政治话语，论述重构后的经济法价值目标实现理路对和谐社会价值诉求的回应。本章首先论述在利益论视野下的和谐社会问题，陈述何为和谐社会，分析了和谐社会的价值诉求。然后进一步指出，和谐社会价值诉求的关键是：从利益冲突转向利益和谐。运用马克思主义利益理论入木三分的剖析了重构后的经济法价值目标实现理路：规范政府权力，促成利益均衡机制，能够很好的化解我国社会转型期出现的利益矛盾和利益冲突，实现社会主义和谐社会。最后，深入剖析了重构后的经济法价值目标实现理路对和谐社会价值诉求的齿接与利好。

五、主要观点、创新点及缺憾

经济法在面向“转型中国”这一制度背景时，并没有形成适宜的“制度供给”。一方面是经济法在许多领域“制度供给”过度，制定许多与现实经济情况不相符的法律制度，造成制度浪费；另一方面是在许多领域“制度供给”不足，使得经济管制方面的法律漏洞在实际经济运行中大量存在。因此，为了改变这种情况，必须要回到经济法价值目标的实现理路上来梳理其中的理论变迁，揭示经济法价值目标传统实现理路的不足以及重构经济法价值目标实现理路的必要性和紧迫性。具体言之，本书旨在引入马克思主义理论，厘清来自于域外的经济法传统实现理路在转型中国语境下的现实困惑——面向“转型中国”现存的巨大利益冲突，经济法价值目标实现理路的框架重构与考量必须纳入利益冲突与平衡的基本范式，以使得经济法在研究范式上得以根本性的转换。综上所述，重构后的经济法价值目标实现理路应当理解为“规范政府权力，促成利益均衡机制”。本书致力于构建一条全新的经济法价值目标实现理路，而这条理路主要在以下几个方面推进了原有的理论研究，具体创新点体现在：

第一，研究范畴创新。在已有的研究中，学者研究的中心点主要集中在研究经济法的价值和价值目标。对经济法的价值目标的客观性和合理性并没有实质性的研究，对如何实现经济法的价值目标更是没有深入涉及。这种盲点可能基于一种思路：将经济法价值目标的实现视为经济法制度运行本身自然存在，而不需要其他特别的机制而存在。然而实际上经济法制度运行需要一个目标上的支持与引领方能实现。只谈具体制度，不谈价值目标，可能陷入一种错误的运行方式之中，而无法进行反思。而本书正是从经济法价值目标这一元概念出发，探求蕴含在经济法本身的价值目标，探求这种价值目标是否与转型中国的大背景相适应，探求价值目标是如何影响具体的制度安排以及实现这种价值目标的具体实现理路是什么。

第二，研究视角创新。在之前的经济法研究中，学者一般是引入现代经济学的资源，例如，市场失灵等概念分析经济法存在与运行的基础，这种分析当然是非常有意义的。市场经济完全可以通过一定的模型与概念进行言说与解读，换言之，中国的市场经济运行规律完全可以采用现代经济学的理论进行解读。但是，这种解读并不能够代替本土的研究以及内在矛盾的研究。本书引入马克思主义利益理论这一全新的视角，正是因为意识到经济法的运行是基于利益本身而展开，是基于利益关系的纠缠而运行，其必然面向的是利益关系。而在利益关系中，由于固有的利益结构与每个人的利益情况，特别是社会转型期，利益冲突成为一种必然。因此，经济法价值目标要得以实现，必须在理路构建上回应利益结构，回应利益冲突。如果经济法的制度构建不能回应利益结构与冲突，则将导致其不能实现对社会的“制度供给”，最终沦为法学的边缘学科。

第三，研究方法创新。在之前的经济法研究中，一般重视规范分析，习惯于从固有的概念模型，确定的分析框架出发分析，推导出一系列的命题。这种规范研究方法能够实现本身在理论上的自洽与完满。但是，这种纯粹的理论层面推导还应当结合现有的实现情况展开。本书采取的研究方法在以下两个方面实现突破：一是引入大量的数据资源，证明与说明问题。数据本身是冷冰冰，但是数据也是会“说话”的。数据本身的魅力在于其能够说明一个变量在实际时空条件下的真实情况是如何的。同时，数据本身具有强说服力，其能够说明到底从整体上的制度运行机制。二是重视具体案例的剖析。黄仁宇教授以“万历十五年”这一普通的年份论说整个封建中国的官僚体制与历史发展，其实就是一种“小叙事，大视野”的方法论在史学上的运用。而本书同样采取与之类似的方法，重视中国经济法运行中的个案，从个案中探求制度运行层面的法理与背景，从小事件折射整体制度的运行状况。

第四，研究结论创新。苏力教授在论述中国法学的研究现状时，提醒学者“什么是你的贡献”。一篇论文是否有价值，研究方法上的创新当然是有必要。而最直接就体现在研究结论的创新层面。本书在从经济法价值目标着手，对经济法价值目标的实现理路进行全方位的研究，最终得出，在转型中国的制度背景之下，经济法价值目标实现理路应当重构为“规范政府权力，促成利益均衡机制”。并对这一理路进行全面的展开，认为针对现有的利益结构，应该通过经济法具体制度的运作使经济法本身形成了一个在纵横方面都应该得以平衡的利益框架，在这种利益框架之中，必须实现对不同维度以及不同层次上的利益平衡。当然，由于本书涉及的学科领域较多，同时作者本人专业知识所限，本书只能在一定的学科范围内展开论述，而不能将理论发展到一个完整的、最终的框架。或者说本书更多的是提出一个问题，提供一种角度，引发理论界多一种思考，希望更多本土的学者能将马克思利益理论引入到经济法的研究中去。因此，本书至少在以下几个方面存在继续推进的可能：

首先，本书界定经济法价值目标——社会整体利益的论说相对薄弱。对经济法价值目标论说，应当是遵循从价值，到法的价值，再到经济法的价值，最后结合经济法本身来阐析经济法的价值目标。但是，价值目标这一概念在中外的经典论述就汗牛充栋。本书重点在于探求一系列具体制度的运行情况，而没有对这一形而上的概念进行全面的耙梳和更为全面详细的证成，使得理论证成的基础存在诸多薄弱之处。

其次，从宏观角度论说经济法价值目标实现理路现行的运作情况不够完整。论说现时的经济法价值目标传统实现理路加入社会转型这一变量可能出现问题，必须要指明其在运行过程中存在那些具体问题。而这种问题的论说必须是从整体上进行把握，即便具体个案能够反应出问题，但并不能从完整地描述制度运行的实情。这种实情的概括必须借助一定的数据统计口径与数据框架方能实现。而在现时的中国经济法学界也无法提供上述一个确定的框架，本书也无法说明这一框架，只能通过个别指标，个别数据的引入，说明某一问题从整体上来看存在问题，可能影响经济法价值目标实现理路的运作，进而难以保障经济法价值目标社会整体利益的实现。

再次，如何更紧密地更自洽地把马克思主义利益论作为一种分析工具，来论说经济法价值目标传统实现理路在社会转型期不能胜任社会整体利益的实现，又如何更自洽地运用马克思利益论来证成社会转型期经济法的价值目标实现理路应该设计为规范政府权力，促成利益均衡机制。又如何更自洽地运用马克思利益论来证成重构后的实现理路能够促进社会整体利益的实现。虽然本书在两者的粘连度上取得了一定的创新和突破，但相恰互适性的证成，还需要进一步的挖潜和深究。

最后，对实现理路的整体建构需要进一步细化。本书认为，对经济法价值目标传统实现理路进行重构是为了更好地实现社会整体利益。而这种利益的实现理路应当从纵横向两个利益视角进行具体建构。然而，这种理路的实现其实更多还是在理论上进行展开，而如何转化为具体的经济法制度甚至是经济法条文都需要结合具体的时空条件与制度运行背景。因此，这种实现理路的实践面向还是相对较薄弱，也需要进一步深入和细化。

第一章　经济法价值目标的范式考究

在法律史的各个经典时期，无论是在古代还是近代，对价值准则的论证、批判或合乎逻辑的使用，都曾是法学家们的主要活动。① 深入到作为一个独立法律部门的经济法，其价值应为其所追求的理想和目的，应为制度主体和经济法的关系中体现出来的法律积极意义。经济法是法律体系中的一个部门法，同一般法的价值一样，它也具有秩序、效率、公正、正义等价值；它的价值链的中心环节也是效率与公平；它固有的基本价值取向是社会本位。② 作为问题探讨的最初界定，本章将通过学理概念的梳理，定义经济法价值、经济法价值目标等重点概念，厘清整体框架的争议点，为后文展开论述奠定基础。

第一节　经济法价值内涵的界定

要界定经济法的价值目标，首先是要界定经济法的价值。但就价值这一语词而言，在不同的范式逻辑下，其内涵都有所不同。因此，本节将从选取一个合理、恰当的范式入手，定义经济法的价值。并以此作为探讨的基础展开，直接深入到整体法体系内涵里面，讨论作为一般法的价值是如何在经济法里面得以体现的。然后划定价值、价值取向与价值目标之间的关系——价值目标是基于一

---

① ［美］庞德：《通过法律的社会控制：法律的任务》，沈宗灵等译，商务印书馆 1994 年版，第 55 页。

② 漆多俊：《经济法价值、理念与原则》，载《经济法论丛》第 2 卷，中国方正出版社 1999 年版，第 62 页。

般法价值的逻辑基础上产生，但又是对其的整合与优选。

一、价值界定的范式选择

科学理论不是能被经验证实或证伪的个别命题的集合，而是由许多相互联系、彼此影响的命题和原理组成的系统整体，库恩①将这一系统整体称作范式。范式（paradigm）是指一个共同体成员所共享的信仰、价值、技术等的集合。② 在库恩看来，学科的成熟发展是以范式的建立作为起点从而进入常规的科学阶段。③ 作为概念起点，价值的定义在不同的范式语境下具备不同的含义。即范式的选择决定了对价值的定义。在现实学界对价值内涵的界定问题大体有三种观点，即属性说、关系说和兴趣说。

（一）属性说

该说认为价值归根到底是有价值者自身的存在和属性。④ “价值”是物满足人和社会需要的那种属性，即物对人和社会的有用性，是指对人的生存发展和享受具有积极意义的东西。⑤ 所以在马克思主义哲学的范畴内，价值往往被定义为一种客观的物对于主体的一种有用性。

（二）兴趣说

该说认为价值依存于人的兴趣，价值的产生是否有价值都取决于价值主体，即人。20 世纪美国新实在论运动领袖、价值兴趣学

---

① ［美］库恩（Kuhn，Thoms Samual. 1922-1996）：美国科学史家，科学哲学家，他是西方科学哲学中历史—社会学派最主要的代表，提出了一种新颖的科学观，即把科学看作一定的科学共同体按照一套共有的“范式”所进行的专业活动，并描绘了一种常规时期和革命时期相互交替的科学发展模式。

② ［美］库恩：《科学革命的结构》，金吾伦、胡新和译，北京大学出版社 2003 年版，第 5 页。

③ 张世明：《经济法学理论演变研究》，中国民主法制出版社 2002 年版，第 25 页。

④ 卓泽渊：《法律论》，法律出版社 1999 年版，第 33 页。

⑤ 李德顺：《“价值”与“人的价值”的辨析》，载《法律社会科学》1994 年第 6 期。

说创始人培里，在其伦理著作《一般价值论》中提出："一切价值的最初根源和不变特征是兴趣。"① 英国哲学家罗素则认为"关于'价值'的问题完全在知识的范围之外"。② 与之类似的还有霍尔巴赫。③ 显然，兴趣说都是把价值作为一种主观意志的体现。然而，由于每个人的主观偏好，兴趣指向不同，不同的价值界定与标准缺乏一致性。

（三）关系说

该说认为价值是任何客体的存在、属性、作用等对于主体的意义。④ 关系说认为价值是主客体的统一，强调"价值"是表示客体的属性与主体的需要之间的一种特定关系，理解和界定价值应从主客体的关系出发。有的学者在解释"价值"时，认为价值是一个表征关系的范畴，反映的是人与外界物的关系，揭示的是人的实践活动的动机和目的；价值是一个表征意义的范畴，是用以表示事物所有的对主体有意义的，可以满足主体需要的功能和属性的概念。⑤

对比以上的理论，无论是属性说、兴趣说还是关系说，都存在片面性。属性说强调了价值的客观性，即事物自身的存在与属性，却忽视了价值主体的作用。兴趣说强调了价值主体的作用而又忽视了客体对人的影响。而关系说则认为价值是一种关系，即客体对主体需要的满足，虽然"关系说"从结合主客体关系的角度来界定价值，但理论上仍存在明显不足。因为在谈论价值是主客体之间的勾连关系时，应当明确特定关系是价值产生的背景，但不能等同。倡

---

① 杜齐才：《价值与价值观念》，广东人民出版社 1987 年版，第 9 页。

② 王吉胜：《中西著名思想命题要览》，辽宁教育出版社 1996 年版，第 1126 页。

③ ［法］霍尔巴赫：《自然的体系》（上卷），管士宾译，商务印书馆 1999 年版，第 259 页。

④ ［英］罗素：《宗教与科学》，徐弈春、林国夫译，商务印书馆 1982 年版，第 123 页。

⑤ 李德顺：《"价值"与"人的价值"辨析》，载《天津社会科学》1994 年第 6 期。

导“关系说”者通常乐于引用马克思的一段话作为其关系“价值”概念解说的依据：“价值这个普遍的概念是从人们对待满足他们需要的外界物的关系中产生的。”① 马克思绝没有说“价值是一种关系”的意思。“价值是从……关系中产生”与价值是一种关系是绝对不同的表述，前者的意思是关系是价值产生的背景，后者的意思是“关系就是价值本身”。关系说对价值解释的失败就在于把价值产生的语义背景当作价值本身。② 但三种学说的启发意义在于指明了价值界定过程中应注意的三个重要问题：客体作用的客观存在、主体的自觉意识以及两者的勾连关系：主体对客体的评价。价值可以理解为一种特定的关系背景下，事物的存在、性状、属性、作用等。③ 借用张恒山教授的范式，可以将价值定义为与主体需要、欲求具有相洽互适性的，从而受到主体的珍视、重视的事物的存在、性状、属性或作用。④ 这个概念一方面科学地指出界定价值的含义必须注重它的客观性，即事物的存在、性状、属性、作用。另一方面点明价值的主观属性即为界定价值的关键所在——脱离了人去谈价值就丧失了意义，即在人之外是没有价值可言的。价值具有强烈的主观意志。价值的存在来自于人对事物的判断、需要与认识。只有以上三者作为整体才构成一个主客观相一致的价值定义。经济法价值研究不能离开对价值的构成要素的思考，价值的这一核心内容对经济法价值研究的启示在于：经济法的价值研究必须对经济法的价值主体以及主体需求进行考察，思考经济法的主体范围和主体对客体的需求即主体对经济法有何需求和经济法可以增进何种价值；必须解决价值要素中的主体需求与客体功能的统一问题，价值的主体需求与客体功能并不是当然对应的，有时会出现错位甚至缺位，当主体需求与客体功能错位时，主体需求落空；当主体需求与客体

---

① 张文显主编：《法理学》，法律出版社 1997 年版，第 278~279 页。

② 段葳：《经济法的价值目标与人文理念》，华中师范大学 2005 年经济法学硕士论文。

③ 张恒山：《法的价值概念辨析》，载《中外法学》2003 年第 1 期。

④ 张恒山：《法的价值概念辨析》，载《中外法学》2003 年第 1 期。

功能缺位时则需要客体功能补位。① 从此定义同时可知，其与经济学对价值的定义不同。② 结合本书论证的需要，只将价值确定为正向的，即亚里士多德表达的“善”（Good）的面相。

二、法律价值的含义

在明确了一般价值的含义的基础上，我们就可以对法的价值作进一步的研究。法的价值是价值这一属概念中的一种，其含义与价值的含义具有一致性，所以，法的价值要以一般价值的含义的确定为前提，同时，法的价值的具体子项的含义，又要以法的价值的一般含义的确定为前提。那么什么是法的价值？对这个问题的回答不是一蹴而就就可以得出定论的。对法的价值的讨论实际上是无边无际的，人们除了可以在不同的价值含义上，在不同的主体意义上，在不同的载体背景意义上，提出不同意义上的法的价值，还可以在不同层次意义上，提出无穷无尽的具体的法价值名目——在某种意义上，这些法的价值名目都有其存在的理由。因此，任何一个学者在讨论法的价值时，必须首先说明其所讨论的价值所依据的一般价值的含义是什么，法价值的主体范围包括哪些，所讨论法价值的载体背景是什么，如果不对法的价值作一个范围限定和意义限定，研究者们实际上就不可能就法的价值进行对话，读者也不可能理解各种法的价值的含义，有鉴于此，与价值的范式定义多样性不同，法学界对法的价值定义呈现出相对一致性的态势。中国经典的马克思主义法理学认为，“法的价值”存在三种层次的定义方式：法的目的价值、法律所包含的评价标准及法的形式价值。法的价值就是法这个客体（制度化的对象）对个人、群体、社会或国家的需要的积极意义和一定的满足。③ 也有学者认为，所谓法的价值应当是指

① 穆虹：《经济法价值研究》，山东大学出版社 2009 年版，第 6~7 页。

② 在经济学语境下，价值可以有正负之分，一个物品对主体的价值有可能为正，也有可能为负。

③ 孙国华、何贝蓓：《法的价值研究中的几个基本理论问题》，载《法制与社会发展》2001 年第 4 期。

全体社会成员根据自己的需要而认为、希望法所应当具有的最基本的性状和属性。① 尽管定义略有不同，但是在整体法内在体系里面，都是将自由、秩序、安全、效率、公平、正义等普适理念作为法的价值，只是不同学说对待普适概念的组成、排列有所不同而已。

三、经济法的价值内涵和学理分析

根据我们对法的价值的定义，按价值—法的价值—经济法的价值，这样一个逻辑思维顺序，我们就可以得出经济法价值的定义：经济法的价值是指全体社会成员根据自己的需要、欲求而认为、希望经济法所应当具有的最基本的性状、属性。这种界定至少包含以下几个方面的限制：

第一，主体上的限制。我们在给经济法价值下定义时，其主体不是指个人、团体、阶级、国家等，而是指全体社会成员。着重强调经济法价值主体的普遍性和整体性，以全体社会成员共同具有的最基本的需求、欲望作为出发点，意指经济法的最基本的性质、属性、作用等对全体社会成员最基本的需求、欲望的满足。

第二，对经济法价值载体背景的限制。经济法价值载体背景的不同，经济法价值探讨的意义也就不同。载体背景，是在既存的经济法中为我们所珍视、重视的性状、属性作用为经济法的价值，这实际上是以我们的兴趣、欲求、需要为出发点，在既存的经济法中寻找与我们的兴趣、欲求、需要相洽互适的属性、作用。这种研究是实证性的，其目的主要在于认识、讨论这种意义上经济法的价值。我们不能超出实在法的性质、属性作用之外提出经济法的价值。

以未来的、待定的或待改的经济法为载体背景，是以我们的欲求、兴趣或需要为内容或者与这些内容相对应的未来法、待定法、待改法的性状、属性、作用为经济法的价值。这实际上是以我们的兴趣、欲求或需要为出发点去确定待定法、待改法的理想状态，这

---

① 张恒山：《法的价值概念辨析》，载《中外法学》2003 年第 1 期。

不是从既存的经济法中寻求与我们的需要、欲求相洽互适的性状、属性、作用，而是相反，首先确定某种特定主体的欲求、需要，进而要求那种待定法、待改法应具有的与这种特定的主体的欲求、需要相洽互适的属性、作用。在这种基础上，该特定主体将通过自己的实践，努力使待定法、待改法、未来法具有自己所想要它具有的属性、作用。这种价值研究的起点是主观的，即通过主观努力，其结果却是客观的，这种研究是导向性的，其目的主要在于引导实践，其表述方式是“经济法应有……的性状”，从这种意义上研究经济法的价值体现了经济法的理念、精神和灵魂，是经济法的理论追求，并对实践中的法治建设起着统领和主导的作用。我们称之为经济法应有的价值或价值目标，而以既存的经济法为载体背景的经济法的价值则为经济法的实有价值或实在价值。它与法的作用很难严格区分，所以在大多数教科书中都有专门章节讨论“经济法的作用”的情况下，我们没有必要讨论以实在法为载体背景的情况下的“法的价值”，我认为对法律实践最为重要的是讨论以未来法、待定法、待改法的经济法为载体背景的情况下，来讨论经济法的价值即价值目标。这也是本书论证的重要论题。

第三，经济法的价值应该是理性的。主体对经济法的性状、属性、作用的需求、欲望应该产生于社会经济关系之中，是对客观社会经济关系需求的反映。而不是主张者心血来潮，念头一闪就可以提出来的，否则就跌入了主观主义、唯心主义的怀抱！

第四，经济法价值名目的原初性和含义的独特性。经济法价值名目的原初性是指我们对经济法价值的探讨不是对经济法所有的价值进行探讨，而是对与我们全体社会成员最基本的需求、欲望相洽互适的经济法的最基本的性状、属性、作用进行探讨。否则，我们就会被淹没在一个无边无际的价值名目的大海之中。经济法价值含义的独特性是指经济法的价值目标同其他法律部门，特别是与民法、行政法相比，能够体现经济法质的规定性。

四、经济法的价值体系

作为一种公共物品，经济法与主体需要，欲求应当存在一定的互适性，由互适性引申出的价值应具有多元性。首先，作为一种公共产品，经济法属性并非单一，在同一层面呈现出的属性对制度主体的满足应有多种面向。其次，更进一步而言，经济法的属性在不同层面，不同领域、不同时期展现的属性不应当唯一。例如，改革开放初期，由于长期计划经济的压制与命令，导致经济活力低下，公民参与经济生活的意愿低下。此时，经济法的价值就在于恢复被压制的经济意愿，激发公民参与经济投资创业的积极性。而到了如今房价虚高，呈现出“市场失灵”的状态时，经济法的价值则应相应地调整为控制哄抬房价，控制流动资本的过度进入，进而实现市场秩序的平稳，乃至整体国民经济的平稳与发展。可见，作为整体的经济法价值并非单一，而是多元的。

因此，本书认为经济法的价值体系既要符合整体法秩序的价值体系，展现出多元性的自由、秩序、效率、正义体系，同时也要具备自身的内在逻辑。因此，本书定义经济法的价值元素为秩序、自由、效率、正义。而由于经济法调整着经济生活的各个领域，其价值元素必然具有强烈的经济性和社会性，即经济法的价值元素比法的价值元素在面向社会经济生活、社会经济秩序运行上有更为密切的对接意义——这是经济法的本质属性与在整个法律体系中的地位以及现实面向意义所决定的。

（一）秩序

“法对经济秩序的维护即体现为使经济活动摆脱随机任意性而获得稳定性及连续性。”① 庞德认为秩序的标志是在人的“合作本能”与“利己本能”之间建立并保持均衡的状态，而要维持这种秩序则必须以“社会化的法律”取代过分强调个人权利、自由的法律。② 一般认为，经济法主张“社会本位秩序观”，突出强调社会整体利益，要求在公权力的运行保障下，依靠法定授权的国家强制力，通过处理经济生活中不稳定因素，从而建立起制度均衡的社

① 张文显：《法理学》，法律出版社 1997 年版，第 297 页。

② 张文显：《法理学》，法律出版社 1997 年版，第 291 页。

会秩序，促进市场经济的良性运行。例如，竞争法需要对纷繁复杂的市场信息能作出及时、有效的调整与指导，一方面通过《反不正当竞争法》控制不正当竞争过程，防止过度竞争，以实现竞争秩序的有序运行。另一方面，通过《反垄断法》打击垄断行为，防止竞争不足给消费者福利带来的损害。再如金融法，既要超越意思自治的基本限制，为金融组织的建构提供一整套的“组织模版”，并施加若干设立的强制性要求，还要对其进行行为规制，防止其行为的外部性冲击整体秩序。

（二）自由

一切法律都以约束人作为它的开始，又都是以推进人的自由和社会自治作为它的归宿之一。① 1958年伯林发表“两种自由概念”的演讲，这在现代政治思想史中具有划时代的意义。伯林关于积极自由与消极自由②两种自由概念的划分，是现代西方自由主义在经历了第二次世界大战以后对于自由理论反思的新成果，被视为密尔的《论自由》发表一个世纪之后关于自由理论的又一个里程碑式的作品。自由又分为积极自由与消极自由，积极自由是源自于个人想要成为自己的主宰的期望。“我希望我的生活与选择，能够由我本身来决定，而不取决于任何外界的力量。我希望成为我自己的意志而不是别人意志的工具。我希望成为主体，而不是他人行为的对象；我希望我的行为出于我自己的理性、有意识之目的，而不是出于外来的原因。③”孟德斯鸠从积极自由出发给自由作出了一个经

① 张文显：《法学基本范畴研究》，中国政法大学出版社1992年版，第265页。

② Positive freedom与negative freedom或译为“肯定性自由”与“否定性自由”。关于如何翻译及其中的微妙区别，可参见［英］哈耶克：《自由秩序原理》（上册），邓正来译，三联书店1997年版，第14页；高全喜：《法律秩序与自由主义——哈耶克的法律与宪政思想》，北京大学出版社2003年版，第139页。

③ 刘军宁编：《市场逻辑与国家观念》，三联书店1995年版，第210页。

典的定义，自由即为做法律许可的一切事情的权利。① 而消极自由的代表性人物哈耶克在《自由秩序原理》将自由定义为一种人的状态，一个人不受制于另一个人或一些人因专断意志而产生的强制状态，亦常被称为个人自由或人身自由。② 在经济领域，经济自由是市场经济的前提，是激发市场活力的源泉。在计划经济条件下，发布由上至下的指令，计划、决定的政府拥有哈耶克所说的“致命的自负”,③ 认为能够知悉所有的信息，进行全社会范围内的资源调配，结果造成的是公民参与经济生活的自由被压制，追求财富与行动的动力与自由被泯灭，使经济运行无法维持。④ 自由竞争的市场经济才能提高人们创造社会财富的主动性和积极性，从而激发人们主动改进技术，提高工作效率。因此，自由是竞争的前提，同时竞争也是自由的保障。

有学者指出，经济法是限制经济自由的法，民法是保障经济自由的法的判断。⑤ 但这种观点明显地忽视微观自由需要整体自由的保障意义。民法通过调整平等主体之间的财产关系来实现微观经济自由，它强调个体独立与自由，市场主体“能根据市场的情况，自身处境和自身利益之所在作出判断并使自己的经济行为适应于从经验中得到的东西，从而使所追求的利益可能最大化”。⑥ 在此基础上，每个人都是由一只看不见的手引导着并最终增进了社会的利益，虽然这最终的结果并非出自其个人的意思。然而，民法的困境

① ［法］孟德斯鸠：《论法的精神》（上册），张雁深译，商务印书馆1961年版，第4页。

② ［英］哈耶克：《自由秩序原理》（上册），邓正来译，三联书店1997年版，第154页。

③ ［英］哈耶克：《致命的自负》，冯克利等译，中国社会科学出版社2000年版，第100页。

④ 此时，群体之间的利益差别是刚性的。陶德麟：《社会稳定论》，山东人民出版社1999年版，第303页。

⑤ 李昌麒、薛克鹏：《论经济法的精神》，重庆大学学报增刊，2002年8月。

⑥ 杨春学：《经济人与社会秩序分析》，上海三联书店、上海人民出版社1998年版，第11～12页。

在于其可能缺乏优良的宏观环境，进而导致民法所追求的微观经济自由难以实现。如在意思自治掩盖下，供求关系中的信息不对称因素只会造成消费者无法根据完备信息作出决策，实际造成了意思自由受到冲击，而失却真正意思自治的表达能力。相反，经济法是以保障与促进经济自由为指向，它通过对整体经济秩序的调控来实现经济自由。因为，市场经济的自由不是绝对的自由，而应为有序。正如哈特所说，在大多数情况下，法律为一个居民阶层提供了利益，却剥夺了其他居民选择的利益。① 为了营造有序的经济自由，有时需要以少数人微观层面的自由为代价来换取整个社会整体的自由，它的特点是“以牺牲少数人的自由去争取大多数人乃至社会整体的自由，这可以从反垄断、反不正当竞争等制度中体现出来。谁都明白，真正的自由是相对的，没有不自由就没有自由，干预与自治，规制与自由在经济法中得到了有效统一”。② 这也是经济法相对于民法最大的精义所在。真正的问题其实是在于考虑经济法为代表的干预与强制之力之边界何在？

（三）效率

经济的发展有赖于效率的提高。现代经济法除了强调总量的提升，还要重视增量的提升。即固定的生产单位的产出量高于原来的产出量。③ 在整个法律价值体系中，效率价值居于较为重要位阶，是法律从整体上配置社会资源的首要价值标准。④ 效率作为一种法律价值体系进入法学领域，始于二十世纪六、七十年代法经济学的兴起。法律作为社会资源调配最为重要的工具，其评价标准应以效率为目标，即利益最大化。通过出现偏好的认可与实施，以功用价值排除等方式，界定社会资源所有者对于由此之损失，由所有者通过转移支付，予以弥补。如果说，诸如刑法、行政法等传统法律部

---

① ［英］哈特：《法律的概念》，张文显等译，中国大百科全书出版社1996年版，第164页。

② 何文龙：《经济法理念简论》，载《法商研究》1998年第3期。

③ 朱霁：《增量利益关系说与经济法的完善》，载《湖南工程学院学报》2010年第3期。

④ 张文显：《法理学》，法律出版社1997年版，第315页。

门是以公平为最为重要的取向的话，那么，效率就是一直贯穿经济法发展过程中的重要研究课题——经济法不仅维护个人的利益，也维护社会整体意义上的利益：通过限制少数一部分人的个体自由来实现社会整体利益，其中包括两种方式，一是限制个人自由，使社会大部分自由得以实现，使绝大多数人的利益相对于少数人得以提升，即实现效率。最好的例子就是通过强制经营者对产品进行强制信息披露，使不特定的消费者可以知悉产品真实情况，以减少对产品信息的搜索成本，使交易曲线变得平滑。二是限制个人自由的同时，通过其他的补偿机制弥补受损者在利益上的损失，例如通过税收、转移支付的方式对个人自由受限的补偿，受损者的效率同样可以部分实现。这种限制微观个体自由，以求达到调控宏观社会整体经济格局良性运行的管理方式，也成为了国家实现经济管理职能的重要手段。正如史际春教授所说，“经济法的效益观所追求的社会效益，在于它不是一般而言的经济成果最大化，同时更是宏观经济成果、长远经济利益以及人文和自然环境、人的价值等诸多因素的优化和发展，微观和经济的成果只是社会效益的组成部分之一”。①

（四）正义

正义是人类崇高的理想和信念，是最古老而又持久的法律价值之一。从古罗马的《查士丁尼法学阶梯》称法学是一门有关正义的学问，到罗尔斯在《正义论》中把正义视为“社会制度的首要价值”，都体现了这一古老信念。② 历史上，人们或者从信念、直觉、先验判断、人类本性中寻找正义的根据，或者以“最大多数人的最大利益”作为正义的功利基础，或者通过虚拟“原初状态”或“理想的对话情境”来建构正义原则，或者直接依据实在法律确定正义的客观标准。③ 亚里士多德曾经指出：“政治学上的善就

---

① 史际春、邓峰：《经济法总论》，法律出版社 1998 年版，第 157 页。

② 夏勇：《法理讲义——关于法律的道理与学问》，北京大学出版社 2010 年版，第 227 页。

③ ［英］麦考密克、［奥］魏因贝格尔：《制度法论》，周叶谦译，中国政法大学出版社 1994 年版，第 174~184 页。

是正义，正义以公共利益为依归。”① 功利主义把能够满足最大多数人的最大幸福作为社会制度安排的正义标准，认为只要能够对整体功利带来积极有利的效果，可以损害一部社会成员或者使某些人的生存状况变得更差。这种正义论的重物轻人倾向为帕累托原则(Pareto Principle)② 所反对，帕累托原则要求福利的增加以人不受损失为前提。每一社会成员都拥有一种基于正义或自然权利的不可侵犯性，这种不可侵犯性即使以社会整体利益之名也不能逾越，因此，正义否认为一些人享受更大利益而剥夺另一些人的自由是正当的，也拒不承认多数人享受的大利益能够绰绰有余地补偿少数人迫不得已的损失。③ 公平与正义是两个相近的概念，追求公平的旨趣与正义也较为接近。然而，公平着眼点在形式正义的层面。而正义的内涵比公平丰富，它不仅包括形式正义，还包括实质正义——对实质正义的理解不可偏狭，它同样包含着形式正义对于相同情况作出相同法律调整的要求，它是在形式正义的基础上发展起来的，是对形式正义的一种扬弃，而不是简单地走向反面和极端化。④ 正义的内涵涵盖了公平，因此，在表征经济法价值元素时，正义比公平更适合使用。

同时，应注意的是民法与经济法的正义观之间存在着根本性的差异。民法所倡导的正义，着眼于平等经济个体之间的正义，认为给予平等的经济主体之间平等的权利与机会，即为正义，也就是说，此为形式正义，却忽略实质正义的内容。相比民法是以抽象的

---

① ［古希腊］亚里士多德：《政治学》，吴寿彭译，商务印书馆 1965 年版，第 148 页。

② 根据帕累托原则（Pareto Principle），对甲、乙两种经济状态，如果一部分人认为甲比乙好，而另一部分也至少认为乙不比甲更坏，那么甲在“社会偏好秩序”中就比乙好；如果作为从乙到甲的转变，至少使一人获益，同时所有其他人不受损失，那么甲就比乙好，此时从乙到甲的改进就会带来社会福利的增加。

③ ［美］约翰．罗尔斯：《正义论》，何怀宏、何包钢、廖申白译，中国社会科学出版社 1988 年版，第 1~2 页。

④ 史际春、邓峰：《经济法总论》，法律出版社 1998 年版，第 155 页。

人格平等为基础建立起社会正义体系，经济法从社会整体利益出发追求实质正义，追求结果正义，谋求的是社会稳定与发展。经济法是以经济个体之间存在能力与财产上的差异为基础，即不平等为起点建立起自己的正义体系，认识到在实际生活可能存在的禀赋、财富、地区、偏好的差异，而造成个人在经济上不可能完全平等。这种认识的逻辑结果就是关注结果正义。如某个个体经济行为在微观上看来造成负面影响，经济行为的负外部性溢出，在宏观上对社会整体利益造成严重损害。那么该个体经济行为在经济法的语境下，就违背了正义的原则。固守传统民法的形式正义观可能的是出现如今贫富分化差距日益扩大、地区差异严重的现实。为了应对此状况，经济法在进行制度设计时，必须通过各种具体的法律制度“熨平”差异，实现实质正义。因此，可以说经济法的正义观是从社会角度出发的、差异的、实质的正义观，同时也成为经济法生存与发展基础的最高理念。

五、经济法价值、经济法价值目标与经济法价值取向的比较

经济法价值、经济法价值目标与经济法价值取向同属价值范畴内容，在实际理论研究中，有的学者对三者不加区分，甚至混淆为一体。语词资源本身是具有可识别性。不同名词的使用应当是具有不同意义。因此，有必要在此厘清三者的关系，以进一步明确三者的地位和区别。笔者认为，经济法价值、经济法价值目标与经济法价值取向处于价值体系中的不同层次，其中经济法价值是基础概念，价值取向是价值目标的上位概念，价值目标是价值取向的下位概念。

如前所述，秩序、自由、效率、正义等价值有序排列组成经济法价值体系。因此，经济法价值是价值体系中最基础的关系。然而，在现实面向的处理中，价值之间——秩序、自由、效率与正义之间会发生冲突。要处理这些冲突，必须根据当时经济态势有所取舍，这就是经济法价值取向存在的必要性。价值取向是指作为抽象概念的法在价值判断的基础上选取的最能体现社会人某种需要的性

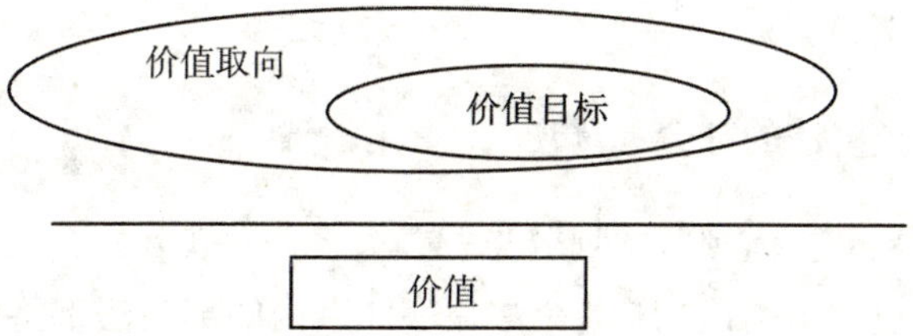

状、属性、作用等运作和发展的过程。① 价值取向是在法的秩序、自由、效率、正义等价值基础上形成的，并包含有这些基本价值倾向，但却不仅仅是这些价值的一般表述，经济法价值取向是把经济法价值上升到一定理想程度的表述。经济法通过其价值目标来间接追求其价值取向，它是一种方向而非具体化的对象；而经济法的价值目标是具体的，可实现的。② 因此，从以上的论述可以看出，价值目标的厘定与实现可以在更大的限度实现宏观与微观的对接，实现经济法的形而上与形而下之间的对接，以使经济法的价值目标在更大程度上得到彰显。

第二节　经济法的社会本位观和价值目标

上文已经具体地论述了经济法的价值之所在，并且明确经济法价值目标与之关系。实际上，要切入论述经济法的价值目标，必须回到经济法的基本立足点，以此为论述的开端，进行展开。本节将指明，经济法是以社会为本位的法律部门，在这种本位的指向之下，其价值目标必须是社会整体利益。在论述利益的时候，可以回到马克思利益理论最为经典的论述，通过马克思利益理论的经典论

---

① 段葳：《经济法的目标与人文理念》，华中师范大学 2005 年经济法学硕士论文。

② 段葳：《经济法的目标与人文理念》，华中师范大学 2005 年经济法学硕士论文。

述，结合当前的经济运行实践，论述注重社会整体利益的现实面向与现实意义。

一、经济法的社会本位观

法律社会主体利益的划分与配置大多是对实际社会关系中已有的利益的追记与确认。① 整个法秩序体系内的部门法都将保护一定的利益作为自己的任务，并将追逐和实现一定的利益作为自己的目标。每个部门法都有其自身的利益价值衡量尺度，对利益体系当中某项利益都会采取偏向性的保护。这种利益在法律上即为法益，应为法律保护的利益。② 若依保护形态分类，法益是由积极的法益和消极的法益组成，前者是指法律保护和积极实现的利益，后者是指法律消极地排除他人之侵害；若依保护方式差异，法益由直接法益与间接法益构成。由于众多法律部门所保护的利益主要体现为自然人利益、法人利益、国家利益与社会公共利益。然而，实际面向过程中，上述利益之间冲突与矛盾时有发生，而且每个部门法由于其具体制度涉及与控制力的差异，导致的是不可能面面俱到，平衡地实现和保护上述每一种利益。这时，就有了直接法益与间接法益的区分意义了。在部门法中首先保护和实现的那种性质的利益就是直接法益。而一种利益虽不是这个部门法首先保护和实现的利益，但随后由法律反射进而实现这种利益，或者通过实现了直接利益而间接地实现的利益就是间接法益，或称为反射法益。③ 因此，法益目标只是在由多种利益目标组成的利益体系中最为重要的一种利益目标。但在不同的部门法领域，法益这个语词的使用有所不同，如民法，尤其是侵权责任法领域，则更加注重将法益视为在明定的权利

---

① 李道军：《法的应然与实然》，山东人民出版社 2001 年版，第 139 页。

② 李宜琛：《民法总则》，台湾正中书局 1977 年版，第 44 页。

③ 张力：《从反射利益到基本权利》，载《改革与战略》2007 年第 12 期。

之外，可受保护的利益。① 如死者名誉②、遗体保护。③ 在刑法中，则更多是将法益界定在设定的某一类型罪名指向的保护对象。④ 那么，如何看待经济法语境下的法益呢？

首先要探讨的是法本位问题。“我们考虑任何一个法律部门，它在确定自己的调整对象的时候，都应当有一个基本出发点，或者说本位思想，正是这种本位思想构成了一个法律部门区别于另一个法律部门的主要标志。”⑤ 法本位是我国学者在20世纪提出的一个原创命题，但对法本位的概念却没有深入研究和取得一致意见⑥，在20世纪30年代有代表性的定义是“当研究权利义务之先，对法律立脚点之重心观念，不可不特别论及，即所谓法律之本位也。”⑦ 可见，法本位中的“本位”应界定为“法律立足点”或“法律重心”，不同的法本位观体现为法的不同价值目标。而法本位根据不同的分类标准可对它进行归类，从法律关系的内容来分，法本位可

---

① 民法研究中，学者多从法益的内涵、种类、外延展开论述。如曹险峰：《在权利与法益之间——对侵权行为客体的解读》，载《当代法学》2005年第4期；李岩：《民事法益的界定》，载《当代法学》2008年第3期；郑友德等：《论反不正当竞争法的保护对象——兼评公平竞争权》，载《知识产权》2008年第5期；张民安等：《我国〈侵权责任法〉对他人民事权益的保护》，载《暨南学报》（哲学社会科学版）2010年第3期；温世扬：《略论侵权保护的民事权益》，载《河南政法管理干部学院学报》2011年第1期。

② 北京市高级人民法院（2007）高民终级字第309号民事判决书。

③ 东莞市中级人民法院（2005）东法民一终字第1608号民事判决书。

④ 刑法研究中，法益成为区分罪与非罪、此罪与彼罪的关键概念。如张明楷：《法益初论》，中国政法大学出版社1999年版；舒洪水、张晶：《近现代法益理论的发展及其功能化解读》，载《中国刑事法杂志》2010年第9期；G·雅各布斯，王世洲译：《刑法保护什么：法益还是规范适用?》，载《比较法研究》2004年第1期。

⑤ 李昌麒主编：《经济法学》，中国政法大学出版社1999年版，第82页。

⑥ 甘强：《经济法与社会法的法本位界分——经济法与社会法关系研究的视角》，载《 理论界》2007年第5期。

⑦ 欧阳奚谷编：《法学通论》，上海会文堂编译社1993年版，第241页。

分为权利本位、权力本位与义务本位；从法律实施的受益对象上来分，法本位可分为个人（利益）本位、社会（利益）本位与国家（利益）本位。故法律的本位思想通常就是由法律所体现的利益所决定。正如之前所述，经济法以调整社会公共利益作为出发点，维护社会整体利益，以社会整体利益为本位，因此，经济法的法本位观归入到社会本位。而且，从经济法的社会本位观可看出经济法对经济生活的干预不是无限制的，而应限定在一定范围内。

一般意义上，根据利益主体和利益归属的不同，可将利益主体划分为个人和社会整体，而社会整体利益是整个人类社会作为利益主体的利益。如果要在法学领域深入理解“社会整体利益”这个概念，首先应分析“社会”、“整体”和“利益”这三个概念。通常意义上，社会是指以一定的物质生产活动为基础而联系的人类生活共同体。人是社会的主体。① 在这里“社会就是指市民社会”②，然而市民社会具有历史多样性，市民社会的概念含义随着社会历史发展不断地演变。从古至今，市民社会大体有三种内涵。第一种含义是古典市民社会，它是指“拥有政府和法律，每个公民都关心公共利益而且积极参加政治生活的文明社会③；第二种含义是“现代市民社会”，它主要是指社会经济领域。这种观点建构了“市民社会——国家”二元结构；第三种含义是“当代市民社会”，它主要指社会文化领域，这种观点建立了“经济—市民社会—国家”三元结构④。我们应该选择哪一种市民社会作为经济法的社会基础呢？从学者们对“市民社会是经济法的社会基础”的相关论述来看：他们认为当代市民社会是经济法的社会支撑；在历史视角下，我们不难发现中国市民社会尚在形成之中，而且西方现代和当代市

① 《辞海》，上海辞书出版社 1999 年版，第 4259 页。

② 冯果：《经济法本质探微——经济法概念的界定和制度构建的理性基础分析》，载《学习月刊》2007 年第 2 期。

③ Adam Fergusonl, *An Easy on the history of Civil Society*（影印本），中国政法大学出版社 2003 年版，pp. 116-117。

④ 王伦刚：《市民社会的多样性与中国经济法学的选择——历史视角下中国经济法社会观的重构》，载《现代法学》2008 年第 3 期。

民社会之间存在有机的历史联系，因此中国经济法的社会观应该是中国市民社会，即立足于中国，并借鉴和整合现代与当代西方社民社会特点的市民社会。① 在此语境下，作为利益承载主体的社会表现出两种不同的社会观："部分社会说和全体社会说"。② 经济法的社会观只能是一种经济性视角的整体社会观，因为经济法是由市场失灵而国家在干预经济的过程中产生的法律，国家对经济干预的目的不是为了某个群体的利益，而是社会整体利益。③

整体在哲学上与"部分"相对，组成辩证法的一对范畴。④ 而"社会整体利益"与"公共利益"、"社会公共利益"、"社会利益"等概念的区别从字面上看主要集中于"整体"二字。按照系统理论的观点"若干事物按照某种方式相互联系而形成的一个系统，就会产生出它的组分和组分的总和所没有的新性质，叫做系统质或整体质。这种性质只能在系统整体中表现出来，一旦系统分解为它的组成部分，便不复存在"。⑤ 社会就是这样一个系统，虽然作为其组分的个人存在着自己独立的意志和利益，但是当它按照一定的方式、结构组成社会这个系统时，就产生了单个人所不具备的整体性的意志与利益，也即社会整体利益。⑥ 社会整体利益不同于社会公共利益，社会整体利益是社会公共利益的上位概念，因为社会公共利益是社会中所有单个市民的个人利益中的共性利益的提取。它只是团体中个体成员私人利益中的共性利益诉求，它对社会

---

① 王伦刚：《市民社会的多样性与中国经济法学的选择——历史视角下中国经济法社会观的重构》，载《现代法学》2008 年第 3 期。

② 樊启荣：《社会法的范畴及体系的展开——简论社会保障法的概念和体系》，载《时代法学》2005 年第 2 期。

③ 甘强：《经济法与社会法的法本位界分——经济法与社会法关系研究的视角》，载《理论界》2007 年第 5 期。

④ 《辞海》，上海辞书出版社 1999 年版，第 3687 页。

⑤ 苗东升：《系统科学精要》，中国人民大学出版社 1998 年版，第 29 页。

⑥ 李友根：《社会整体利益代表机制研究——兼论公益诉讼的理论基础》，载《南京大学学报：哲学・人文社科版》2002 年第 2 期。

成员私人利益的整合只表现在量的集合基础上取得的共同利益，而整体利益当中还会有整体当中成员私人利益的冲突整合，是全体社会成员无数私人利益博弈的结果，它对社会成员私人利益的整合已经有了质的提升。① 社会公共利益只是社会整体利益的子系统。明确社会整体利益的产生机制，可以有效地与局部利益、地方利益相区别。(局部利益、地方利益等在一定的范围内相对于各成员的利益而言，同样具有公共性的特征，从而同样可能被视为社会公共利益。) 可以从观念上有效地抵制立法中、执法中的部门保护主义、地方保护倾向。②

而一般的利益的定义就是指好处③，是一种需求的满足，这种需求的满足因为享受的主体有别而表现出不同范畴的利益，经济法所保障的就是社会整体利益的满足，但这种满足的内容应该是"经济利益"，是社会整体物质财富的增进，或者说是社会物质财富总量的增加。④ 法律并不创造利益，利益是客观存在的，法律只是承认或者拒绝承认某些特定利益是否需要或者是否以法律保护。法律承认与保护利益的主要方式是，规定一定的人或集团享有法律上的权利。⑤ 总而言之，全体社会整体利益是社会成员的共同利益，是"社会公众从社会生活的角度出发，为维护社会正常秩序，正常活动而提出的愿望和需要"。⑥ 它不是个人利益的简单相加，在法律语境下，社会整体法益目标是为了通过激发经济主体的积极性，自由进行交易，实现社会资源的有效分配，同时通过必要的国家强制

① 冯果:《经济法本质探微——经济法概念界定和制度构建的理性基础分析》, 载《学习月刊》2007 年第 2 期。

② 李友根:《社会整体利益代表机制研究——兼论公益诉讼的理论基础》, 载《南京大学学报: 哲学·人文社科版》2002 年第 2 期。

③ 《辞海》, 上海辞书出版社 1999 年版, 第 4666 页。

④ 冯果:《经济法本质探微——经济法概念界定和制度构建的理性基础分析》, 载《学习月刊》2007 年第 2 期。

⑤ 郭道晖:《法理学精义》, 湖南人民出版社 2005 年版, 第 207 页。

⑥ 赖达清、唐敏:《以社会公共利益为本位的法》, 载《中国经济法治的反思与前瞻》, 法律出版社 2001 年版, 第 113 页。

力进行干预，以最终实现社会以及社会成员的实质正义。有学者甚至将经济法的方法论表述为整体主义方法论，同和谐辩证法一道作为经济法的两个基本方法论。①

正如之前所述，与民法存在的巨大差异，经济法是从经济秩序的高度“俯视”社会整体，且代替整个法益目标的外向变量，以社会整体利益的维护为取向。

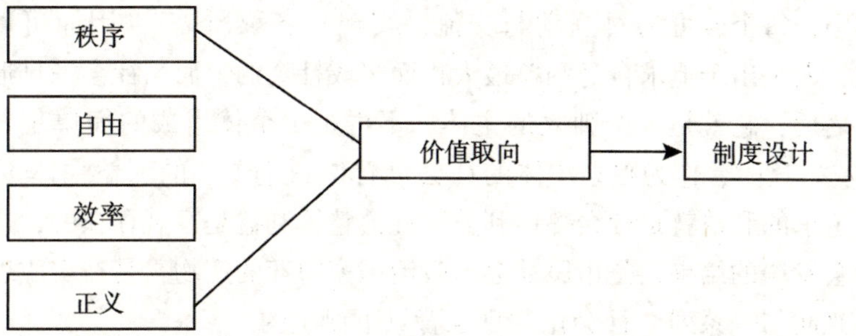

由上图可知，经济法以社会整体利益为价值目标，将其作为一种外在变量。在社会整体利益的框架之下，整合秩序、自由、效率、正义各种价值，面向现实，以在进行制度设计时，解决具体经济摩擦，以选择以那些价值为优先与主导来排定价值体系的先后的顺序。

二、经济法的价值目标

在明确经济法以社会为本位后，其指向是什么呢？在本书看来，社会本位的指向已转换为社会整体利益，也就是说，在社会的基础之上，社会整体利益作为经济法价值目标这一命题是其正常的逻辑推演结果。如果将社会作为一个整体，其存在着由其自身性质所决定的利益，例如社会的整体动荡对社会而言，必定为负价值的；而一个整体平稳波动的运行状态下的社会或社会成员必定是正

① 刘水林：《经济法的基本方法论探讨》，载《中南民族大学学报（人文社会科学版）》2005年第2期。

价值的。那么，在构建一个以社会为主体的利益关系里面，最为重要的就是社会整体利益，即社会整体层面上的利益，这是对个人利益、国家利益的超越与反思，也是经济法得以存在与发展的要件之一。

（一）社会整体利益的客观存在性

“天下熙熙，皆为利来；天下攘攘，皆为利往。”① 人的行为都是受利益驱动而为，每个人都追求自身利益最大化。在社会共同体中，每个人可通过互动与交流，实现“各取所需”。因而可以说，人是出于追求自身利益最大化而组成社会的，而当社会一旦形成之后，它就是一个独立的主体，不再是由个体组成的简单集合体。② 这时，作为独立主体的社会可看作一个单一的利益主体③，所追求的利益就是社会整体利益。社会整体利益是客观存在的，是社会发展的结果，是市民社会与政治国家博弈的产物，是在实质理性兴起与一系列“社会化”现象背景下诞生的。

1. 分析的前提：市民社会与政治国家的二元理论

市民社会与政治国家理论是人类发展的重要理论课题，市民社会与政治国家二元架构理论是首先从市民社会理论发展出来的。市民社会概念由来已久，早在希腊时代，亚里士多德就提到了市民社会，只不过他把市民社会等同于城邦社会。古罗马的西塞罗将市民社会界定为：“它不仅意指单一国家，而且也指业已发达到出现城市的文明政治共同体的生活状况。”近代的思想家对市民社会最为重要的论述是黑格尔，其从客观物质生活的角度阐述市民社会，认为市民社会是处在家庭和国家之间的差别的阶段，他首次将市民社

① 《史记·货殖列传》。

② 关于一个社会、国家的形成理论，当然要用经典的理论来探讨，现时的进路至少包括以下几个：卢梭—罗尔斯的契约进路，哈耶克的自生自发进路，马克思—斯宾塞为代表的冲突进路，但本书更多是把社会的存在当作一个交易互动的结果，在形成过程更近似于哈耶克的自生自发进路，而利益冲突问题则吸纳了社会学的社会冲突理论。

③ ［美］科塞：《社会冲突的功能》，孙立平等译，华夏出版社 1989 年版，第 11 页。

会看成为政治国家的对立物，将市民社会与政治国家进行了明确的区分。① 马克思、恩格斯继承与发展了黑格尔的市民社会理论。他们从历史唯物主义的角度研究了市民社会与政治国家的关系，认为政治国家是市民社会的正式表现，市民社会是基础，政治国家则是建立在这一基础之上的上层建筑，市民社会制约和决定政治国家，而不是国家制约和决定市民社会。

从经典作家的论说可以归纳出，市民社会与政治国家处于统一整体社会下对立统一的模式，市民社会强调权利第一位，个体能摆脱政治国家的束缚；政治国家以强制性权力为后盾，通过行使公共服务职能，为市民社会的存在与发展提供保障。即便现实的市民社会无具体形态，但已经存在的市场机制、个人权利、过错责任等多维度地相交叉成一个可以感知的哈贝马斯式的“公共领域”。② 而且市民社会的存在，不单具有自身存在的证成性，而且使其获得了对抗政治国家的意义——对抗政治国家的不恰当干预，对抗政治国家投票机制、权力交易机制对个人权利的滥用，进而划定国家干预的边界。从另一层面上讲，市民社会也是无法离开政治国家的干预，特别是个人主义的现代市民社会在肯定和发展个人的基本权利与承认人的利己本性对推动社会经济的发展有一定积极作用的同时，自身也存在不少问题。市民社会张扬个体权利和自利性，为了追求自身利益最大化，作为市场主体的经济人往往只追求自身利益，更不会主动去追求社会公共利益。因而，市民社会自发运行反映到经济领域，就是市场失灵，必然带来垄断、外部性、公共产品提供不足等一系列市场问题，结果最后导致贫富强弱的两极分化、阶级阶层的对立以及社会矛盾的剧增。以上种种为政治国家介入市民社会提供必要性的证明。政治国家的有效规制与适度的干预，在限制自身权力的基础上促进全社会的公共利益，最后达到保护弱势

① ［德］黑格尔：《法哲学原理》，范扬、张企泰译，商务印书馆 1961 年版。第 73 页。

② ［德］哈贝马斯：《公共领域的结构转型》，曹卫东等译，学林出版社 1999 年版，第 178 页。

群体、减小两极分化、维护社会稳定的目标。

在市民社会与政治国家的相互渗透与相互联动过程中，社会整体利益观出现和日渐清晰。政治国家介入市民社会是从社会整体利益的角度限制社会个别成员为谋求其个体利益而滥用权利的行为，旨在保障社会整体利益实现的过程中同时也保障了社会成员个人利益的实现。因而，社会整体利益作为一个整体既有保护的可能，也有保护的必要。

2. 分析的基础：形式理性的衰微与实质理性的兴起

理性主义可谓源远流长，早在古希腊的法哲学思想中就已经包含了理性主义的观点。随着理性主义的不断发展，理性逐渐发展成为经济与法律现代化的核心问题之一，甚至可以说经济与法律的现代化就是指经济与法律的理性化过程。经济法在一定程度上也可理解为法律的理性理解与解释经济事实的产物。

马克斯·韦伯将理性划分为实质理性与形式理性，其认为，法律意义上的“形式”是指如果采取的法律判断标准本身是从法律规定之中即法律内在推导出来，这种裁判方式就是“形式”的；相反，如果采取的法律判断标准是由法外因素所决定的，如基于政治的、经济的、伦理道德的、宗教的等非法律因素来判断，那么，这种裁判方式就是“实质”的。① 而一种经济行为的形式理性应该是指它在技术上可能的计算和由它真正应用的计算的程度，形式理性是一种“游戏规则”的理性，更在乎过程和方法的科学与合理，它是关于不同事实之间的因果关系判断，属于客观的合理性，偏重事实判断；相反，实质理性，应该称之为通过一种以经济结果为取向的社会行为的方式；实质理性则是关于不同价值之间的逻辑关系的判断，属于主观的合理性，偏重价值判断，故又称价值理性，它直指目标的理性，在乎的是结果的公平和正义与否。韦伯指出，形式理性压倒实质理性，占据社会各领域的主导地位，人类现

① ［德］马克斯·韦伯：《经济与社会》（第一卷），阎克文译，上海人民出版社 2010 年版，第 87~97 页。

代化的进程实际上是形式理性扩张的过程。①

然而韦伯的观点是依据特定的历史条件、历史时期的具体社会生活领域的观察而得出的，可以充分解释当时西方近现代社会发展以及自由资本主义发展的合理性。到了今天，社会经济活动中出现了经济力非常强大的经济组织，这些经济组织凭借其强大的经济实力在市场交易中具有控制市场的权力，这些权力的滥用对市场中其他交易参与者的利益损害极大，导致市场的崩溃进而可能导致人类社会秩序的崩溃，不可避免地会损害绝大部分社会成员的利益。在这些社会关系范畴中，人们已经不再像过去那样具有平等性和互换性，而是出现了经济势力、社会资源、资讯信息等方面的不对称，并经常表现出强势一方对弱势一方的强制。② 事实证明，若仍用民法的内部规则作为考量标准，只要当事人之间默许，这些强制永远都是合法的，但19世纪末20世纪初屡次爆发的经济危机打破了“私利即公益”的信条和“形式理性的权威”，法律形式主义思想直接影响并导致法律价值目标的偏差，即将法律形式正义奉为圭臬，在这种思想的指导下立法活动过分的追求内部规则、术语、逻辑、稳定和权威；司法过程局限于法律内部规则的推导演绎，完全回避政治、经济、伦理、习俗、宗教等法外因素的左右，最终使司法机关机械地遵从于法律的规则逻辑，而忽视对裁判结果的善恶以及是否正义的价值判断。③ 这迫使人们重新思考经济人的本性和社会整体利益问题。积极从民法规则之外探寻个人行为和社会整体利益之间的关系。因而，保持形式理性的基本前提下，追求实质理性，实现结果的公平与正义才是当今时代社会所迫切需要的。换言之，发生了深刻变化的社会经济生活条件，迫使法官、学者和立法者正视当事人之间经济地位不平等的现实，抛弃形式正义观念而追

① ［德］马克斯·韦伯：《经济与社会》（第一卷），阎克文译，上海人民出版社2010年版，第87~97页。

② 薛克鹏：《经济法的实质正义及其实现》，载《北方法学》2008年第1期。

③ 江帆：《经济法实质正义及其实现机制》，载《环球法学评论》2007年第6期。

求实质正义。① 由此，将社会整体利益作为一个独立的利益单元引起了人们重视，确认和保护社会整体利益也成为法律制度安排中的一项重要内容。

3. 分析的视角：社会化趋势

(1) 生产社会化及矛盾

生产社会化是与生产个人化，生产分散化相对立，生产社会化在规模上造成的结果和主要特征就是生产的集中化，大型化。因而它与“生产小型化”相对立。生产社会化包括三个相互联系的方面：第一生产资料使用社会化，即生产从单个分散使用变为大批人共同使用；第二，生产过程的社会化即生产过程从一系列的个人行动变为一系列的社会行动；第三，产品社会化，即生产出的产品通过交换供应整个社会。在自由市场经济阶段前期，社会分工比较简单和生产社会化程度较低，以及个体经营规模较小，经济人的个体行为对社会整体利益（它包括：①公共秩序的和平与安全；②经济秩序的健康与安全；③社会资源与机会的合理保存与利用；④社会利益的保障；⑤公共道德的维护；⑥人类文明发展的条件等方面②的负面影还非常有限，但是，随着社会生产进一步分工和生产的社会化深度不断提高，特别是个体实力日益壮大，经营者的个体行为与社会整体利益的关系日渐密切，个体行为更具有社会层面的含义。其非理性行为有时影响的不仅仅是与其发生交易的个人和组织的利益，而且关系到整个经济秩序和公共利益③。1776 年，亚当·斯密发表了著名的《关于国民财富的原因和性质的研究》一书，他提出了“自由放任主义”，这一思想符合资产阶级的利益，很快被各国采纳。在自由资本主义时期，各国政府对社会经济基本上采取自由放任的态度，国家处于夜警的角色。所以，一些经营者

---

① 梁慧星：《从近代民商法到现代民商法法学思潮——20 世纪民商法回顾》，载梁慧星《从近代民商法到现代民商法》，中国法制出版社 2000 年版，第 179 页。

② 孙笑侠：《论法律与社会利益》，载《中国法学》1995 年第 4 期。

③ 李昌麒、薛克鹏：《论经济法的精神》，载《重庆大学学报》增刊，2002 年 8 月。

为了实现个人利益最大化不惜滥用经济权利和自由，侵害社会公共利益或他人利益来满足个人利益的要求，个人利益被神化，以经济人理性假设为基础的自由市场经济制度安排使社会公共利益被淹没，社会经济秩序屡遭破坏和公共利益屡次受损。经济危机频繁爆发，这迫使人们重新认识，思考和定位个人利益和社会整体利益之间的关系。20世纪以来，为了适应社会之需，实现整体法秩序的回应特质，民法出现了社会化的立法态势。通过有限契约自由和所有权相对原则以及采用无过错责任原则来限制经济自由。但是，个人本位和公共利益的矛盾性决定了它难以在公共利益和个人权利之间求得彻底的平衡。随着危害公共利益行为的不断增多，民法很难再通过个别条文的社会化对当事人危害公共利益的行为产生约束，通过抽象的“不得损害社会公共利益”和“不违反法律或社会公共利益”等规定也难以判断经济行为的社会效果。所以，在生产社会化程度渐高的过程中，个人经济活动和社会的联系越来越紧密的现代经济社会须对个人利益优先的原则进行修正，社会公共利益优先的理念在这种背景下得以确立。①

（2）法律社会化

法律社会化是西方发达国家法律制度构建曾经出现的一种现象，也是法律发展迎合社会发展的一个历史进程。法律社会化深切反映着社会变迁，是资本主义社会从自由经济向垄断经济进而向社会经济转型的结果。“法律社会化”是法社会学研究中的重要的概念，它是指通过需求主体与法律的交互作用，使个体的法律共性与个性共同形成的统一过程。② 法律社会化要求现有的法律必须紧跟社会发展，切实反映社会内在要求，这促使了国家的立法观念从个人本位向社会本位转移，并且几乎所有现有的法律都在不同程度上受到社会化的影响。然而，由于私法、行政法的本质属性和固有功

① 李昌麒、薛克鹏：《论经济法的精神》，载《重庆大学学报》增刊2002年8月。

② 周旋：《法律社会化的内在途经探究——遵循市民社会的视角》，载《企业技术开发》2009年第8期。

能并不能完全社会化，因而不能充分反映满足社会化的要求。在这种情况下，必然产生一种完全社会化并能够满足社会化要求的法律———社会法。① 经济法以社会本位观作为立法理念，具有维护社会整体利益，追求实质正义的性状、属性及作用，在众多法律部门中具有最强的社会性，它能够满足人们对维护社会整体利益的需求，这样，社会整体利益在法律社会化的过程中，以制度范畴的形式予以确定。如在“社会化法制”的背景下，民法矫正了19世纪立法过分强调个人权利而忽视社会整体利益的偏颇，改变了将权利和义务完全交给当事人去分配而漠视社会整体利益的做法，作出了“民事法律行为不得违背法律和社会公共利益”等一系列原则性的规定。以社会整体利益为价值目标的经济法就是法律社会化的必然结果。

(3) 社会国家化向国家社会化融合

在当代探讨国家和市民社会关系问题上，主要存在两种截然相反的经典理论研究范式，即“社会国家化”和“国家社会化”。前一种称之为“传统的黑格尔范式”，后一种称之为“传统的洛克范式”。黑格尔范式认为国家高于市民社会，市民社会只是国家的工具和附庸。在现实道路上，主要是指东方式传统的道路，即国家权力对社会权利的侵吞和扼制，国家“专制主义”在面对社民社会日益高涨的呼声中侵吞了社会，形成市民社会被国家的异化。② 而洛克范式认为，市民社会先于或者外于政治国家，其实质是“市民社会决定国家，是市民社会对国家享有最高裁判权”。③ 在现实道路上，主要是指西方式主流的道路，即集中了一切政治要素的国家与市民社会分离，市民社会则从政治国家获得解放，成为纯粹的

---

① 邱本：《自由竞争与秩序调控》，中国政法大学出版社2001年版，第220页。

② 白立强：《究竟是“社会国家化”还是“国家社会化”——从马克思“国家——社会”结构理论看当代中国“政治国家”与“市民社会”的关系》，载《理论探讨》2007年第2期。

③ 邓正来、[美] J.C. 亚历山大：《国家与市民社会——一种社会理论的研究路径》，上海人民出版社2000年版，第99页。

经济社会。①

从资本主义社会的发展历程来看：在资本主义形成巩固时期，在重商主义理论指引下，市民社会完全淹没于政治国家，发生了传统的黑格尔范式样态；在自由资本主义阶段，遵循最小的政府是最好的政府，市民社会从政治国家中获得解放，成为纯粹的经济社会，政府扮演着"守夜人"的角色，市场万能论弥盖了国家专制主义，淹没了政治国家，发生了传统的洛克范式样态。

到了19世纪末20世纪初，频繁爆发的经济危机使人们清醒地认识到市场并非万能的，经济自由以经济人完全理性的假设存在着不足，非理性的本性决定了经济人必然存在着忽视他人利益和社会公共利益，追求自身利益最大化的偏好和行为倾向，而且单个的经济人"实际上并没有增进社会公共利益的打算"②。"正是因为各个个人所追求的仅仅是自己的特殊的、对他们说来是同他们的共同利益不相符合的利益，所以他们认为，共同利益是'异己的'，是'不依赖于'他们的，也就是说，这仍旧是一种特殊的独特的'普遍'利益……另一方面，这些特殊利益始终真正地反对共同利益和虚幻的共同利益，这些特殊利益的实际斗争使得通过以国家姿态出现的虚幻的'普遍'利益来对特殊利益进行实际的干涉和约束成为必要。"③ 为了解决由于自由竞争或市场的自发所引起的宏观经济失控，失业和危机，必须建立以国家为主要地位的经济调节核心，进而主张国家之权威和私人之策动的力量，要相互合作，从而形成了凯恩斯的平等与效率兼顾，国家垄断与私人竞争相结合的思想，这种思想后来被发展成为许多资本主义国家所遵循的"混合经济"的思想，这种思想体现了市场和政府之间的共生关系，只有充分理解社会国家化和国家社会化，从分离对峙到相互融合的变

---

① 赵华：《论经济法社会本位原则的确立》，东北师范大学2005年政治学理论硕士论文。

② ［英］亚当·斯密：《劳动分工与进口管制》载《市场经济大师们的思考》（詹姆斯·L. 多蒂等编著，林季红等译），江苏人民出版社2000年版，第47页。

③ 《马克思恩格斯全集》（第3卷），人民出版社1995年版，第38页。

迁过程，才能够更好地理解政治国家日益脱离市民社会的控制而在运行机制和利益形态上所具有的独立性的要求，以及在实践层面客观存在的政府失败的种种情形，使得社会利益同样难以透过国家或政府以国家利益的形式来实现。所有这些都使得社会（整体）利益作为一种相对独立的利益形态，亟须建立起属于自己的以社会为本位的利益表达机制和法律保护机制。这样就使得整个社会的利益关系由原来的二元结构关系逐步演化为国家利益、个人利益和社会整体利益相对独立，和谐共生的现实格局。①

现阶段我国实行的改革实质就是国家社会化的过程，社会主义市场经济是中国国家社会化的主要途径。在市场经济环境中，个人可从群体的束缚中解放出来，人们的利益也逐渐变得多元化，在此基础上个人的自主性要求逐渐发展起来，越来越要求摆脱政府的直接控制和干预。计划经济时期社会与国家高度合一，社会主义市场经济使国家与社会分离又处于一种良性互动的关系之中。只有最大限度地维护社会利益，国家才能最大限度地维护自身的利益。

（二）社会整体利益作为经济法价值目标存在的合理性：实质正义

社会整体利益作为一种客观存在，必然要产生以全体社会成员作为利益主体的利益关系，而这种利益关系，传统的民商法虽然进行了旁敲侧击式的调整，但都不能顾全大局，有时候还表现为捉襟见肘、力不从心，没能把社会整体利益作为自己的法益目标。民商法在 19 世纪末 20 世纪初虽然进行了社会化的法制改革，但其个人利益为本位的立法指导思想始终未变；行政法虽然经过控权理论的洗礼和重塑，但其追求国家利益的固本思维从未动摇过。这在客观上就必然要求建立一部能够弥补作为政治法和民法之补充和必然结果的，以社会整体利益作为自己法益目标的调节全局性经济关系的追求实质正义价值的新型法域——经济法应运而生。在下面的内容中，笔者将试图从三个不同的方面去论证社会整体利益作为经济法

① 李昌麒：《经济法理念研究》，法律出版社 2009 年版，第 159～160 页。

价值目标的合理性，即民法视域下社会整体利益与个人利益的矛盾关系、行政法视域下社会整体利益与国家利益的比对以及经济法语境下实质正义和形式正义的博弈，即经济法语境下实质正义的回归。从这种论证的结果，得出的必然是尽管传统的法律部门依然在今天发挥着不可替代的作用，但是从社会宏观经济层面上看，经济法对实现社会整体的稳定具有决定性的作用；而从社会微观经济层面上看，经济法也是对个人、团体之间的正义与公平之实现提供最为重要的制度产品。

1. 民法视域下社会整体利益与个人利益的矛盾关系

民法最早起源于市民社会，“给每个人应得的部分”是民法的基本理念。民法以个人利益为本位，它把个人利益作为利益体系中首要的利益保护目标。作出这样的制度安排，是因为民法制度存在一个隐含的理性人假设——社会中的成员可尽显自身才智，获得自身利益的最大化，从而可以促使社会利益的最大化。① 政府只作为一个外在主体，对市场交易“无为而治”，不干涉主体之间的具体交易过程，只是监督非法的市场交易，保障每个市民得以凭借自身才智的发挥即可。这种简单的理性假设在早期的资本主义经济具有其合理性。因为早期的资本主义经济是一个自由竞争的时代，个体各自追求自身利益，个体的经济影响力小，个体对全局利益的负面影响完全可以忽略不计，个体经济人在交易以及生产过程创造出来的物质财富通过交换又平等地给另一个体经济人，随之社会财富依据社会物质财富产量的增加而增加，个体与社会形成一个较为简单的线性关系。

进入垄断资本主义时代后，出现大量的庞大的垄断组织，社会经济秩序屡遭破坏和公益屡次受损，用民法学者的话说即是“出现了严重的社会问题，如劳资对立，贫富悬殊等”②，而且由于社会成员个人的才智各不相同，导致在经过了一轮机会平等前提下的

① 薛克鹏：《经济法的定义——社会公共利益论》，中国法制出版社2003年版，第227页。

② 梁慧星：《民法总论》，法律出版社1996年版，第36页。

自由竞争后，因财富累积结果的不同而造成社会地位不平等现象的出现，个人利益的片面增进对社会整体利益造成严重损害，民法理性假设显然已不合理，一系列民法制度保障的不再是“机会平等”或形式主义，而是在这种“形式正义”掩盖下的“实质的不平等”，这有悖了法的实质正义价值理念。总而言之，到现代，如果单以民法为唯一取向，则会使社会整体利益与个人利益处于矛盾关系中，社会整体利益与个人利益不能实现平衡。

2. 行政法视域下社会整体利益与国家利益的比对

对于行政法学基本理论，我国素有“控权论”、①“平衡论”、②“管理论”等学说。但以上学说都几乎一致认为行政法是以行政机关与公民、法人等社会组织之间的关系为调整对象的，即是对私权利主体和公权力主体之间的利益关系进行调整。由于政府在干预市场的过程中行使的是管理者的职权，不直接作为民事主体参与市场，它要求行政机关在运用行政权时站在中立的位置充当“裁判员”的角色，公平地对待每个市场主体，更不能因为相对人的亲疏远近区别对待。在行政法中，权力和权利的运作态势一方面表现为以行政权去制止行政相对人对于法律所赋予他们的合法权利的滥用和不按权利的性质去行使，另一方面表现为以行政相对人的合法权利去对抗行政主体在履行行政职能时对于法律所赋予他们的行政职权的非法、任意的行使。因此，行政法可表现为是在对行政权加以控制的基础上实现行政权与行政相对人之间的制约与平衡。

但行政法不可能取代经济法的存在：从调整对象上看，行政机关是强势一方，因此，行政法主要针对的是行政机关超越职权和滥用权力的行为；从调整利益上看，行政法是以国家本位主义为基础，它可以保护个人利益、社会整体利益，但更侧重的应是国家利益，并不直接以社会整体利益为保护目标。而国家利益虽然要兼顾社会整体利益，但从根本上说主要是统治阶级的利益，而非社会整

① 叶必丰：《控权论研究》，载《南京大学法律评论》1997 年秋季刊。

② 罗豪才、袁曙宏、李文栋：《现代行政法的理论基础——行政机关与相对一方权利义务平衡》，载《中国法学》1993 年第 1 期。

体利益；从调整主体上看，行政法针对的主要是行政机关；从保护手段上看，维护社会整体利益，需要国家依靠多种手段对社会领域进行多方面多层次的干预，而行政法对社会领域的管理主要是依靠行政机关启动行政权力使用的行政手段进行，行政法不可能真正实现社会整体利益。

3. 经济法语境下实质正义的回归

正如前文所述，经济法以社会整体利益为价值目标，而这种目标最终指向是实质正义。因此，通过经济法若干制度实现社会整体利益最终则会反射实质正义的实现上。庞德认为，法是正义的规律，与法是利益的规律，其内涵是一致的。① 美国哲学家罗尔斯的《正义论》中对正义的主要问题、正义原则、正义原则的选择等有关正义的问题作出了较为完整的思考和回答，形成了关于正义观的基本理论。罗尔斯认为正义论探究的是“社会制度如何公平地分配权利义务、利益和负担，社会基本结构就是正义的主题”。经济法主张的正义观符合罗尔斯所主张的社会正义。受西方法学的影响，我国学者一般也是从这一角度解释形式正义和实质正义，认为“在法律范围内，实质正义可以说是法律创制中的正义，形式正义则是法律执行和适用中的正义”。② 而“形式正义是指法律作为种普遍性规则应平等适用于一切法律主体，实质正义对应法律关系中法律主体，法律适用的对象化、具体化、个体化，符合特定社会需求”。③

形式正义观认为，个体之间是平等的，他们享有起点的公平。其功能在于确认和保护市场主体的自由平等、防止政府滥用权力、维护法律的稳定以及适用法律的公平性和一致性，但其缺陷在于在法律适用中完全回避了个体人格现实经济地位的差异，忽视个体之

① ［美］庞德：《通过法律的社会控制：法律的任务》，沈宗灵、董世忠译，商务印书馆 1984 年版，第 36 页。

② 张文显主编：《法理学》，高等教育出版社、北京大学出版社 2001 年版，第 254 页。

③ 谭岳奇：《从形式正义到实质正义———现代国际私法的价值转换和发展取向思考》，载《法制与社会发展》1999 年第 3 期。

间有强弱差异，把个体放到同一起点竞争，只会导致私权的滥用，最后危害到社会整体利益，产生结果的不公平。

经济法实质正义观主张差别原则，强调社会经济领域实行“有差别的公平”，是经济法对形式主义的矫正，正好弥补了形式正义的缺陷，使之达到结果的公平。经济法的实质正义强调个体差异，实行“区别对待原则”，注重对弱势群体的特殊保护，以达到结果、实质的正义。而这种实质正义理念体现在具体的法律关系上，就是社会整体利益优于个人利益。社会整体利益的增量优于单纯个人利益的增量。经济法所追求的正义，是社会整体利益的正义，它要求个人追求利益最大化的行为不能对社会整体发展造成障碍。综上所述，形式正义已不符合时代潮流，经济法所贯彻的正义观从形式正义走向实质正义，实质正义已成为了社会整体利益的核心价值。

(1) 实质正义的基本内涵

经济法主张的实质正义与罗尔斯所主张的作为公平的社会正义观在一定程度上相契合。① 罗尔斯在《正义论》中提出了“词典式序列”的正义原则，第一是平等自由原则，第二是机会公平与差别原则。平等自由原则意指社会基本结构和制度必须充分保证社会所有人平等分配社会的基本权利，平等地享有社会的基本自由；而第二个正义原则既要求公平的机会平等，即“社会职位向所有人公平地开放”，同时也要求用“差别原则”来调节社会和经济的不平等。②“差别原则”仅仅适用于社会经济领域，对应于社会经济权益的分配，即在政治领域的平等自由原则下，在确保财富创造和收入机会平等的前提下，主张对社会中“受惠最少者”实行差别待遇，在经济利益和发展机会方面给予倾斜性配置。③ 不仅如

---

① 江帆：《经济法实质正义及其实现机制》，载《环球法律评论》2007年第6期

② [美] 约翰·罗尔斯：《作为公平的正义》，姚大志译，上海三联书店2003年版，第76页。

③ [美] 约翰·罗尔斯：《正义论》，何怀宏译，中国社会科学出版社1998年版，第56页。

此，差别原则还“包含了互惠性以及利他主义的道德观念”，它要求在平等自由、公平机会的前提下，“将自然天赋的分配看成是一种共同资产，人们可以共享这种分配所产生的利益”。① “差别原则”是罗尔斯思想的精髓，它认为在社会合作体系中应当赋予那些“受惠最多者”对“受惠最少者”进行补偿的道德义务。而经济法作为追求法律实质正义的产物，所主张的社会整体利益观恰恰契合了“差别原则”。

综上所述，可得出实质正义的基本内涵，即在社会经济领域，主张实质而非形式的机会公平；关注具体而非抽象的人格平等；强调全局性而非局部性的社会利益；并通过“利益倾斜性配置”来调节和消除基于出身、禀赋等偶然因素而形成的不平等关系以及社会历史过程中基于财富累加而形成的“交易优势”。②

（2）实质正义的价值构成

按照罗尔斯的理论框架，可以归纳出实质公平、平等自由、理性秩序作为经济法实质正义的价值构成。而实质公平又对后两者有决定作用。实质公平的内涵是指在社会成员充分享有社会基本制度赋予的基本人权的基础上，强调社会经济领域实行有“差别的公平”，即对于那些“受惠最少者”予以更多的机会和利益，以保护他们的基本权利。实质正义主张的自由是一种平等的自由，它不是形式上没有规则约束的自由，而且强调自由的主观理性并受制于社会规则的约束。在以利益最大化为目标的市场竞争关系中，法律形式上的平等和自由，只有在彼此势均力敌的市场主体之间，才可能充分实现。③ 形式上的自由只是市场经济中经济强者们支配经济资源的自由，因此，为了维护市场经济理性的自由秩序，有必要对个体自由的发展予以限制，限制经济自由是为了更好地保障经济自

---

① ［美］约翰·罗尔斯：《作为公平的正义》，姚大志译，上海三联书店2003年版，第121~123页。

② ［美］约翰·罗尔斯：《作为公平的正义》，姚大志译，上海三联书店2003年版，第26页。

③ 何勤华、李秀清：《民法学论文精粹》，法律出版社2003年版，第595页。

由，这就是经济法实质正义的平等自由观。

理性秩序也是实质正义的价值构成的重要内容。经济法的实质正义秩序观则着重社会整体的安全和效率，是对市场自然秩序“失灵”的否定与矫正，它强调全局而宏观的经济秩序。从以上论述可看出，在经济法的实质正义价值构成体系中，实质公平、平等自由、理性秩序处于一个动态平衡的态势之中。

(3) 实质正义的实现机制

经济法是实现实质正义的法律部门。经济法实质正义目标只是通过国家干预性质的立法和政策手段实现，主要依靠三大机制：

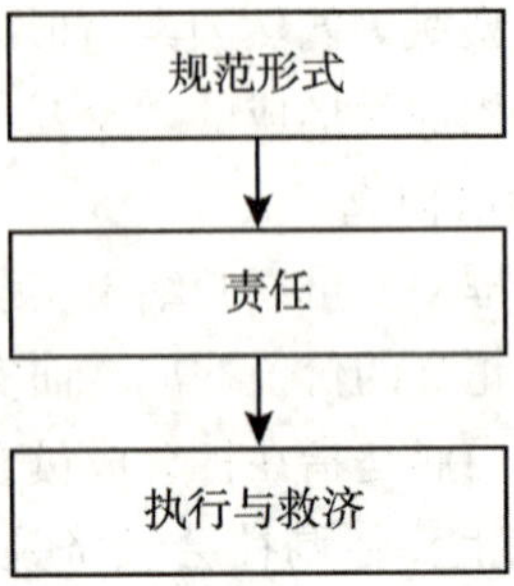

首先，实质正义乃是一种“他者之善或他者之利益”。① 经济法实质正义的实现首先依靠其特有的规范形式。传统的法律规则是遵循着“假定、行为模式、法律后果”的规范结构。② 然而经济法却无法采取这样的规则体系。原因在于经济法所规范和调整的是具有全局性的社会关系以及不平衡的经济利益关系，而传统的规范性条款已无法成为实现经济法实质正义目标的载体。实际上，经济法的规范主要分为标准性规范与政策性规范。其中标准性规则“构建了一种相对抽象与宏观的经济秩序”，使“经济法不同于解

① ［美］E. 博登海默：《法理学、法哲学和法律方法》，邓正来译，中国政法大学出版社 1999 年，第 264 页。

② 张文显主编：《法理学》，高等教育出版社、北京大学出版社 2001 年版，第 154 页。

决具体问题与个体性行动的私法规则，而与宪法规则具有较为相似的特点”。① 政策性规范在法律适用上更加灵活、便捷，在一定程度上它还表现为标准性规范的政策细化。经济法标准性规范和政策性规范的原则性、灵活性和不确定性极大地满足经济法实质正义的目标，实现了法律与社会发展的有效协调和良性互动。

其次，经济法通过其独有的责任机制与责任形式实现实质正义。经济法的责任机制有别于传统法律部门的责任机制，它采用“复合的、不确定的责任形式”，主体可以选择对民事责任、行政责任、刑事责任进行选择适用或合并适用。此外，经济法还创设了自己独特的责任形式，供主体选择。如惩罚性赔偿、缺陷产品召回和分拆大公司等超出了传统责任形式的范围。

最后，经济法通过其独特的执行以及救济方式实现实质正义的目标。经济法调整涉及的社会领域广泛，如市场主体准入、宏观调控、不正当竞争和垄断等问题，而这些已超出传统诉讼法律关系中当事人之间权利义务的较量范围，越出司法机关的解决能力范围，导致经济法不像传统法律部门有相应司法或裁判法的保障，如民法有民诉，刑法有刑诉，行政法有行政诉讼。要实现实质正义的目标必须要建立起一种新型的权利救济机制，例如一些独立于国家行政体制，掌握专业知识的经济法执行机构，如保险监管委员会、银行监管委员会、反垄断委员会等，还有大量的社会第三部门也是实现实质正义的重要力量。如消费者保护协会能够协调社会资源和缓和社会矛盾；行业自治协会能够充分保障行业权益，提高行业的社会地位，使市场主体可以取得与作为干预管制主体进行对话互动的机会，保证利益集团的话语能在阳光以及受控范围内运行。

第三节 马克思主义利益理论视角对转型期中国经济法价值目标研究的意义

从以上论述可以看得到，经济法以社会整体利益为价值目标。

---

① 岳彩申：《经济法的形式理性》，法律出版社2004年版，第151页。

那么，实现了利益的成因、条件以及利益意义何在呢?① 在马克思对利益的经典论述中，可以找到两者的耦合点。马克思在论及利益范畴问题时多次使用“物质利益”或“利益”一词，他虽然没有给利益专门下过一个定义，但他使用利益范畴时总赋予唯物主义的意义，利益问题始终是马克思论述历史唯物主义基本原理不可缺少的内在基础之一。② 笔者认为，根据当今学界对于马克思所论述的利益概念的界定以及马克思撰写的多部成熟著作，可总结出马克思对利益范畴的概念的科学界定：利益是满足人们生物性与社会性需要的客观条件，它与一定的生产力发展水平相适应。即认为利益的基本内涵是物质生活条件，包括人口、地理环境和生产方式等。

利益实际上表示的是一种关系，利益属于关系范畴。利益实质是“特定的社会关系”，是人们需要的社会转化，它反映了人与人之间的关系。利益的积极作用在于促成了人与人、人与社会、人与自然的种种关系，即利益关系，推动着人类社会朝着利益追求的方向不断发展。③ 利益关系包含三个层次的含义：一是利益主体关系；二是利益客体关系；三是利益主客体关系。利益主体关系，主要是利益主体之间的利益分配关系；利益客体关系，即利益客体之间，如经济利益与政治利益、政治利益与文化利益之间等的关系；利益主客体关系，即利益主体与利益客体之间的对象关系。

利益与价值虽意义相近，在内容上存在一定的逻辑关系，但二者并不相同。利益形成的社会基础是生产关系，利益实质上代表着一个关系范畴，人们必须在一定社会关系中通过一定的社会实践活动取得可满足生理需要和心理需要的物质条件，利益是建立在人和

---

① 正如庞德所说，即便是最粗糙的、最草率的或最反复无常的关系调整或行为安排，在其背后总有对各种互相冲突和互相重叠的利益进行评价的某种准则。[美] 庞德：《通过法律的社会控制：法律的任务》，沈宗灵等译，商务印书馆 1994 年版，第 55 页。

② 张玉堂：《利益论——关于利益冲突与协调问题的研究》，武汉大学出版社 2001 年版，第 16 页。

③ 王毅平、闫文秀：《以利益关系的协调促进社会和谐》，载《理论学刊》2007 年第 12 期。

客观事物之间的关系。在前面关于价值界定的范式内容中，笔者曾论述“价值不等同于关系”，而利益却表征着一种关系。而且并不是所有客观事物都能与人建立起利益关系，只有具有价值的客观事物才能与主体建立起利益关系，因此，一定程度上，利益就是事物价值的体现，客观事物的价值是利益产生的基础。

一、马克思主义利益问题的价值本位：利益共同体

马克思的“利益共同体”思想是共同体价值理论的重要构成部分，对人类社会发展具有价值导向作用。利益共同体是马克思主义利益问题的价值本位，利益共同体从存在论角度讲就是在正当追求个人利益的过程中产生的，而现实的个人利益于利益共同体中实现。马克思主义利益理论不是消极地承认利益差别与利益矛盾的存在，而是它把追求高度和谐的利益共同体作为在利益问题上的最高价值目标。

（一）利益共同体形成于对个人利益的正当追求之中

马克思认为：“人们为之奋斗的一切，都同他们的利益有关。”① 即使“在宗教狂热的背后，每次都隐藏有实实在在的现世利益”。② 因此可以说，物质利益是人们认识的根本目的。把人类社会成员彼此凝聚、集合、连接起来的，也正是人们的利益。为此，马克思曾深刻指出：“利益把市民社会的成员彼此连接起来。”③“把人和社会连接起来的唯一纽带是天然必然性，是需要和私人利益”。④ 利益是维系社会的纽带，是人们相互关系的基础。任何个人都必须以适当的方式与整个社会发生联系，才能真正满足自身的需要，从而实现自己的利益。因此，人们为了自身利益的需求，对自然以及社会其他个体产生依赖性，这样整个社会成员都被

① 《马克思恩格斯全集》第1卷（上），人民出版社1995年版，第82页。

② 《马克思恩格斯选集》第3卷，人民出版社1995年版，第41页。

③ 《马克思恩格斯全集》第2卷，人民出版社1995年版，第154页。

④ 《马克思恩格斯全集》第2卷，人民出版社1995年版，第154页。

连接起来了。正是社会成员对个人利益的正当追求形成了基本的社会利益关系，逐渐构成利益共同体。

（二）在利益共同体内实现现实的个人利益

当代西方学者在科学论述利益共同体的理论都从整体主义出发，强调公共利益和普遍的善，认为个人利益的实现离不开个人所在的共同体，离开了共同体，个人的自由、自尊及其他权利都无从实现。可见，利益共同体是个人价值实现的前提和基础。利益共同体的价值就体现在利益共同体保障个人利益实现所起的作用上。马克思、恩格斯指出："个人利益总是违反个人意志而发展为阶级利益，发展为共同利益。"而人在实现现实的个人利益的同时，也创造出自己的社会存在和自身的利益关系。现实的个人利益是处在社会现实共同体的利益，社会现实共同体的利益是由现实的个人利益形成。总之，现实的个人利益与利益共同体的不可分割性说明二者在本质上是内在统一的。共同体的公共利益和集体价值是现实的个人利益实现的基础。

（三）高度和谐的利益共同体是马克思利益论的最高价值目标

利益共同体的和谐实际上追求的是利益关系的和谐。最佳的人类利益关系是指当推动个人行为的利益动机同时能与社会总体上获得的最大的利益相一致，个人在进行自主的和自由的选择的同时达到了社会的目标，这与亚当·斯密论点会有类似性。正如前面所言，马克思追求利益共同体和谐，但并不否认利益矛盾与利益差别的客观存在。而要实现利益共同体的高度和谐就要在承认利益矛盾与利益差别存在的前提下，通过有效的解决机制调节利益矛盾与利益差别，从而解决利益矛盾与利益差别。利益共同体需要达到高度和谐，这是马克思在利益问题上的最高价值目标。

在《共产党宣言》中利益绝对和谐的、理想社会状态——共产主义社会。共产主义要消灭的是占有性质的利益关系，它所要建立的就是没有剥削、没有压迫的利益关系，实现每个人的自由而全面的发展，在人和人之间，人和自然之间，形成和谐的利益关系，最终达到整个社会的和谐共生。因此，实现利益共同体的高度和谐，就是要达到人与自然、人与人以及人与社会关系的和谐统一，实现人的全面而自由的发展。总之，只有在社会利益关系理顺、利益矛盾和谐的基础上才能实现利益共同体高度和谐。实现高度和谐的利益共同体是马克思在利益问题上的最高价值目标，是一种理想的社会状态，与人类的最高价值追求相一致的。

二、马克思主义利益论与经济法的价值目标在价值本位上的耦合

经济法是以宏观经济角度出发保障社会整体利益的实现。马克思主义利益论中，它把利益共同体作为其价值本位，以实现高度和谐的利益共同体为最高价值目标。两者对照，不难发现，经济法的价值目标与马克思主义利益问题的价值本位在一定程度上存在耦合。

首先，二者对价值目标形成的思想一致。在市场经济中，经济人都追求自身利益最大化，在利益追逐过程中，由此会损害社会大部分其他成员的利益。为防止出现这种情况，维护社会大部分成员的正当利益，社会整体利益观出现了。马克思主义利益论也认为人们为了自身利益需求，与整个社会其他成员连接起来，而利益共同体正是形成于对个人利益的正当追求之中。马克思曾经指出："家庭起初是唯一的社会关系，后来，当需要的增长产生了新的社会关系，而人口的增多又产生了新的需要的时候，家庭便成为（德国除外）从属的关系了。"① 这说明家庭是社会中的人在生产生活中所形成的最初的社会关系或利益关系形式。到了原始社会后期，人们的利益的追求越来越偏向获取社会性需要的对象。"随着分工的发展也产生了个人利益或单个家庭的利益与所有互相交往的人们的共同利益之间的矛盾"②，个人利益与集团利益发生了分裂，而这种分裂打破了家庭内部之间的简单利益关系。马克思承认利益的差别性，从利益的内容及其归属关系来看，认为利益包括个人利益和公共利益。"在历史上表现出来的两个方面，即个别人的私人利益

---

① 《马克思恩格斯全集》第1卷，人民出版社1995年版，第32页。
② 《马克思恩格斯全集》第3卷，人民出版社1995年版，第37页。

和所谓普遍利益，总是互相伴随着的。”① 而共同利益是分工的个人之间相互依存于现实之中的利益关系，它支配着人们的思想观念和行为方式。马克思主义利益论认为利益是客观存在的，而利益差别也是客观存在的，除非到了共产主义社会，个人利益与公共利益才没有什么差别。社会的经济关系都表现为利益关系，在我国市场经济运行过程中也出现了个人利益与社会整体利益的矛盾。个体往往只追求自身利益最大化，忽视甚至损害社会整体利益，在出现了垄断组织后，强势群体与弱势群体的矛盾又成为了又一社会矛盾。

其次，二者对价值目标与个人利益的关系认识一致。经济法追求社会整体利益，但它不否认个人利益，在实现社会整体利益的同时保障和促进个人利益的实现，社会整体利益只是作为它的直接法益，在实现直接法益的过程中间接作用于个人利益。马克思主义利益理论也主张个人利益与利益共同体在本质上是辩证统一的，利益共同体是实现个人利益的基础。在我国现阶段个人利益与社会整体利益不可能完全一致，所以也只能寻求一种解决方法将二者矛盾进行调节。经济法主张的社会整体利益观顺应时代潮流产生，作为法律社会化的产物，是使个人利益与社会整体利益趋于一致的体系。经济法把社会整体利益作为其价值目标，维护社会整体利益，从社会的角度出发关注全社会成员的利益，在促进社会整体利益的同时保障个人利益。现阶段，我们必须坚持马克思主义利益理论，为正确地处理我国当前的利益关系和解决利益矛盾提供指导。而作为经济法价值目标的社会整体利益观成为了马克思主义利益论中论及的“利益调节”的最好方法。但要注重既然承认不同取向的利益，那么，就不能必须承认利益的冲突。

最后，二者的价值目标的核心内容相一致。实质正义是经济法价值目标社会整体利益观的核心，它强调结果上的公平正义，在社会利益关系和利益格局的变革过程中使各个阶层、各个方面、各个利益群体的利益得到合理体现和妥善协调从而充分调动人们创造社

① 《马克思恩格斯选集》第3卷，人民出版社1960年版，第272~273页。

会财富的积极性、主动性和创造性是其最终目标。马克思主义利益问题把实现高度和谐的利益共同体作为最高价值目标，在这种高度和谐的利益共同体中，人与自然的关系以及人与人之间的关系都能够被合理地调节，从而使社会发展同自然生态环境能够协调一致。而实现人与自然、人与人关系的和谐统一，目的是为了实现人的全面而自由的发展。共产主义社会是高度和谐的利益共同体存在的社会状态，而人的全面而自由的发展是共产主义社会的本质特征，因此，高度和谐的利益共同体的核心目标可以看做是"人的全面而自由的发展"。

三、马克思利益理论对经济法价值目标研究的当代价值

西方国家对市场障碍的排除，政府只是作为经济发展的外部力量介入；而中国政府作为经济体制的设计者、主导者和实施者，国家本身就是经济的有机部分，经济体制的转型更需要政府主导和推动，因此，政府是作为经济体制的内生变量而不是外来力量而存在的。转型就是计划经济被市场经济所取代、国家权力逐步淡出市场调节领域的过程。可见，政府既是改革的对象，又是改革的推动者。一方面我们需要强有力的国家以消除改革阻力；另一方面又要对国家权力尤其是行政权力进行控制以便完成改革。这种两难处境阻碍了政府职能转变的推进和国家调节任务的完成。① 在当前我国体制转轨和社会转型的关键时期，经济市场化、社会利益主体多元化、② 价值取向多样化、物质利益矛盾尖锐化，使当代中国社会的基本利益格局发生了急剧的变化，社会利益矛盾日益增多且复杂化，尤其是社会各阶层围绕物质利益问题引发的矛盾和冲突愈加凸显，已经成为当前制约我国经济发展和社会稳定的主要原因。在经济转型时期，经济法保障和弘扬个体的经济自由价值尤其具有方向

---

① 漆多俊：《转变中的法律：以经济法为中心视角》，法律出版社 2007 年版，第 238 页。

② 这已经在党的政策中有所承认。参见《中共中央关于构建社会主义和谐社会若干重大问题的决定》。

性的意义。从根本上说，计划经济体制就是极大地限制甚至扼杀个人的经济自由与个人权利的制度，而转型中的市场经济体制就是以承认个体的经济自由并实行平等竞争的制度。计划经济制度和市场经济制度的分水岭在于是否承认个体的经济自由以及在何种程度上限制个体的经济自由。① “从计划经济体制转轨到市场经济体制，中国市场的形成发育的背景和所处的阶段不同于发达资本主义国家，实际上走的是一条建构型市场经济之路。”② 经济法强调在经济生活中，人们追求利益最大化的行为必须对全社会的经济发展而不仅仅是对某个别化的特定利益承担义务。在经济法眼中，某经济行为即使并不造成特定的损害后果，但却对整体社会经济存在一种泛化损害时，该行为就是不公平的。经济法总是以个别经济活动与社会总体经济的对比效果为参照系来评价公平价值的实现。③ 马克思主义利益理论的价值本位与经济法的价值目标在一定程度上存在耦合，协调利益关系、消解利益矛盾和促进经济发展是经济法价值目标的任务。或者如汉密尔顿所述，许多利益集团，分为不同的阶级、各有不同的情感与认识，调和这些不同的错综复杂的利益成为现代立法的主要任务。④ 因此，现阶段，坚持马克思利益理论对经济法价值目标研究具有重要价值。

首先，以马克思利益理论为指导，能正确认识利益矛盾问题，从而加深对经济法价值目标的认识。随着改革的深入和社会的发展，我国的利益矛盾逐渐浮出水面，主要表现为区域之间的利益矛盾、城乡之间的利益矛盾以及社会各阶层不同利益群体之间的利益矛盾等主要利益矛盾。其中，当前我国社会各个阶层不同利益群体

---

① 吴越：《经济宪法学导论：转型中国经济权利与权力的博弈》，法律出版社 2006 年版，第 66 页。

② 李永成：《市场失灵的中国经济法思考》，载《河南师范大学学报（哲学社会科学版）》2005 年第 3 期。

③ 何平：《论民法与经济法价值定位的二元互补律》，载《山东法学》1999 年第 4 期。

④ ［美］汉密尔顿等：《联邦党人文集》，程逢如等译，商务印书馆 1980 年版，第 394 页。

之间的矛盾愈加凸显。马克思主义利益理论在承认利益具有差别性的前提下，实现共同体利益的高度和谐。它认为，一方面，在生产力和需要发展的不同阶段上，有不同的个人利益与集体利益，另一方面，在不同的历史发展阶段上，利益和利益关系也会存在差别。因此，在研究经济法价值目标时必须尊重利益的差别性，不能否认利益的差别性，否则，经济法价值目标的研究就会脱离现实环境，经济法价值目标的实现也就无从谈起。

其次，以马克思利益理论为指导，能正确解决利益矛盾问题，从而实现经济法价值目标。马克思利益理论认为既然利益具有客观性，是不能被消灭的，因而只能对利益关系进行调解。在一定的生产力发展水平下，"普遍利益"与个别利益是不可能完全一致的，社会主义条件下也是如此。面对着社会复杂的基本利益格局，经济法作为现阶段我国调整社会经济关系的重要部门法，把协调各方利益关系作为部门法重要任务。而不同的利益主体，在从事社会活动时，往往都是从自身利益出发的，这样，不同的利益主体之间，必然会发生利益上的碰撞。在微观上，个人与个人之间、不同群体之间、个人与群体之间的利益时常发生冲突；在宏观上，个人利益、社会整体利益与国家利益并不完全一致，利益矛盾现象长期存在。在社会主义市场经济发展过程中，应该通过利益协调、利益分配等有效机制有意识地进行利益调节①，这样才能广泛地实现社会整体利益。当前我国的经济发展过程中由于利益主体的多元化以及利益分配主体地位的不平等，利益分配结果的失衡现象普遍存在，利益分配机制存在缺陷；而经济发展正处于社会转型的关键时期，面对社会转型所带来的各种利益矛盾，利益协调机制尚不完善。因此，现阶段，只有完善利益分配制度以及优化利益协调机制，才能均衡当前我国各个利益群体关系，维护社会实质正义，最后实现经济法价值目标社会整体利益的实现。

总之，针对当前社会正处于经济转型期，我们应该从马克思的

---

① 戴辉：《利益群体的利益表达研究综述》，载《资讯通讯》2007 年第 7 期。

利益理论出发，承认利益的差别性，形成对经济法价值目标的深刻认识，通过完善利益分配制度以及优化利益协调机制尝试解决当前我国的利益矛盾问题，最终保障经济法价值目标社会整体利益的实现。因此，经济法对利益个体之间、利益群体之间、利益个体和利益群体之间的的利益进行相互协调，在保障个人利益的同时促进社会整体利益与国家利益，当个人利益、社会整体利益与国家利益发生冲突时，把维护社会整体利益作为首要利益目标，保障社会整体利益的实现。如何协调好转型期社会利益关系，引导社会不同利益主体在共同利益的基础上进行良性的竞争与合作，实现利益共享，是经济法实际适用与运行中面临的重大课题。

第二章　经济法价值目标的传统实现理路

经济法因循公法和私法划分的逻辑，在对应公法的国家利益和对应私法的私人利益之间抽象出社会整体利益，经济法对应社会整体利益，即以维护社会整体利益作为其基本价值取向。经济法把社会本位作为自己的调整原则，这就表明经济在对产业调节、固定资产投资、货币发行、价格水平、垄断和不正当竞争行为、产品质量控制以及消费者权益保护等关系进行调整时，都必须以社会整体利益为本位。① 第一章已经论述了社会整体利益的客观存在性。然而，社会整体利益并不会自我实现，其必须借助经济法一系列具体制度构建才能得以实现。实际上，作为经济法本体意义上的价值目标，无论是整个经济法的原初来源，还是具体制度构建都是围绕着社会整体利益展开的。同时要注意，在经济法语境之下，社会具有强烈的国别色彩，即一个国家视为一个整体的社会构建。② 社会经济矛盾激化，要求公权力直接介入经济生活，令政府在社会经济发展中扮演越来越重要的角色。市民社会的理想尚未实现，垄断和不正当竞争就在不经意间扰乱了自由资本主义秩序，以人民的呼声表达出来的客观要求作用于国家和法律，促使公与私的合作和融合，

---

① 李昌麒、刘瑞复：《经济法》，法律出版社 2004 年版，第 83 页。

② 漆多俊教授等提出经济法的国际调节，将社会突破一国的概念，纳入 WTO 之下，纳入全球语境之下，具有十分重要的意义。参见漆多俊：《WTO：市场国际化与国际调节发展新阶段——兼论入世对中国国家调节和经济法的影响》，载《中南大学学报（社会科学版）》，2003 年第 4 期。漆多俊：《WTO 与新的经济调节机制——国际调节》，载《华东政法学院学报》2004 年第 2 期。漆多俊、漆彤：《国际调节与国际经济法学科理论新视角》，载《当代法学》2004 年第 2 期。

以避害趋利，这就是经济法产生的深层次原因。① 在当前经济法研究中，陈云良教授提出转轨经济法的概念，指出中外经济法在生成起源的范式具备极大的不同。② 笔者认为，这种认识对理解中国环境下的经济法价值目标具有及其重要的意义。因此，本章将率先回顾中外不同经济法价值目标实现理路的范式，指明两者存在的巨大差异。在今天讨论经济法价值目标必须在此基础上，进行必要的超越与创新。

第一节 西方国家经济法价值目标实现理路的范式分析

一、外国经济法生成的路径范式

与源远流长的民法、刑法等法律部门不同，经济法的生成是晚近的。③ 众所周知，古罗马时期已经有相对正式的公私法二分模式。④ 作为私法最为典型的代表——民法，在古罗马时期已经相当发达，五大法学家的著书立说⑤，法典化编纂运动⑥，无论对当时

---

① 史际春、邓峰：《经济法总论》，法律出版社 1998 年版，第 71 页。

② 陈云良：《回到中国——转轨经济法的存在及其价值》，载《法制与社会发展》2007 年第 6 期。

③ 杨紫煊教授提出原始社会即有经济法。参见杨紫煊主编：《经济法》（第三版），高等教育出版社、北京大学出版社 2008 年版，第 23~24 页。张宏森认为资本主义原始积累阶段即有经济法，张宏森等主编：《中国经济法原理》，上海社会科学院出版社 1989 年版，第 22~24 页。笔者对此不敢苟同。

④ 盖尤斯:《法学阶梯》,黄风译,中国政法大学出版社 1996 年版,第 58 页。

⑤ 盖尤斯，罗马帝国前期著名法学家，代表作为《法学阶梯》，帕比尼安代表作有 37 卷《法律问答集》、19 卷《解答集》、19 卷《解说书》。还有乌尔比安、保罗、莫迪斯蒂努斯。

⑥ 公元 526 年 2 月 13 日，查士丁尼大帝颁布一项敕令，任命特里布尼厄斯组织一个由 10 名法学家组成的委员会，主席由"圣宫廷"的前司法长官约翰担任。委员会有权力用现存的所有资料，并可加以增删、修订，随后把这些敕令分别标上发布皇帝的名号，以及施行的对象与日期，再按内容分类，按时间先后排列。这部《敕法汇集》在公元 529 年颁布施行，也就是著名的《查士丁尼法典》。公元 534 年《查士丁尼法典》修改后再度颁布。

还是后世都产生了不可磨灭的影响。而公法即便不一定如私法一样发达，但一直长期存在。包括辉煌的《唐律疏议》在内的中国传统古代立法（都以刑法为主，且其刑事规范绵密细致），逐步影响亚洲诸多国家，形成中华法系。然而，为什么到晚近会产生经济法这一法律部门呢？其产生路径是如何的呢？回到19世纪末20世纪初的西方资本主义国家，可以发现两条经济法的生成范式，其既有不同之处，也有相同之处。

（一）市场失灵—政府干预—经济法范式

在自由资本主义时期，市场这只无形之手引导市场主体自由交易，自动调节经济秩序，经济领域的社会关系主要由民商法调整。但是，到了垄断资本主义时期市场已经无法自动调节社会经济秩序，于是国家这只有形之手“逐渐全面介入社会生活……市民社会与政治国家之间的藩篱被冲破，国家理直气壮地承担起经济和社会职能，市民社会不得不让贤于‘经济国家’”。① 这种范式的国家一般奉行小政府政策，主要承担“守夜人”的角色，很少干预经济生活，“自由放任”是当时经济社会奉行的信条，人们普遍认为“管得最少的政府，就是最好的政府”。这种范式体现得最为典型是美国。但经济法的产生正是对自由放任的反叛。而这种范式之下的经济法的产生可以分为两个时期：

（1）萌芽时期。19世纪末，美国完成产业革命，出现了生产社会化和大规模的垄断，社会公众意识到大规模的垄断不但可能对自由竞争构成致命的危害，而且可能会冲击整个美国的民主宪政体系。因此，为了防止垄断的损害，美国于1890年颁布了《谢尔曼法》、于1914年颁布了《克莱顿法》和《联邦贸易委员会法》②。可见，这一阶段的经济法基本集中在为了维护社会整体利益，防止

---

① 史际春：《探究经济和法互动的真谛》，法律出版社2002年版，第24~25页。

② 陶和谦：《经济法的产生、发展与未来》，载中国社会科学院法学所民法经济法研究室编：《经济法理论学术论文集》，群众出版社1985年版，第69页。

限制竞争，促进市场繁荣而进行的立法，其使命在于维护整个市场的竞争秩序，防止大企业对市场的垄断。

（2）成型时期。这与1929—1933年经济大萧条紧密相连。资本主义世界经济危机频繁爆发，导致经济大萧条。经济大萧条暴露了资本主义社会的生产社会化同无政府主义之间的矛盾，这种巨大的矛盾使资本主义经济面临崩溃的边缘。为了防止国民经济陷于崩溃，国家取得了介入国民经济，直接调控经济的正当性，从而对经济进行了更为全面和强有力的总体性的调节。1933年的罗斯福新政，更是开大规模经济立法以干预经济之先河，先后制定了《农业调整法案》、《全国工业复兴法》、《铁路紧急法令》、《紧急救济法案》等一系列经济法律。上述立法，把美国的市场经济推向了新的阶段，这对于健全市场机制，实现经济增长与社会安全起了重大作用。① 从新政的内容可以看出，罗斯福新政干预的内容和范围已经远远超出了萌芽时期以恢复竞争为主导的法律体系，扩展到金融监管、产业保护、劳工与社会保障等诸多国民经济领域，已经初步勾勒出经济法体系的初步框架。

（二）经济统制法范式

德国在“一战”前，完成了工业革命。与工业革命同时出现的是卡特尔等垄断组织。但政府并不禁止卡特尔，与第一种范式相反的方向，扶持、推动经济集中，鼓励垄断。② 这个时期德国颁布的经济法主要有1915年《关于限制竞争最高价格的通知》、1916年《确保战时国民粮食措施令》、1918年《战时经济复兴令》以及《卡特尔规章法》、《煤炭经济法》、《碳酸钾经济法》③，1923年颁布《防止滥用经济力法令》，1930年、1932年、1933年几次

---

① 何勤华：《美国法律发达史》，上海人民出版社1998年版，第202~206页。

② 陈云良：《转轨经济法学：西方范式与中国现实之抉择》，载《现代法学》2006年第3期。

③ 杨紫烜主编：《经济法》（第三版），高等教育出版社、北京大学出版社2008年版，第23页。

修改《防止滥用经济力法令》，加强卡特尔。① 同样的情况几乎同时发生在日本。日本学者在战后很快就关注德国经济法的发展，于20世纪20年代将经济法引入日本。② 尽管外国经济法产生的两种范式存在较大的差异。但是，无论是哪一种范式，都是政府面向市场而为的。第一种范式是防止市场受损，第二种范式则是在市场无法达到国家政策目的和无法快速实现社会整体利益时，而进行的政府介入。因此，可以说，外国经济法生成的路径范式主要是在以市场为主的基础上，进行政府介入。市场是先在性的，而政府是后生性的。

这种范式的逻辑结论是必须划定政府在市场中的地位和政府介入市场的权力边界。这种讨论在20世纪70年代各主要资本主义国家存在普遍的"滞胀"局面体现得尤为明显。由于"滞胀"难以通过政府干预手段加以克服，主张经济自由的新自由主义重新占据了经济理论的中心位置。新自由主义者认为：政府的角色应是维护市场经济的秩序，就像在足球比赛中那样，政府仅仅作为裁判员维护比赛秩序，绝不是作为运动员参加比赛。并出现了货币学派、公共选择学派、供给学派等不同理论流派。其中，影响较大的是货币学派。货币学派强调反对政府实行财政政策，主张经济自由，实施有效的货币政策和浮动汇率。其主要代表人物弗里德曼认为："自由市场的存在当然并不排除政府的需要，相反，政府的必要性在于它是竞赛规则的制定者，又是解释和强制执行这些已经被决定的规则的裁判者，时常所做的是大大减少必须通过政治手段来决定的问题范围，从而缩小政府直接参与竞赛的程度。"③ 弗里德曼反对政府过分干预社会经济，他认为，政府的角色是相当有限的，主要是维护纪律秩序，规定财产权内容，制定市场游戏规则，补充私人慈

---

① 漆多俊主编：《经济法》，高等教育出版社2007年版，第8页。

② ［日］丹宗昭信、厚谷襄儿著：《现代经济法入门》，谢次昌译，群众出版社1985年版，第28页。

③ 弗雷德曼：《资本主义与自由》，张玉瑞译，商务印书馆1986年版，第16页。

善，对缺乏能力的人的照顾。① 这表明资本主义国家政府的干预性角色又走过了头，于是，各主要发达国家又对政府角色开始进行重大调整，从“看得见的手”发展到“有限制的适度的国家干预”，即市场机制与国家干预这两只手的结合。

二、西方国家经济法价值目标实现理路的生成基础

厘清外国经济法的价值目标的实现理路，必须借助具体理念架构和制度结构来实现。正如以上所述，这种制度结构都是通过一系列具体法律制度得以构建的。那么，这些法律制度是在什么土壤上生成的呢？这种基础可以给后学带来什么样的启示呢？

（一）经济基础

按照马克思主义的经典论述，上层建筑都必须回到经济基础，而经济法作为面向经济最为密切的法律部门，论说其经济基础具有直接的阐述意义。正如渡部乔一指出的，经济法是在资本主义经济高度发达，自由竞争必须加以限制的现实背景下制定的……为了民主的国民经济，国家对于经济就有进行指导的必要性。为适应这种必要而产生的整个经济关系的法律，称为经济法。②

有学者认为，经济集中与垄断这是经济法产生的内在原因……以法的手段对不经意间扰乱了自由资本主义秩序的垄断加以规制，以避害趋利，这是经济法产生的深层次原因。③ 在垄断资本主义时期，为了维持市场免于崩溃，对于失去了自动调解作用的自发性经济制度，还必须用“国家之手”从国民经济整体立场出发来调节经济活动和经济过程，形成他律性经济制度。④ 刘隆亨教授更是认为，垄断是经济法产生的温床。其认为，资本主义的垄断与反垄断

---

① 弗雷德曼：《资本主义与自由》，张玉瑞译，商务印书馆 1986 年版，第 27~39 页。

② ［日］渡部乔一：《日本的经济法》（上），载《外部经济与管理》1979 年第 5 期。

③ 史际春、邓峰：《经济法学总论》法律出版社 1998 年版，第 71 页。

④ 刘瑞复主编：《经济法学原理》，北京大学出版社 2000 年版，第 52 页。

以及社会化大生产高度发展是经济法产生的经济渊源。垄断出现以后，在经济上集中呈现为生产高度集中和垄断组织的蓬勃发展，出现了国家与垄断集团之间，垄断集团互相之间，垄断集团内部之间，垄断集团与中小企业之间，劳资之间在利益上的冲突和矛盾，这在客观上要求国家对社会经济生活进行干预或共同管理。由此，国家的经济职能凸显出来。随着经济垄断化地发展，要求立法反映"社会公共利益"、"社会福利"、"社会经济的健全稳定发展"、"社会责任"、"社会经济秩序"等，并将其强制的规范化。①

以上的论述都是针对第一种范式，特别是萌芽时期进行的归纳与论述，其主要针对的经济对象是体现最为明显的垄断。的确，尽管垄断是竞争的产物，但垄断是无效率的，破坏竞争机制，损害消费者利益。市场经济自身的力量很难消除市场经济本身存在的缺陷和垄断，需要制度来规范。基于这样的一个背景，经济法在产生的初期，或多或少的就带有国家整体利益至上的价值取向，限制个体经济（垄断）对整个国家经济的控制能力，转变个体经济组织（垄断）对整个社会经济结构的破坏。但是，更多的学者是从市场缺陷这一整体框架出发，说明经济法产生的必要意义。市场缺陷具体表现为以下四个方面：

第一，市场失灵，所谓市场失灵，就是指市场发挥作用的条件不具备或者不完全而造成的市场机制不能发挥作用的情形。对于市场失灵的表现形式，经济学家多有揭示，诺贝尔经济学奖获得者斯蒂格利茨将它概括为公共产品、外部性、垄断，尤其是自然垄断。② 在这里，笔者把失灵的表现形式主要从以下五个方面来阐析：

（1）自然垄断。主要是指由于资源条件的分布集中而无法竞争或不适宜竞争所形成的垄断。现代法学一般认为：自然垄断是指由于市场的自然条件而产生的垄断，经营这些部门如果进行竞争，

---

① 刘瑞复主编：《经济法学原理》，北京大学出版社 2000 年版，第 51 页。

② 李昌麒、刘瑞复主编：《经济法》，法律出版社 2004 年版，第 34~35 页。

则可能导致社会资源的浪费或者市场秩序的混乱。而垄断不仅会抑制竞争，减损市场效率，而且还会抑制创新，损害消费者的利益。①

（2）外部效应与公共物品缺失。由于外部效应的存在，当出现正外部效应时，生产者的成本大于收益，生产者得不到应有的效益补偿，生产者不愿提供公共物品，如植树造林，教育等；当出现负外部效应时，生产者的成本小于收益，受损者得不到损失补偿，如环境污染等。因而市场竞争就不可能形成理想的效率配置。

（3）信息失灵。这体现为信息不充分，信息不对称、不准确。尽管传统经济学假定竞争性市场的生产者和消费者有充分的信息。但实际上生产者与消费者都属于有限理性者，其生产、销售、购买都属于个人行为，都不可能掌握完全充分的信息。在信息不完善的条件下，经营决策失误就必然降低市场配置资源的效率。正因为如此，需要政府为市场主体提供收集、处理和传播信息的服务，并强制信息优势主体向信息劣势主体告知必要信息，尽可能降低信息不充分、失真和滞后的程度。②

（4）收入分配不公和经济波动。市场机制在一定意义上是“嫌贫爱富”、“助强欺弱”、“大鱼吃小鱼”的机制，它可能会产生令人难以接受的收入水平和消费水平的巨大差异。这是因为不同市场主体间在教育、继承权、劳动能力、身份地位、努力程度、要素价格和运气等因素上的差别，都将通过市场转化为收入差别；并且，收入差别一旦形成，市场还会使之扩大。所以，即使是最有效率的市场体系，也可能产生极大的不平等。③ 市场经济即使是有效率的，也不可能兼顾公平、失业、通货膨胀，经济波动是市场经济的固有弊端。这就需要政府介入社会分配领域来缓解市场机制造成的社会分配不公问题以保持国民经济的稳定与持续发展。

---

① 李昌麒、刘瑞复主编：《经济法》，法律出版社2004年版，第35页。

② 王全兴著：《经济法基础理论专题研究》，中国检察出版社2002年版，第81页。

③ ［美］保罗·萨缪尔森、威廉·诺德豪斯：《经济学》（第16版）中译本，华夏出版社1999年版，第29页。

（5）存在经济周期。通常是指市场经济的生产与再生产过程中，周期性地出现经济扩张与市场紧缩交替更迭循环往复的一种现象。经济周期是市场失灵中最具破坏力的形式，他会带来生产力的巨大破坏和资源的严重浪费，使资源的整体利用效率大为降低，从而对市场的效率形成严重的破坏。①

第二，市场的逐利现象。投资经营者所关注的是经济利益，并往往表现为眼前可实现的利益；对于当前盈利率低或无利可图甚至亏本或者投资期限长、风险大的行业或产品，人们往往不愿投资。是因为从投资到生产到运营到市场价格形成和信息反馈需要经过一段时间。② 而在这些领域中，有些如公共和公益事业、新技术和新产品开发以及其他与国计民生关系密切或可能制约国民经济长远发展和总体效益的行业，即使不能盈利或亏损，也应当进行适度投资。而这显然是不能指望市场机制发挥作用的。市场的逐利现象是不可避免的。因而，市场的逐利现象是局部市场资源配置的优化，但却是对整体经济的严重破坏；局部逐利必然导致优质的市场资源流动变成一种低端的无效率的恶性的竞争。

第三，市场调节的滞后性现象。市场调节往往是供求已经失衡情况下事后的纠偏性调节，即市场调节的滞后性现象。③ 市场机制的充分有效性是建立在完全竞争市场的假定之上的，这种假设的理想状态在现实生活中却很难找到而且由于自由竞争导致生产集中和垄断也会使这种理想状态遭到破坏。同时市场调节是事后调节，具有滞后性，而且由于价格信号只能反映供求的短期变动而不能反映长期趋势因而其决策难免具有盲目性，从而导致资源的浪费，市场的不完全性现象。市场调节的滞后性现象可以导致一个国家经济投资与规划产生与实际情况相脱节的事实。

① 李昌麒、刘瑞复主编：《经济法》，法律出版社 2004 年版，第 37 页。

② 漆多俊主编：《经济法学》，高等教育出版社 2003 年版，第 27～38 页。

③ 漆多俊主编：《经济法学》，高等教育出版社 2003 年版，第 27～38 页。

第四，市场反馈的被动性现象。市场确实在有效分配资源流动有其特殊的作用，但是分配机制可能导致优势资源在同一行业的高度、快速的堆积。暂时性的产业优势掩盖了长远性的产业持续发展，这就是市场反馈机制的“短板”。市场反馈的被动性导致了产业发展没有非常明晰的可预期，形成一种盲从状态——市场经营主体不能知悉生产的市场容量，势必最终形成产能的过剩以及因生产要素迅速堆积造成其他行业的“亚健康”发展。

以上是第一种范式经济基础，而第二种范式经济基础有所不同。第二种范式的基础更倾向于一种战争的需要。正如史际春等指出的，战争和相关的法制实践，使有关经济暨法律关系的直接国家意志性凸显无遗，成为经济法学说得以形成与发展之沃土。① 这种范式体现了德国在战争期间综合运用各种手段全面干预经济，直接参与生产经营活动。国家垄断资本主义极度膨胀，如英国把铁路收归国家经营。成立了对个经济部门进行管理的机构，对工业原材料的生产、价格、物资分配和进出口贸易实行全面控制。政府还适用计划手段组织和引导经济发展，这些具有很好的战争和危机对策法性质。战后为了恢复、重建经济，为此，政府对经济继续实行统制。德国干预经济方式的特点，一是涉及的领域广，并采取了多种措施对社会经济进行较全面的干预，不仅仅局限于垄断这一个领域；二是就对待垄断的态度而言，德国政府鼓励、扶助，甚至国家参与某些垄断，只是在战后才采取过一些限制卡特尔的措施。在日本在“二战”期间，日本政府一方面实行严格的战时统制经济，另一方面又以军需物质为主，实行了保护和扶植工业的政策。战后，为了应对经济危机，继续保持对工业的保护政策。② 如 1946 年发布的《物价统制令》规定实行物价统制。

（二）法律基础

正如李昌麒教授所在指出的，经济法是为了补足行政法与民法

---

① 史际春、邓峰：《经济法总论》法律出版社 1998 年版，第 75 页。

② 田中信行：《关于日本的经济法》，载司法部主编：《外国经济法论文选编》，法律出版社 1987 年版，第 167 页。

调整经济关系不足而产生的。① 在笔者看来，经济法的产生更是对传统公私法的一种超越。正如之前所述，民法与经济法存在众多差异。但是，民法到底是在什么情况下失却了面向现实的能力呢？经济法产生之前，社会秩序依靠民法来维持。民商法自由、平等、自治的观念与垄断资本主义产生之前的社会紧密切合，能够适应当时的经济发展需要：(1) 民法奉行个人权利本位，认为单个人的利益的实现是法的最高价值目标，因此在民法中有私权神圣、契约自由、意思自治的法律原则。(2) 民法讲求主体平等，认为每一个民事主体的机会绝对公平从而结果公平。(3) 民法追求调节的弹性，以个人的选择为主，行为自由、任意。② 这些民法的基本精神给当时的自由竞争经济注入了新的动力，在自由资本主义时期成为整个社会的主导思想，也影响了政府对自身构建的形态，加速了资本主义经济的发展。

然而，当时间发展到垄断资本主义时期，社会经济运行已经发生极大的不同。传统法律对待私人主体是一致的。仅对主体的权利加以规范，而主体如何产生，如何组织则是法律调整的盲点。③ 民法所倡导的个人本位精神导致私权的无限扩张，形成一系列的利益矛盾：在经济运行的层面上，社会化大生产导致公司、合伙等经济组织的出现，它既是个人权利让渡的结果，又是对个体权利的制约，由此出现了个体与经济组织的矛盾；在市场机制上，以民法为代表的私法强调个人效益的最大化，其负面效应导致个人权利之间的矛盾，社会整体利益得不到维护。用传统法律部门的标准来判断，垄断、不正当竞争、欺诈消费者、漠视劳动者利益，污染生态环境和操纵市场等行为不过是事关民事当事人利益的行为，只要当

① 李昌麒主编：《经济法学》，中国政法大学出版社 2002 年版，第 31 页。

② 徐杰：《论经济法的产生与发展》，载徐杰主编：《经济法论丛》（第一卷），法律出版社 2000 年版，第 7~8 页。

③ 邓峰：《经济法漫谈（一）：社会结构变动下的法理念和法律调整》，载史际春、邓峰主编：《经济法学评论》（第二卷），中国法制出版社 2002 年版，第 75 页。

事人之间默许，这种行为永远都是合法的。尽管到20世纪，民法通过自身的社会化，规定了公序良俗、诚实信用等社会本位条款，但这些条款还是很难对危害社会公共利益的行为产生约束。这些条款不过是民商法与经济法的连接点。①

为了修正其中的不合理，就需要修改基本的市民法原理。由此，以满足社会全体成员对社会公共利益日益激烈需求为己任的经济法，在克服传统法律部门维护社会公共利益方面存在功能缺陷的背景下产生了。② 正如有的学者说“国家不幸经济法幸”。③ 第一，经济法在传统法律部门之外确立了社会本位原则。第二，打破传统法律部门的划分，横跨多个法律领域综合地系统地适用多种方法，管理与协调国民经济的发展，第三，经济法从经济运行的全局角度对国民经济进行协调这一特性决定其必为一个法律的综合体。第四，经济法是一门开放性的法律。其与经济发展状况紧密相连，经济法的内容随着经济的不断发展而不断革新。④

经济法的产生实际也对国家职能产生了实质意义的革新。国家在权力上实现了革新，国家作为经济调节主体行使职权，不是行使传统上的行政权力，而是依据经济权限，关注经济过程，同时通过国有企业参加经济活动，不再以“私人意思自治”“企业个人自治”为原则，而是以国家意志社会公共利益为出发点，并贯穿社会经济过程的始终。⑤ 国家在运作取向上实现了革新，在于国家通过宏观调控，限制极端的个体自由，防止经济混乱，以期建立良好的经济运行秩序；以社会整体效益为出发点，以微观干预和社会保障的方式增强中小竞争者的竞争力和弱势群体的保护力，实现实质

---

① 史际春、邓峰：《经济法总论》，法律出版社1998年版，第138页。

② 史际春、邓峰：《经济法总论》，法律出版社1998年版，第152页、第76~78页。

③ 邱本：《经济法的存在价值及前景》，载人大复印资料《经济法学、劳动法学》2001年6月。

④ 徐杰：《论经济法的产生与发展》，载《经济法论文选萃》，中国法制出版社2004年版。

⑤ 刘瑞复：《经济法学原理》，北京大学出版社2000年版，第50页。

正义。国家的核心职责的革新，改变原有“国家作为守夜人”的角色，注重调整总量平衡，保持社会均衡发展。消除市场竞争的障碍，阻止组织的扩大，限制组织的成长。这是国家干预的最早反映，由此出现了反垄断法、反不正当竞争法等新型法律。如美国的大型企业组织起源于铁路和通讯业，国家的第一个反应也在于此。1870 年伊利诺伊州在宪法中要求政府“通过各项法律去矫正铁路的弊端，防止在客货运费方面不公正的区别对待和敲诈行为”。1890 年通过的《谢尔曼法》明确表示：“任何以契约、托拉斯或其他形式的联合、共谋、垄断而限制贸易的行为是违法或犯罪的行为。”在德国，则大量出现国家干预经济的法律，突破了传统的“公法”、“私法”的界限及其所涉及的内容和范围，摆脱了传统资本主义自由放任主义的经济原则，确认了国家对社会经济的直接干预管理。以上种种法律都成为经济法独立的先河。①

在这种条件下，国家不再处于社会经济之外的消极主体身份，而是积极介入经济活动，克服垄断营业的弊害和限制私人行为的任意扩张。其在职能上出现了三个方面的扩张：社会职能增加；介入经济方式改变，直接介入经济领域，调节产品产量和商品流通；以及以生产资料所有者身份参与社会经济过程，组建国有企业。② 从此种角度而言，“当我们把经济法当作法的新的扬弃形式加以研究的时候，不能不首先从对经济关系、法观念和法三者交互作用及其演进的分析开始”。循着这样的逻辑线索，经济法是“垄断经济—社会本位法观念—调控法”③。

（三）思想文化基础

经济法的产生并不是在一个架空的历史环境下产生的，其产生必然是基于一定的思想文化基础。柯勒指出，个体与群体，个人与

---

① 漆多俊主编：《经济法基础理论》，武汉大学出版社 2000 年版，第 44 页。

② 符启林主编：《经济法学》，中国政法大学出版社 2005 年版，第 30~33 页。

③ 刘瑞复：《新经济法论》，中国政法大学出版社 1991 年版，第 27 页。

社会，这是社会中的两极，是所有文明社会任何时候都面临的矛盾，它们之间的对立和冲突，实际构成了历史的运动。法律原则必须符合个体主义与整体主义的交错这一文明生活的主要杠杆的运动趋向。① 以上论述就是经济法产生最为深层次的原因。

一切科学对于人性总是或多或少地有些联系，任何学科不论似乎与人性离得多远，它们总是会通过这样或那样的途径回到人性，基于人性在科学中的作用，如果我们对人性有了透彻的把握，我们在任何学科就有希望轻而易举地取得胜利，因为一切学科的“首都和心脏”，便是人性本身。② 古希腊时期，个体意识已发展到相当高度。普罗泰戈拉说：人是万物的尺度，存在时万物存在，不存在时万物不存在。③ 这就充分体现了人意识的觉醒。基于对个体的人的地位认识，古希腊开始比较重视对个体利益的保护。到了古罗马时期，作为罗马法核心的市民法，在对个人权利的保障上，已经具有了较强的个体主义色彩。④ 到了启蒙时期，个体意识极端发展，个体主义应运而生。个体主义认为，社会的目的仅在于满足个人的需要，保护个人的权利，使个人能去追求自己的利益。而在法律上的反映，便是罗马法几乎被整个欧洲所接受。《法国民法典》以罗马法的《法学阶梯》为基础，作为《法国民法典》之后影响最大的一部民法典——《德国民法典》则也以罗马法的《学说汇纂》为基础。民法法系的形成，其法学理论与体系基础是罗马法。⑤ 这一时代的思想精髓就是个体主义的私法精神，其要求为个体的权利与自由至上。罗马法的复兴运动最终形成了高度发达的民

---

① 沈宗灵主编：《法理学》，北京大学出版社 2000 年版，第 303 页。

② ［英］休谟著，关文运译：《人性论》，商务印书馆 1980 年版，第 6~7 页。

③ 北京大学哲学系：《古希腊罗马哲学》，三联书店 1957 年版，第 138 页。

④ 陈兴良：《刑法的价值构造》，中国人民大学出版社 1998 年版，第 150 页。

⑤ 魏振瀛主编：《民法》，北京大学出版社、高等教育出版社 2000 年版，第 7 页。

商法秩序，在这样一种民商法秩序中，个人利益被至于最高地位，个体权利使社会服从于自由竞争，有效地适应了新兴的资本主义生产方式，促进了生产力的飞跃发展。

而在经济领域，人们崇尚的理想目标模式是：个体自由的经济秩序；个体经济效率；个体经济权利、地位的公平以及由上述各方面构成的正义。① 这种模式最好的总结者莫过于亚当·斯密。1776年，亚当·斯密在其《国民财富的性质和原因的研究》中提出了"自由放任"思想，表达了当时新兴资产阶级对自由的渴望。他说："一切特惠的或限制的制度一经完全废除，最明白最单纯的天赋的自由权利制度，将自然而然地树立起来。每个人，在他不违反正义的法律时，都应任其完全自由，在自己的方法下，追求他自己的利益，而以其勤劳及资本，加入对任何人或其他阶级的竞争。监督私人产业，指导私人产业的义务，君主们应当完全解除。"② 在这一理论基础之上资本主义国家相继走向了自由资本主义之路，生产力迅猛发展。

但是，垄断资本主义时期的事实是：每一个经济个体在利益最大化的追求推动下，沿着经济规律的发展之路，走向了垄断。他们互相倾轧，盲目生产，社会经济出现了无目标、无政府的混乱状态。同时私人的趋利性和盲目性，使他们不顾及社会公共需求，随意损害社会利益，难以提供社会所需的公共产品，为社会分配不公提供了合理的机制。经济个体合理的追求个体利益的行为严重破坏了市场的整体秩序。市场固有的调节机制越来越失去其"灵性"，契约自由成了经济强者的自由，自由放任的市场经济变成了"非人道的"和"任意拦路抢劫的"市场经济。③以至西方学者发出了

① 漆多俊：《经济法基础理论》（第三版），武汉大学出版社 2000 年版，第 162 页。

② 江平：《罗马法精神与当代中国立法》，载《中国法学》1995 年第 1 期。

③ ［德］维利·斯坦尼斯罗·克劳斯：《社会市场经济》，张仲福译，重庆出版社 1995 年版，第 8~12 页。

"契约和上帝一样，已经死了"的惊呼。① 为此，各国放弃了"夜警式"的态度，开始主动干预经济运行。这一干预的目的正是为了全社会经济秩序的稳定和社会整体利益的获得，从而保证社会每一个成员的利益的实现。

鉴于垄断资本主义时期社会经济生活的运行态势，法学家们也作出了反应。法学家们从自然法学派的旧观念转向社会法学派的新观念。以社会法学派为代表的法哲学群体，以"社会化"为基调对法律进行了新的观察和理解，突破了近代社会传统的法观念的局限，为经济法的产生开拓了新的视野，提供了必要的新的法观念。自由资本主义时期法律秩序的理想蓝图是以自由竞争为基础，法律的目的被设计为保证人们的自由，因而自由被奉为最高的法律原则。个人愈自由，国家就愈繁荣。② 垄断资本主义时期的法律对个人自由的限制逐渐被人们认同。这种限制不仅适用于本人自由对他人的同等造成损害的场合，而且趋向于较宽泛的社会公共利益作为限制个人自由的依据。法的观念中的人性标准从只要求个人做到不损人利己就行了，发展到要求个体不仅要做到利己利人而且还要损己利人。③ 以社会法学家为代表的法哲学群体更多地从社会整体利益出发，追求一种平等与自由的衡平机制。耶林认为：法律的目的就是社会利益，社会利益是法律的创造者，是法律的唯一根源，所有的法律都为了社会利益的目的而产生。美国现实主义法学家卡多佐也认为，法律的最终起因是社会福利。美国著名法学家庞德在耶林对社会研究的基础上，展开其法律利益学说。他认为法律的作用和任务在于承认、确定、实现和保障利益，或者说以最小限度的阻碍和浪费来尽可能满足各种相互冲突的利益。为此，他将利益分为三类：个人利益、公共利益和社会利益。庞德的利益观告诉我们，

① 李东方：《现代经济法产生的历史前提及其社会公共利益的本位性》，载李昌麒主编：《中国经济法治的反思与前瞻》，法律出版社 2001 年版，第 297 页。

② ［法］德萨米：《公有法典》，黄建华、姜亚洲译，商务印书馆 1982 年版，第 10 页。

③ 吕忠梅：《论经济法的边缘》，载《法商研究》1995 年第 4 期。

法律利益并不是单一的，法律并不是只能作为一种实现国家利益的手段，法律利益学说表明构成法律利益是一个多元的利益组成的，省缺任何一方的利益最终是会造成整个社会的利益冲突，致使整个社会效益的低下。拉德布鲁赫指出，经济法产生于国家不再由纯粹司法保护自由竞争，而寻求法律规范完整的运动法则控制自由竞争的时候，而这种法律规范本身就是社会学运动，有效干预的社会学事实。① 法哲学家们的社会利益观念直接导致经济法对新的价值即社会整体利益的追求。

同样的观念革新也发生在经济学领域。凯恩斯主义也在资本主义国家范围内盛行，并被奉为指导原则。凯恩斯的政策主张以国家干预经济为核心，改变自由放任主义，实行政府干预经济的政策来提高社会需求，主要包括三个方面：增加消费以提高消费品的需求，实行通货膨胀以降低利率，用政府支出来弥补私人投资不足。② 凯恩斯主义的经济理论与政策是经济法产生和运用的理论依据。③

以上论述从三个方面集中梳理了外国经济法价值目标实现理路的生成基础，显然从生成基础的发展可以看出，整个经济法价值目标的实现其核心都是借助整个法律体系的创新，首先在法律部门之中实现创新，具体体现为以社会整体利益为价值目标的经济法提出，然后，通过国家自身职能的转变和革新，达到社会整体利益的实现。

三、西方国家经济法价值目标实现理路的理念渊源

以上完整地梳理了外国经济法实现理路的产生基础。然而，为何这两种范式的产生都几乎是在相同的时期，完成如此大规模的理

① ［德］拉德布鲁赫：《法学导论》，米健等译，中国大百科全书出版社1997年版，第77页。

② ［英］凯恩斯：《就业、利息与货币通论》，高鸿业译，商务印书馆1983年版，第323~324页。

③ 刘隆亨主编：《经济法概论》，北京大学出版社2002年版，第3页。

念突破与制度创新呢？这就需要深入研究经济法价值目标实现理路的理念渊源。

（一）经济秩序理念

秩序是意味着某种制度的稳定性，结构的一致性，行为的规则性，进程的连续性，时间的可预见性，人身财产的安全性。① 秩序为各种行为规范的实施过程和结果，亦即人的行为活动对应规范的贯彻，实施和维护的过程。包括可控性，稳定性，行为的互动性，可预测性。② 不仅如此，秩序内涵了社会安全和效率的因素，一个没有秩序的社会一定是一个纷争四起、动荡不安的社会，而社会经济的发展和效率更无从谈起，因此，秩序是社会安全和效率的保障。③ 作为国家经济政策工具的经济法，相对于以契约自由为核心的民商法而言，不仅在于要维护自由经济，而且还要在自由经济的基础上有意推动、组织经济，即建构经济秩序，因此，经济秩序于经济法具有最高意义。④ 在之前已经论述秩序作为法律价值之一，在经济法价值目标实现的理路中经济秩序更有其重要意义。在垄断资本主义之前，西方国家经济秩序的维护由民商法、行政法等完成即可。但是到了垄断资本主义，经济秩序的实现不可能单独由传统法律部门来完成了。个体行为的影响力越来越大，由此产生的外部性亦越来越大，竞争秩序乃至社会整体利益的影响是自由资本主义阶段不可能达到的。为了维持经济秩序的实现，必须超越原有的法律部门，一方面在竞争法层面对竞争行为的制止与管制，防止不正当竞争行为影响社会整体利益；另一方面，在宏观秩序层面，运用财政，税收、金融等各种手段，调控个体经济行为，以防其行为给

① 张文显：《法哲学范畴研究》，中国政法大学出版社 2001 年版，第 196 页。

② 徐强胜：《经济法和经济秩序的建构》，北京大学出版社 2008 年版，第 25 页。

③ 李昌麒主编：《经济法理念研究》，法律出版社 2009 年版，第 125 页。

④ 徐强胜：《经济法和经济秩序的建构》，北京大学出版社 2008 年版，第 29 页。

宏观经济造成不良影响。

（二）经济安全理念

安全有助于使人们享有的诸如生命、财产、自由和平等其他价值状况的稳定化尽可能进行下去。① 无论民法还是经济法都把安全作为价值角逐的目标。为了更好地保护公共安全，民法中的过错原则开始向推定过错和严格责任演进，但这种演进又似乎有悖于民法的理念，冲破了民法的调整范围。因而需要新的法律部门来体现经济安全的价值理念。与此同时，与经济法安全价值相吻合的法律、法规纷纷出现，如反不正当竞争法、消费者权益保护法和产品质量法等，从而有效的保障了公共安全，维护了正常的市场秩序。因此，经济安全成为经济法一个特有的价值。而在宏观上，则是要保护国民经济安全。其包含两方面的含义：其一，在积极意义上，它是指国民经济的稳定、健康、可持续发展协调状态。② 国民经济的协调状态在总体上表征为社会需要与社会经济发展之间的一种适应与满足的关系，在具体上表现为经济系统中的多种因素和多种力量的多重促进、多元互补的合理配合关系。其二，在消极意义上，它是指抑制经济系统中不协调因素和力量，防止经济疲软、过热和动荡以及通货膨胀、经济危机等消极经济状态。在日本，产业政策一般被理解为"通产省的政策"，通产省（现改为经济产业省）在制定和实施产业政策时，并不仅仅是在市场出现失灵时，而多数的产业政策的目的都是为了预防市场失灵，尤其是当这些产业政策上升为法律时，它的立法目的就被扩大为"为了国民经济的健康发展"。由此可见，在日本，行之有效的产业政策是国家经济安全的

---

① ［美］E. 博登海默：《法理学——法哲学及其方法》，邓正来译，中国政法大学出版社 1998 年版，第 75 页。

② 协调是指在一系统存在多种因素关系和多种相互作用条件下，把不同质的因素和不同类型的相互作用统一起来，满足指定功能的过程，表现了系统结构与功能关系的客观规定性同人与社会发展目标的主观规定性的统一。参见王宏波：《论社会发展的协调范畴及其意义》，载《中国社会科学》1994 年第 1 期。

一项重要保障。①

（三）实质正义理念

"正义乃是每个人获得其应得的东西的永恒不变的意志。"②法律是实现正义的手段，法的最高价值在于正义的实现，经济法也不例外。正义分为形式正义和实质正义。形式正义要求同等的人应当受到同等的对待，从根本上说它是一种起点的正义，是和法律的普遍性相联系的正义；实质正义强调针对不同情况和不同的人予以不同的法律调整，它是一种结果上的正义，是一种追求最大多数社会成员福利的正义观。

首先，在正义价值上，经济法与民法的区别在于：经济法追求法的实质正义，而民法追求的则是形式正义。形式正义要求普遍性调整，所有主体机会应均等，能够通过自己的努力各取所需，而不管其个体起点的差异。经济法则不同，它强调在经济生活中人们追求利益最大化的行为必须对全社会经济发展承担义务。某经济行为即使不造成特定的损害后果，但对整个社会经济存在泛化损害时，该行为就是不公平的。这时国家干预将会依靠经济法律规范这种市场外的因素来介入。在经济法看来，经济巨人和经济侏儒之间起点是不平等、不合理的。经济法要采用市场外力量来积极限制这种对比差异在经济生活中的作用。经济法总是以社会整体为参照系，以社会公平和实质正义为核心。

其次，形式正义与实质正义能动性不同。经济法的出现使立法者和执法者获得了不同程度的自由裁量权，他们可以针对个别情况作调整，体现实质正义所具有的能动性、灵活性和适应能力。

最后，经济法调整手段的多样化，更表现为其为了纠正社会不公而采取种种积极措施或手段。经济法的实质正义则不同，实质正义的平等对待和针对各种主体设定正义的具体标准均可能违背形式

① 齐丽虹：《国家经济安全与产业政策立法——加入 WTO 给中国产业带来的冲击与日本经验的启示》，载《云南财贸学院学报》2003 年第 4 期。

② ［美］E. 博登海默：《法理学——法哲学及其方法》，邓正来译，中国政法大学出版社 1998 年版，第 94 页。

正义要求，因而它可能要采取对于特定主体而言在形式上、表现上不公正但求达到结果和实质公平的措施。这种措施或手段既可以使法律规定对于不同的主体有所倾斜，或者规定的模糊、不具体，并要求执法者根据实质正义在运用具体或不具体的法律规范中进行自由裁量。在经济法中，有关经济管理和维护公平竞争的法规和制度，无不要求主体的行为不仅符合法律本身的规定，而且其行为结果也不违背规范的内在精神和合理预期，合乎实质正义的价值。经济正义包含了以下基本含义：经济发展的目的、目标和模式的合理与理性；建立在理性基础上的经济活动过程的机会均等、规则公正、收入分配公平；经济行为体现“经济人”与“伦理人”的统一。①

19世纪以来，西方法律规则体系的建立和完善，法律呈现出高度自治和形式主义的特点。② 但是，20世纪以来，随着自由资本主义的发展，贫富悬殊、阶级对立，使法律所遵循的形式正义规则在社会经济领域越来越显示出“非正义”的特征。③ 为了摆脱形式正义的困境，相应的法律原则和制度自19世纪末迅速演变。正如有的学者所言，“社会经济的变化使20世纪的法官、学者和立法者，（不得不）重视当事人之间经济地位不平等的现实，抛弃形式正义观念而追求实质正义”。④ 民商法作为经济自由主义和法律形式主义的代表，对当代社会整体利益公共秩序以及弱势群体的关注力不从心，而经济法作为一种独立的法律类型或者形态，则顺应了20世纪反形式主义的思想和制度变迁，满足了社会对法律提

---

① 吴平魁：《论经济法价值的三重超越》，载《西安财经学院学报》2010年第3期。

② 李昌麒主编：《经济法理念研究》，法律出版社2009年版，第126页。

③ 李昌麒主编：《经济法理念研究》，法律出版社2009年版，第127页。

④ 梁慧星：《从近代民商法到现代民商法法学思潮——20世纪民商法回顾》，载梁慧星：《从近代民商法到现代民商法》，中国法制出版社2000年版，第179页。

出的各种新要求：诸如垄断、消费者利益、公共产品、社会保障以及发展成果分享等社会问题，而这些问题的解决无疑体现了经济法实质正义的价值目标。①

第二节 我国经济法价值目标的传统实现理路

如果将法定义为一种利益结构的反映，那么，经济法就是最基础的物质经济利益的直接调整与反映。尽管，中国经济法存在着多个阶段的发展问题，但是，作为一脉相承学科传统的经济法回应社会、回应经济、回应物质利益结果的传统并未断裂。那么，如何定义本节的传统实现理路呢？笔者认为，可以从以下三个方面进行阐述：

首先，此处并非指存在传统经济法与现代经济法之分。经济法作为一个新兴的法律部门，其学科历史与民法、刑法等远不可及。实际上，整个经济法都是为了回应现代化，适应现代性，发端于现代社会的。② 尽管经济法存在多种范式、存在路径差异，但是，以社会整体利益为价值目标，着眼于市场规制关系与宏观调控关系的调整并没有发生变化。因此，作为一种法律现象本身而言，经济法并未出现传统与现代的断裂问题。

其次，传统是与现今相对应的概念范畴，回应我国经济发展历程，我国经济法价值目标的传统实现理路中的“传统”在这里所指的时间区间为1978—1992年。

在这一期间国家改变权力过分集中的态势，主动退出部分经济和社会领域，人们的经济发展机遇不再完全仰仗国家或单位，原来政治、经济和社会系统相互嵌套整合的体系开始松动，新的公民互动机制和社会空间开始显现。③ 但由于惯式“官本位”思维的路径依赖，政府在资源配置过程依旧扮演裁判员和运动员双重角色，

① 李昌麒主编：《经济法理念研究》，法律出版社2009年版，第131页。

② 张守文：《论经济法的现代性》，载《中国法学》2000年第5期。

③ 彭勃、邵春霞：《改革后中国社会转型的政治逻辑》，载《浙江社会科学》2009年第9期。

淹没于国家利益的社会整体利益依旧靠政府的外力推进来实现。

另外，笔者补充说明的是，无论西方还是中方经济法的价值目标——社会整体利益是相同的，不会因为时空的转换而发生变化，这是由经济法的本位目标和使命决定的，但也正由于时空的转换，经济法为了更好地回应和服务于已经发生变化的经济社会现实，经济法必须要与时俱进，适时调整自己的实现理路，进而更好地实现自己的价值目标。

中国经济法产生在改革开放之后。其无论是生成范式还是价值目标的传统实现理路都与外国的两种范式有较大的不同。本节将首先梳理中国经济法生成范式，从而阐明传统意义上的社会整体利益如何得以实现。

一、我国经济法生成的路径范式

论述外国经济法的生成范式时，可以注意到市场是前在的。而政府相对于市场则是后在的。也就是说，在面向市场时，国外的政府都从小政府发展而来，政府无人民授权，则不能介入市场。在这种宪制结构下，社会整体利益的实现基础是市场，而政府是在市场出现问题时方介入，以实现市场功能的回归。然而在中国的宪政体制下，政府本身具备强大的权力传统，控制着社会最大量的资源。这种权力传统体现在计划经济体制下，就是国家社会不分，社会完全置于国家的政治控制之下。在这种语境下，社会存在与否可能本身就是一种严峻的问题，更遑论社会整体利益。直到改革开放后，市场在政府让步的条件下，才逐步形成，才为各部门法生成提供土壤。由此，中国的经济法生成范式与外国经济法生成理路的两种范式存在着明显的不同。如果说外国经济法生成理路的两种范式是国家面向市场的调整与管制。那么，中国经济法的生成理路就是政府通过法律手段管制，实现对市场的避让，演化出社会作为独立利益主体，从而使社会整体利益有存在的可能性。中国经济法的生成理路可以从以下两个维度进行梳理。

（一）时间—事件维度

在改革开放之前，中国既有一系列的经济立法。例如《土地改革法》、《关于国营、公营工厂建立工厂管理委员会的指示》、《关于在生产企业建立责任制的指示》、《私营企业暂行条例》、《对外贸易管理暂行条例》、《预算决算暂行条例》、《国民经济计划编制暂行办法》、《关于对目前私营工商业和手工业的社会主义改造若干事项的决定》、《基本建设和设计和预算文件审核批准暂行办法》、《国营工业企业工作条例（草案）》等。但是，在笔者看来，以上立法文件与经济法相去甚远。因为，以上文件并非针对市场而为之，而是当时的国家、政府完全运用行政手段，调配生产资源的运作。这与经济法面向市场，采取国家有限干预的基本理念格格不入，因此，充其量只能算作行政法意义上的经济立法，而非经济法。

可以说，改革开放的经济法是在“一穷二白”的基础上展开的。主要体现在两个方面：首先，在法律虚无主义的指导下，需不需要法律本身就是一个问题，可供研习与适用的经济法律法规只有少数几部。然后，在当时对经济生活影响最为重要的，不是成文立法，而是大量来自政府的政策，计划及指令。然而，这些政策，计划及指令都是在计划经济下适应国家指挥生产，直接介入企业经营的条件下得以完成的。与现实的开放的人、财、物的自由经济格格不入。不但无法成为指导经济平稳运行的规范体系，反而可能成为经济转型的桎梏。①

随着中央和地方领导人对经济法的认识提升，经济法被逐步认可和制定。经济法学界的学者一般会把1979年作为中国经济法生成的一个时间。在1979年之后，中国开始市场化取向的改革。这体现了有计划商品经济体制的确立。邓小平在1978年12月指出：“国家和企业，企业和企业。企业和个人之间的关系，也要用法律

---

① 最为典型就是投机倒把。1987年9月17日，中国国务院颁布《投机倒把行政处罚暂行条例》。在当时短缺经济和价格双轨制的双重作用下，社会滋生出一大批“倒爷”。他们凭借手中的权力，通过计划或者走后门，搞到平价的紧俏产品，然后囤积居奇、翻手倒卖，经过环环转手，层层加码，最后以较高价格卖给最终使用者或者消费者，借改革之机淘国家之金，发民众之财。但是，这一行为在实现市场经济的条件已经没有必要了。

来确定它。他们之间的矛盾也有不少，要通过法律来解决。”1979年，叶剑英委员长在五届人大二次会议上指出，随着经济建设的发展，我们需要各种计划体制下的经济法。1982年《宪法》第115条规定，国家在社会主义公有制基础上，实行计划经济。国家通过经济计划的综合平衡和市场调节以及辅助作用，保证各种经济按比例协调地发展。包括《全民所有制工业企业法》、《企业破产法（试行）》被逐步制定出来。这一时期经济立法的主要特点是在社会利益先在的前提下，对个体私利有限度的承认，国家计划引领下对个体交换的容许，自主性因素在管理上的介入，以及弹性控制制度的扩大适用。这一系列的改革给包括经济法在内的法律体系提供了成长的土壤。① 这一时期出现了针对经济的大量立法，经济法学研究成为“显学”。时任全国人大副委员长的彭真同志在1982年撰文指出：“我们有各种法，最重要、最繁荣的是经济法。”② 1984年中共十二届三中全会召开，通过了《经济体制改革的决定》，规定了我国经济体制的目标是在公有制基础上有计划的商品经济。著名的“笼子和鸟”的理论是有计划的商品经济的理论基石③这时的经济法概念被界定为经济法是调整国民经济管理和各个经济组织之间以及经济组织内部，在从事商品经济活动中发生的经济关系的法律规范的综合。《1982—1986年经济立法规划草案》，共列了12类145个法规，涉及社会经济的各个重要方面，如所有制、财政、税收、金融、土地、资源、计划和经济管理、对外经

① 刘红臻、肖乾刚：《走向现代性中国经济法发展的过程与启示》，载《法制与社会发展》2003年第1期。

② 彭真：《在全国第一次经济法制工作经验交流会上的讲话》，载《中国法制报》1982年9月24日。

③ “笼子和鸟”的理论，是由陈云同志提出来的，其大意是社会主义经济的本质特征是国家计划，但商品经济在一定范围和一定历史时期对于计划经济也会起到一定的补充作用，商品经济必须在国家计划的指导下运行。因为这一理论的特征倾向于强调国家对于商品经济的控制，商品经济就如同笼中之鸟，即允许享有一定的自由，但又不能脱离国家计划。参见薛幕桥：《社会主义经济问题研究》，人民出版社1983年版，跋第11页。

济技术合作等。

另外一个重要的时间节点是1992年。张守文教授以1992年为界，将中国经济法界分为市场取向改革时期以及实行市场经济时期。①1992年，中共十四大明确将我国经济体制改革的目标确定为“社会主义市场经济体制”。与其同时，各种治理理念在中国方兴未艾，自由主义思潮的涌动，WTO的推动，可持续发展的承诺，知识经济的培养，经济法抓住了市场经济的转向契机，从旧经济法转向了新经济法，各方凝聚了多项共识。最为典型就是出现了一直沿用至今的经济法定义——经济法是国家对市场经济进行宏观调控和市场规制过程中所发生的经济关系进行调整的法律规范的总和。② 以及经济法体系——主要包括市场监管法与宏观调控法。同时，经济法在价值理念、功能定位、主体关系、调整机制和边界等方面着力于现代性的革新，其重新置身于法学体系的现代化话语中，对既有理论范式进行内省与反思，在扬弃和创新中艰难地探求框架性论题的发展，不断分析结构与理论参照系的重构。③ 由此可见，中国经济法的产生与革命性发展紧紧地围绕着整个国家的大政方针展开。我们也不难透析中国的经济法学还处在经紧紧跟随国家体制变革步伐阶段，还没有来得及对国家变革步伐的具体内容进行反思和批判。中国经济法学对国家政治经济体制的改革亦步亦趋。④

（二）政府—市场维度

漆多俊教授归纳改革开放时期我国经济法立法的特点：（1）减少国家对企业内部生产的经营管理和企业对外经济活动进行或干

① 张守文：《中国经济法的回顾与前瞻》，载《经济法研究》（第1卷），北京大学出版社2002年版，76页。

② 张守文、于雷：《市场经济与新经济法》，北京大学出版社1993年版，第66~67页。

③ 刘红臻、肖乾刚：《走向现代性中国经济法发展的过程与启示》，载《法制与社会发展》2003年第1期。

④ 毛德龙：《中国经济法学研究的转型与转型期经济法研究》，中国法制出版社2010年版，第5页。

预的直接规定，而将这些领域让与民法、劳动法等部门法调整。(2) 加强国家的宏观调控方面制度，制定计划、财政、税收、金融、外贸、价格等方面的法规，逐步建立宏观调控体系，发挥各种经济杠杆和经济计划，价格政策的调节作用。(3) 加强市场立法，制定和逐步完善生产资料市场，消费品市场、资金证券市场，技术市场，劳务市场，企业产权转让市场，房地产市场，信息市场方面的法律法规。① 经济体系改革开始之初，我们一方面大力培养和发展市场调节之手，另一方面又保持了必须的改革的国家之手，两只手协调才产生中国的经济法，② 每一次中国经济转制都是历史的进步，都折射市场机制前进的艰难。③ 回过头来审视中国经济法短暂的发展轨迹，中国的经济法立法，如《全民所有制工业企业承包经营责任制暂行条例》、《全民所有制工业企业法》、《公司法》、《价格法》、《人民银行法》等，都是在扩大市场主体的权利，减少行政干预，经济法实际上起到为市场“杀开血路”，限制政府行政管制的作用。尽管初期的经济法学说完全是前苏联著名经济法学家B. B. 拉普捷夫的现代经济法学说的翻版，强调经济法既调整纵向经济管理关系又调整横向经济交易关系，夸大了行政干预的功能与作用，客观上起到了抵抗市场，扩张政府权力的消极作用。

从以上论述，可以看出，中国经济法生产的路径范式，具有极大的国别意义。在中国的经济法生成中，政府对资源配置作用是前在的，而市场则是后在的。几乎每一步改革都是政府退出市场，进而由市场主导的过程。这与国外经济法生产的路径范式呈现出明显的不同。换言之，中国经济法产生于经济体制改革和社会主义市场经济建立的过程之中，其与市场经济同步发展。中国经济法并非为弥补民商法之不足而出现的，而是与民商法同时上马，立法活动与

---

① 漆多俊主编：《经济法学》（第二版），武汉大学出版社 2008 年版，第 55 页。

② 刘文华：《经济法理论研究的基础问题》，载徐杰主编：《经济法论文》（第二版），法律出版社 2001 年版，第 58 页。

③ 吕忠梅、陈虹：《经济法原论》，法律出版社 2008 年版，第 92 页。

研究才得以展开。中国经济法产生于经济体制改革和政府职能转变的过程中，与西方经济法相比，中国经济法的基本品格应沿着变革政府职能，规范政府经济行为这一思路去塑造。这使得中国经济法的动机与需求，功能与地位与西方经济法有不同之处。

二、我国经济法价值目标传统实现理路的实然基础

我国经济法的生成有着与西方不同的路径范式，尽管中外经济法都同样以社会整体利益为价值目标，但是中国经济法在路径依赖的影响下，有其国别特点。这需要回到经济法价值目标传统实现理路的实然基础来探求其中的影响，这将直接造成现有经济法对现实回应不足，这也是我国现有的经济法不能实现社会整体利益的原因。

（一）经济基础

中国的经济脱胎于计划经济，因此经济法价值目标的实现理路也不可能不受到计划经济的影响。在计划经济条件下，社会的政治中心、经济中心、意识形态中心重合为一，国家与社会一体化，资源和权力高度集中，这使得国家具有了很强的动员与组织能力。整个城市社会形成由单位组织构成的纵横交错、单一同质的社会结构。① 单位不仅是经济组织，也是社会组织和政治组织。单位既监控组织中成员的思想、行为与日常生活，同时，又集中各种职能和资源满足组织中成员的各项需要。单位成员的婚丧嫁娶、吃穿住用、学习娱乐等，上到垂垂老者，下到新生婴儿都完全依赖于单位的资源分配与福利补贴。计划经济体制是对生产、资源分配以及产品消费事先进行计划的经济体制。由于几乎所有计划经济体制都依赖于政府的指令性计划，因此计划经济也被称为指令性经济。

1978 年以后的改革以市场为导向，一方面强调公民和企业的独立的主体地位，使平等主体之间的财产关系的发生不再依赖政府，并且随着市场经济的发展被更加突出了；另一方面是伴随国

---

① 王建民：《经济秩序的变迁——对四种经济秩序的社会学分析》，载《天津社会科学》2010 年第 4 期。

家一元身份到多元身份的分解，管理形式也分化了。具体性质不同的经济关系从“混沌”走向“清晰”，平等主体之间的财产关系不再受经济管理关系的制约，经济管理关系与企业经营关系（实质是商事关系）分离。于此，不仅民法、商法既在理论上也在实际上分别有了自己的调整对象。而且，经济法也有了明确的调整对象——经济管理关系。① 由此，使与市场经济发展关系密切的一些法律部门的调整对象，尤其是使经济法的调整对象明晰化。

有学者归纳，中国的经济改革是采取一种增量改革的方式。与增量改革捆绑一起的现行经济法是“国家利益本位”的经济法，适合从计划经济体制向市场经济体制过渡。但是，由此造成的路径依赖是运用国家的强制力造成实质竞争的不平等——为了保证有国家利益背景的经济主体平稳参与市场竞争，现行市场经济制度在适度开放经济各领域时更侧重于对有国家利益背景的经济主体的保护，这就是国家制定经济法律法规并强制力实施，造成了法律服务于（具体的或特定的）目的，而不是服务于（抽象的和一般的）价值，② 对市场竞争秩序无法给予公正维护，市场不平等竞争就形成了。而且，政府的宏观调控也会出现调控目的被扭曲的现象：政府对市场进行干预、调整、协调的最终结果并不是真正地使市场竞争获得实质的公平，而是在为自己作为“经济实体”这一角色获得利益，其他经济实体的利益很难得到全部的保证。例如，“国家的经济命脉”可以不由国有企业来控制，但是，基于国家保护下几十年发展的控制国家经济命脉的国有企业来说，开放的基础行业领域的入业门槛已经被抬高，其他经济实体是很难，甚至是不可能进入的，造成的局面是：“开放的市场，单一的企业。”在“银行、

① 王保树：《论经济法的法益目标》，载《清华大学学报（哲学社会科学）》2001年第5期。

② ［英］哈耶克《法律、立法和自由》，中国大百科全书出版社2000年版，第19页。哈耶克认为，所谓特定的目的，是指那种驱使人们采取特定行动的特定的预期结果；而所谓价值，是指那些根据某些属性而得到界定并被普遍认为是可欲的事件的一般类型。

石油、电信、电力”等行业，非国有企业往往面临着“一入行就退行”的极大风险。

政府宏观调控的目的被扭曲了，国民无法享受其原先本应该享受的实质公平。政府对市场进行干预、调整、协调的最终结果只能是政府控制下的企业享受实质的利益，市场经济的“公平、公开、公正”原则受到极大挑战。这种情况持续地发展之后，整个社会经济发展的效率就无从谈起，国家经济进一步发展就会出现“瓶颈”现象。有学者认为，社会公共性是经济法的核心范畴。社会公共性决定并表现在经济法的产生、经济法的价值、经济法的主体、经济法的权利和义务、经济法的属性等各个方面。① 也有学者从经济法的社会整体利益和个人利益平衡协调的角度对经济法的本质进行了论述，认为经济法是社会协调法、社会经济法。经济立法和执法要从整个国民经济的协调发展和社会整体利益出发，来调整具体经济关系，协调经济利益关系，以促进、引导或强制实现社会整体利益目标和个体利益目标的统一。② 伴随着经济体制改革和计划经济体制向社会主义市场经济体制的转变，社会经济关系结构发生了很大变化。中国与西方国家不同，政府不仅只是政治实体，而且还受国家委托履行经济实体的职能，拥有大批国有企业。国家所有制企业，实际是政府所有制企业。政府一身兼有“政治实体”和“经济实体”的两重身份，同时履行两种不同职能，使得政府既不能成为真正的“公共服务”者，也不能成为国有资产的有效的“所有者”。双重身份使政府不能成为“公共服务型”政府，同时，双重身份使得政府在国有企业改革中经常错位，要么所有者“缺位”，要么政府越俎代庖。此外，双重身份使得政府的不同职能相互打架，也就是说政府在扮演一个既是裁判员又是运动员的角色。我国经济法就是在这样一种经济环境中发轫的。

---

① 王保树、邱本：《经济法与社会公共性论纲》，载《法律科学》2000年第3期。

② 刘文华、王长河：《经济法的本质：协调主义及其经济学基础》，载《法学杂志》2000年第3期。

（二）法律基础

2011年的"两会"上，吴邦国委员长宣布中国已经建成了中国特色社会主义法律体系，其中经济法也包括在内。现时经济法立法层面已经基本形成了一个相对完整的法律框架体系。在市场监管领域，已经制定了《反垄断法》、《反不正当竞争法》、《消费者权益保护法》、《产品质量法》以及有关广告、金融的监督管理法律等。在宏观调控领域，已经制定《计划法》、《产业促进法》、《企业国有资产管理法》、《价格法》、《对外贸易法》以及财政税收法律制度和金融法律制度。

（1）市场监管法中的体现。通过反垄断法，对限制竞争（包括限制竞争行为和在市场结构上的垄断状态）的禁止、限制、排除或认可、承认，为所有商事主体（包括外国的经营者）自由地进入市场并公平竞争创造一般性条件，防止生产的集中和垄断，消解垄断组织据以控制市场的"经济力"，① 促进市场"公正而自由的竞争"，确保买卖双方经济机会的均等，"进而促进国民经济民主而健康地发展"②；通过反不正当竞争法划清不正当竞争和正当竞争的界限，揭示不正当竞争的表现形式，对各种欺骗性交易行为、强制性交易行为、商业贿赂行为等都作了禁止性规定，制止不正当竞争行为，维护社会主义市场竞争秩序，保护商事主体的合法权益，制裁各种不道德的市场交易行为，维护市场秩序，维护社会正义；通过消费者权益保护法，规定消费者权利，并规定措施确保消费者实现其权利，时时处处为处于弱者地位的消费者着想，给予消费者倾斜性保护，以克服经营者和消费者之间的信息与实力的不对称。

（2）宏观调控法中的体现。政府通过经济利益调节机制，利用法律手段来影响经济主体的市场行为，从而达到间接干预市场

---

① 朱沛智、胡兰玲：《论经济法之基本原则》，载《兰州大学学报（社会科学版）》2004年第2期。

② ［日］丹宗昭信、厚谷襄儿：《现代经济法入门》，谢次昌译，群众出版社1988年版，第40页。

的目的，引导经济主体的投资行为与国家的发展需求取得一致，使社会资源配置有序、优化。通过制定财税法，确认预算和税收的法律规则，建立良好的总收入和总分配的秩序，为实现总收入和总分配的平衡创造法律条件；通过制定中国人民银行法，确认中国人民银行的法律地位和规定实现货币政策的法律规则，为实现货币总供给和总需求创造法律条件；通过制定产业促进法，确认产业发展的一般规则和振兴特殊产业的特别规则，建立产业结构合理化的秩序，促进某些薄弱产业的发展和该产业内部的竞争；通过制定价格法，确认价格规则，建立良好的价格秩序，防止价格严重波动对国民经济宏观经济秩序的破坏；通过制定计划法，确认国民经济稳定增长和计划管理的规则，建立国民经济持续、稳定发展的秩序。①

由此可见，我国经济法对社会整体的利益的保护，是分层次的。既保护在整体意义上的消费者，如反垄断法上的消费者，又保护个别意义上的消费者，如消费者权益保护法上的消费者，但两者共同指向社会整体利益的增益意义。从这种保护结构同时也可以看出，经济法对社会整体利益的保护还是通过不同主体的权利实现达致。但是相对完善的法律框架却不一定能够实现整体的法律秩序。这存在两个问题，第一，在文本规则以外的制度资源不足以实现经济法指向的制度目标，更不用谈实现其价值目标了。第二，则是更为严峻的是，经济法本身在规则构建的面向现实基础就比较弱，本土的合理性受到质疑。陈云良教授指出，这是因为中国经济法将西方成熟市民社会的经济法理论应用于从无市场向市场转型的中国社会现实的做法，必然会是不成功的，以至发生错位和扭曲，甚至集体失语。这或许正是对中国经济法与经济法学的现实窘状的最好注解：各种经济法立法，如《全民所有制工业企业法》、《反不正当竞争法》等，所发挥的作用和影响离立法时的期待与预想相去甚

① 王保树：《论经济法的法益目标》，载《清华大学学报（哲学社会科学版）》2001 年第 5 期。

远：经济法学越来越边缘化，影响力越来越微弱。① 以此为框架，实际上指示的是中国经济法相对中国问题存在着不恰当性。如在消费者权益保护领域，构建了多项消费者的多项权利，构建了消费者相对完善的权利体系，但是损害消费者权益的事件却不断发生。产品质量问题更是严重。2002 年，我国广东、广西等地查出“毒大米”数百吨，根据“毒大米”样本检验结果，黄曲霉毒素的含量严重超标。过量食用被黄曲霉毒素污染的食品，严重者可在 2 至 3 周内出现肺水肿、昏迷等症。还有对社会震动最为激烈的三聚氰胺事件。2008 年，质检总局通报全国婴幼儿奶粉三聚氰胺含量抽检结果，河北三鹿、山西雅士利、内蒙古伊利、蒙牛集团、青岛圣元、上海熊猫、山西古城、江西光明乳业英雄牌、宝鸡惠民、多加多乳业、湖南南山等 22 个厂家 69 批次产品中检出三聚氰胺，被要求立即下架。一系列的事件折射出经济法在面向中国实际，解决实际问题上存在缺失。正是由于存在如此的缺失，导致现时的社会整体利益受到极大的损害，整个社会的福利水平受到严重的影响。

（三）政治基础

正如之前所述，在中国经济法的生成理路中，政府是先在的。这种生成范式将直接影响到经济法价值目标的实现，因此，在谈论中国经济法的价值目标实现时，对政治基础，特别是政府的角色具

---

① 朱苏力在他的大作《从法学著述引证看中国法学》的最后作了发问，并作了若干可能性解释，还表示了真诚的担忧：“如果中国有关经济的法律理论研究不够，发展不快，无法形成一个强大的学术共同体，那么对于中国的经济发展和社会发展和相关的法学学术发展都将非常不利，并且也很难将中国转型时期的有关经济法律实践的经验转化为一种真正法学的贡献。”参见朱苏力：《从法学著述引证看中国法学——中国法学研究现状考察之二》，载《中国法学》2003 年第 2 期。法理学界真诚的关注和担忧，没有引起经济法学界足够的重视和回应。邓正来也以“消费者权利保护”为例，间接批评了经济法学不关注中国现实。参见邓正来：《中国法学向何处去（中）——建构“中国法律理想图景”时代的论纲》，载《政法论坛》2005 年第 2 期。而且我认为朱苏力其中一个可能性解释“也许经济法本身的结构就有问题，或者是研究的问题不明，或者是其基本的理论构架和进路有问题”，已经点出了本书的主题。

有特别重要的意义。

计划经济体制下的中国是一个完全的整体主义的国家，国家整体利益高于一切，个体的一切利益都要为此牺牲。改革开放后，全面推进国家的现代化，从而导致了一场涵盖社会生活各个领域的广泛而深刻的革命。每一步的改革都隐含着政府角色的转换，但是数十年来形成的全能型政府造成的路径依赖导致政府在市场经济中依然极为敏感。政府是以一个市场的保护者与推动者的身份出现的。市场化深深打上了政府的烙印。这种做法可以为市场秩序的形成提供某种合适的空间以避免无秩序状态的出现，但是政府的不合理干预却也很容易形成。不合理的政府干预极易沦为人人惧怕的“利维坦”，不仅会伤害企业的活力，制约经济的发展，更会侵蚀个体本应具备的价值理性，扼杀个体的创造性，将多彩的个体还原为仅有工具理性的“单向度的人”，最终威胁市场经济体制，国家将因“致命的自负”走向一条“通往奴役的道路”。① 政府的边界何在？政府在什么条件下可以对市场进行干预？什么条件下应该退出市场？按照哈耶克的理论，这都是无法完全预见的。至少现时存在着三个方面，使我国经济法实现社会整体利益的政治基础不稳固：

(1) 地方政府的政治权力被过度放大。从应然角度上，政府没有自身特殊的利益要求，政府要切实把自己看作是社会公共利益的代表，以服务社会的态度从事社会管理。② 但是，在分权化改革下，无论是为了获得更多的财政收入，还是为了谋取政治晋升，地方政府都有推进经济增长的动力。市场化固然是在这些分权化后的地方采取亲市场的政策而出现的，但从逻辑上说，分权化后的地方政府促进经济增长并不一定只能采取亲市场政策。从改革开放的经验看，发展较快的地区大多是由于改革开放前国家投资较少，当地政府行政控制的经济资源较少以及地区间竞争激烈等，造成地方政

① 管斌著：《混沌与秩序——市场化政府经济行为的中国式构建》，北京大学出版社2010年版，第255页。

② 李琳、何红丽：《经济转型中政府角色重塑研究现代》，载《商贸工业》2008年第8期。

府有动力采取亲市场政策（政府的帮助之手），以吸引外资或鼓励本地非国有经济的发展。不过，大多数地方分权化改革后政府仍然掌握着相当多的经济资源，如土地信贷的分配、本地的国有经济以及地方特意扶植起来的私营寡头等。而且，地方政府在控制这些经济资源时，很容易倾向于动用这些资源，以尽可能多的投资来拉动经济增长，从而放大了地方政府控制下的投资冲动，这是投资膨胀的重要原因，这种投资冲动一直贯穿于改革以来的经济增长期。这种投资冲动所带来的外延式增长对地方政府来说省事省力，而最终积累的风险却要由中央来承担。① 地方政府以其控制的资源形成投资冲动，也能达到增长的目的，甚至还更立竿见影，这就会使地区间竞争促使政府采取亲市场政策的动力大大消减，不需要做更困难的制度变革和政府改革，虽然政府部门的职能正在不断转型，但是由于计划经济思维以及政府喜欢作为全能政府以体现政绩和权威的思想并未消退，加上政府寻租的存在，都导致了政府部门时常介入具体的经营活动，起着类似于一个微观经济主体的作用，从而影响到市场的正常运行。②

（2）政府控制过多的社会资源。③ 政府主导推进的改革过程以控制大量资源为前提。但是，政府控制的资源量过大，将可能导致资源应用的低效率，而且还有可能隐藏大量腐败机会。体现最为明显的是国有经济。一方面国企改革是因为当年国有经济极低的效率而不得不改的结果，也是一种被逼出来的改革；另一方面是到了今天，垄断部门的国企不但不存在亏损问题，相反还能利用垄断地位获取超额利润。另一部分是政府财政收入失去监管。财政收入的高速增长使大量的社会财富集中在政府手中。但是，其中的监管缺

---

① 杨紫煊主编：《经济法》（第三版），高等教育出版社、北京大学出版社 2008 年版。

② 魏杰、董进：《改革开放后中国经济波动背后的政府因素分析》，载《中央财经大学学报》2006 年第 6 期。

③ 陈健：《经济转型中的政府转型年》，载《上海行政学院学报》2010 年第 3 期。

失使财政收入被浪费在政绩工程、在职消费、人员福利上①，而无法取之于民，用之于民。②

在深层次上，政府掌握资源过多还会造成分配及储蓄和投资结构失衡的后果。由于政府财政收入和国有企业收入的比重不断上升，导致在国民收入分配中居民收入增长相对缓慢，而政府和国有企业却有大量的钱用来开支。③ 在政府仍然拥有大量资源的情形下，市场并不是自发秩序的市场，而是成为政府实现经济战略的工具。政府因此会扭曲各种市场要素价格，加剧了各种不平等和收入差距扩大。

（3）政策失效问题。地方与中央的分权化具有合理性，但这一机制在现实生活中有时却走向了极端——地方不听中央的政令，使中央的调控手段在地方被化解。而且当地方普遍采取不听中央的指挥时，就会造成大面积违法的现象，使中央在普遍违法下无法责众。例如中央对房地产的调控多次强调要稳定房价，但实际情况是房价仍在快速增长。

除了央地关系层面，还有部门与中央关系层面的问题。部门利益的作怪使政策失效在各级政府制定的决策上也有所表现。例如，在房地产调控中，房地产业涉及的部门众多，各部门的利益之争也干扰了调控的效果：人民银行目的是通过限制房地产开发贷款来防止房地产泡沫引发金融危机，其在《中国房地产金融报告》中建议取消房屋预售制度，以防止房价的过快上涨带来的金融风险；而建设部关注的是房地产建筑行业的发展，主张保留预售制度以有利于房地产开发。不同部门在宏观调控中追求的目的不同，追求的调控方式方法也相去甚远，这削减了中央宏观调控的效力。而且部门利益的膨胀除了部门本身对经济管理职能权力的追求外，还助长了各种利益集团迅速产生和发展起来，对控制了资源的政府决策以及

① 尹鸿伟：《告别‘收费政府’还有多远》，载《南风窗》2007年第11期。

② 周天勇：《高增长为何没有带来高就业》，载《山东经济战略研究》2006第6期。

③ Barneet, S. and Brooks, R. (2006). What's Driving Investment in China?, wp/06/265.

政策的执行施加广泛而深远的影响，使政府被俘获。①

由此可见，现有政治基础是不利于实现社会整体利益的。首先，国家控制过多的资源，将社会存在与成长的空间都压缩了。社会的成长与发展是需要大量资源的。从西方经济法生成的路径范式来看，社会与市场是优先于政府的先在。因此，政府只有在得到充分授权之下才能够获得资源，才能动用资源，才能配置资源。这种情况下，就会留给社会大量的生产资源。但是，在中国现有政治基础下，由于全能型政府的路径依赖，导致国家控制大量的资源，这种情形的可能结果是社会失去了发展的基础。更遑论社会整体利益的实现。然后，国家控制不力，导致政策失效，使社会整体利益失去保障。这种论断是假定国家是可以保障社会整体利益的。但是，在现有地方利益、部门利益的驱动之下，极有可能导致国家干预无法得到有效的落实与实现，从而使社会整体利益失去保障，进而被地方政府及相关部门瓜分，影响整个社会的福利水平。②

---

① 所谓政府俘获是指“企业通过公职人员提供非法的个人所得来制定有利于自身的国家法律、政策和规章的企图”。政府俘获实际上是公权私用，即公共权力为少数利益集团而不是人民大众谋利益的问题。它产生的历史背景是从20世纪80年代开始，拉美和苏联、东欧等国家改革传统经济模式向西方式市场经济过渡中，受“华盛顿共识”的指导，进行大规模的私有化，不同程度出现了企业控制政府、企业和政府官员勾结瓜分公共财产，最后为维护既得利益，设置垄断，以牺牲市场经济的健康发展为代价，牟取个别集团利益现象。参见［英］乔尔·赫尔曼、杰林特·琼斯、丹尼尔·考夫曼：《转轨国家的政府俘获、腐败以及企业影响力》，载《经济社会体制比较》2009年第1期。

② 因此，有学者倡议，要改变以上的状况，今天中国应当建立公共服务型政府。20多年改革开放没有来得及解决的大量社会问题，如仍然在困扰我国社会稳定的贫困问题，收入分配差距不断扩大导致的“两极分化”问题，社会保障体系建设明显滞后的问题，农民增收困难、负担过重的问题等，导致相当比例的人民群众感到就业不安全，收入不安全，养老不安全，社会不安全，构成了政府当面临的巨大社会压力。建设有效的公共卫生服务体系，构建以弱势群体为主要服务对象的社会保障网络，完善危机管理制度和危机处理机制，维护整个社会的稳定与安全，都是政府应当提供的公共服务产品。白静：《从“经济建设型政府”转向“公共服务型政府”》，载《行政与法》2006年第2期。

第三节 中外经济法价值目标实现理路的比较与反思

一、中外经济法生成路径范式的比较

由以上的论述可知，无论是以美国还是德国为代表的经济法生成的路径范式，都与中国有明显的不同。这种不同直接影响到经济法的研究与适用。在中国学界的研究一般是将经济法的产生是以市场失灵或者说是市场有自身无法克服的缺陷——外部性、垄断、公共物品为前提条件，因为存在市场缺陷，所以需要用政府有形的手替代市场无形的手发挥作用，而政府干预或调节市场的这种权力需要通过法律授权，于是产生一个新型的法律部门——经济法。但是，这种论述真的符合中国的国情，能够正确揭示中外经济法生成的不同路径范式吗？

吕忠梅教授通过对外国国家经济法和中国经济法产生、发展历史及特征的比较，认为对中国经济法的认识和研究，既不能停留于对经济法理想状态的应然设计之中，将外国相对完备的路径范式照搬于中国；更不能因中国经济立法的繁荣而乐观。其认为分析中国经济法产生和发展的特殊性应成为研究中国经济法理论的起点，只有把握了中国经济法成长的独立性才能获得对中国经济法的正确认识。① 王伦刚从中国经济转型现实出发，批判主流经济法学把“市场失灵”作为理论逻辑起点的局限性，把市场缺陷作为问题而遮蔽了真正的“中国问题”。他认为学界执着地寻求西方经济学为理论支援且对中国现实问题不太关注乃是因为学者们受着“现代化框架”的支配。他提出包含“市场不完善”的中国化“市场失灵”作为新的理论逻辑起点。② 陈云良教授深刻地指出，主流经济法学

① 吕忠梅：《论独立的中国经济法》，载《法商研究》1997 年第 4 期。

② 高晋康、王伦刚：《中国经济法的经济根基——从‘十一五规划’谈起》，载《现代法学》2007 年第 1 期。

仍然普遍在西方经济法学的理论分析框架下，用西方经济法话语叙述，错把中国当美国，把西方国家成熟市场经济社会中的问题及西方经济法理论，旨在回答的问题虚构为中国自己发展进程中的问题。①

笔者认为以上观点对认识中国经济法的生成路径具有至关重要的作用，对此的正确认识将直接影响到对社会整体利益的制度构建取向与制度实现的可能。外国两种经济法的产生都是建立在成熟的、充分发展的市场经济基础之上的，是一个自发式的水到渠成的过程，是一个从自由竞争到垄断时期，传统民商法、行政法制度框架被不断突破并逐渐演变至最终独立的过程。因而西方经济法是有其深厚的市场经济基础和成熟的法制发展历史的（特别是行政法和民商法的成熟），而“深厚的市场经济基础和成熟的法制发展”正是经济法得以建立、成熟的两个基本条件。

然而，我国经济法的生成却完全不同。从时间维度上看，其却是与市场经济同步发展，缺少必要的市场经济蕴育。从法律基础上看，在计划经济体制下，行政法的经济职能是“运用计划的手段”达到的，具有直接操控经济发展的强制力，其最终目的是为了国家的经济利益服务的。在计划经济条件下，更谈不上民商法的成熟发展的。从国家意图上看，我国在建立经济法的价值取向上就是具有非常明显的单一性：国家利益本位，强调经济法是为国家利益服务的。即使是现在市场经济体制初步建立的今天，由于市场经济的经营主体（或可理解为在国民经济运行中占据主导地位的经济体）依然是国有企业，依然是必须从“国家的利益”这一单一角度出发来定位经济法的价值取向。总体而言，强大的政府、无孔不入的国有经济、四分五裂的国内市场和孱弱的市民社会，构成了与西方经济法产生截然不同的“逆向”发展进程。②

① 陈云良：《转轨经济法学：西方范式与中国现实之抉择》，载《现代法学》2006年第3期。

② 朱崇实、李晓辉：《转轨经济法：一种渐进的制度变迁模式——基于经济法学三十年发展历程考察》，载《时代法学》2009年第1期。

从理论的进路来看，照搬外国经济法的逻辑起点也存在着诸多不宜。外国的经济法诞生于个体主义向整体主义过渡之时，而中国的经济法却兴起于整体主义向个体主义变迁的过程中，与整个法哲学思潮的变革形成了一个“时间差”。经济法的灵魂即是个体利益与国家利益的整合与协调，其仰赖的社会经济背景即是政治国家和市民社会二元架构的崩溃和彼此的互通。① 既然西方国家已经完成了从市民社会到经济国家的跨越，那么，从来没有建立过市民社会的中国，更不必回过头去补上这一课。在经济高度全球化的知识经济时代，如果中国基于市民社会的美好理想而模仿西方，在已经部分现代化的经济基础上重建传统的自由资本主义时代的市民社会，恐怕会成为邯郸学步，其结果可能将是国内的经济与社会动荡，与发达国家的差距会被进一步拉大，从而在中华民族发展史上留下难以挽回的损失与深深的遗憾。②

市场经济法范式逻辑演绎的起点是西方经济学的市场失灵理论，实际上是以高度发达的市场经济为分析基础：在以高度现代工业化的条件下，由于个体能力的增强以及人类趋利的本性已经从社会发展的动力转换成为社会发展的阻碍，如对他们的行为不加以一定的限制，势必会危害社会并最终殃及自身 。因此，需要特别维护受到严重损害的社会整体经济利益，进而保证社会生产力能得到进一步的发展，重构个体利益与社会利益平衡的新格局。③ 但是，把西方成熟市场经济社会国家干预市场的经济法理论成果与实践经验不加反思地直接移植到中国，把中国经济法也理解为解决市场失灵的法律制度，强调中国经济法就是干预市场之法。④ 这种研究的出发点脱离了中国经济法发展的客观情况，没有把握我国经济法的

---

① 张守文：《论经济法的现代性》，载《中国法学》2000 年第 5 期。

② 蒋悟真、李晟：《社会整体利益的法律维度——经济法基石范畴解读》，载《法律科学》2005 年第 1 期。

③ 马丽平：《论经济法的本质特征——社会整体利益》，载《财经政法资讯》2001 年第 6 期。

④ 陈云良：《回到中国——转轨经济法的存在及其价值》，载《法制与社会发展》2007 年第 6 期。

发展历史，没有客观的联系我国市场经济的发展进程，更是省缺了对现行我国经济法立法宗旨出发点的研究。

现时主流的研究方法是借助一个外在于中国社会及（经济）法律制度的标准，来证明转型中国特定背景下的经济法及其法律制度的有效性和正当性。这种研究方法可能带来的第一个走向是彻底忽视中国问题，用汉语讨论西方经济法问题，主要体现在：既往经济法研究的主要论题，都翻译自西方的文献或直接推导自西方的某些宏大价值。如在中国市场化转型初期，甚至在有计划的商品经济阶段，一些研究者就从西方市场经济的价值理念推导出“反垄断法应该是中国经济法的龙头法”的结论。第二个走向就是物极必反地混淆了法律制度的普适性与特殊性、法律的国际性和民族性、法律的世界性和本土性之间的差异，片面地从所谓经济法的“本土性”出发，否认经济法的世界共通性。其中观点包括：在当代世界民族法制之林中，源于西方的经济法舶来中国，并没有也不可能为中国经济法理论及实践提供具有民族普适性的法制蓝本。中国特殊的国情及极具个性的民族复兴与振兴之路，为中国经济法的发展提供了直接的动力，经济法在中国的成长也呈现出极强的民族个性，30多年来中国经济法在曲折中发展并不断走向成熟，是一个无法拷贝的法制神话。经济法在不同的民族的发展机遇与运用程度，并不具有必然的普适性。这种走向很可能把中国经济法引入自我中心主义，最终无法关注转型中国经济现实中存在的具体问题，更提不出解决问题的实际办法①，使经济法失却面向现实的能力。

二、经济法价值目标实现理路的时空维度分析

（一）时间维度：网络经济

谈及经济法的时间维度，应当看到现今的经济主题：网络社会下的经济。有学者归纳网络社会下的经济的特点：交易主体的虚拟化、交易对象范围扩大化、交易环境的开放性和国际性、交易手段

---

①　刘光华：《如何正确解读转轨经济法？——兼作我的立场阐述与观点》，载《时代法学》2009年第1期。

的电子化。① 截至2010年6月底，中国网民数量已经达到4.2亿人，互联网普及率攀升至31.8%，② 网站数量多达323万户，③ 另据中国互联网数据专家（CNZZ）最新数据，到2010年12月30日，目前电子商务网站已经多达1.86万家，全年电子商务交易额将突破4万亿元，而据社科院发布的《商业蓝皮书》预计，2010年网络购物的全年交易额将达到5000亿元，约可达到全年社会商品零售总额的3%。④ 就单一经营者来看，作为国内最大的电子商务网站“淘宝网”拥有1.7亿网购用户，2009年交易额超过2000亿元，是2003年全国国内网购市场总额的近200倍，占国内社会商品零售总额2%，每天线上支付发生交易笔数已经超过500万笔。有研究者指出，互联网存在着数字化、技术化、开放性、虚拟性、交互性、高效性、多媒体性等自然特征，而在社会特征上，是信息时代、文化交融的多元并存，追求高效率的时代。⑤ 其中揭示的是网络实际是从一个人与人交往的工具，转变为一种人类生产、分配、交换、消费的方式。更重要的是，网络建构了一个去中心化的交易社会，正如曼纽尔·卡斯特指出的：“网络是没有中心的，包含的仅仅是节点，每个节点对网络来说具有不同的关联性……每一

---

① ［英］曼纽尔·卡斯特：《网络社会的崛起》，夏铸九等译，社会科学文献出版社2001年版，第53~68页。

② 中国互联网络信息中心（CNNIC）今日发布的统计报告显示，截至2010年6月底，中国网民规模达到了4.2亿，突破了4亿大关，较2009年年底增加3600万人，互联网普及率攀升至31.8%；手机网民规模为2.77亿，半年新增手机网民4334万。引自《中国网民数量达4.2亿 手机网民2.77亿》，载《网易科技报道》2010年7月15日，http://tech.163.com/10/0715/12/6BKRUBKL00094IJC.html

③ 截至2009年年底，国内网站数量达到323万个，年增长率12.3%。引自《中国网站数量达到323万个，年增长率12.3%》，载《中国新闻网》2010年5月4日，http://news.qq.com/a/20100504/000096.htm.

④ 引自CNZZ发布的《2010年电子商务行业网站年终盘点》，http://www.chinaz.com/Webmaster/report/12301521532010.html

⑤ 刘德良：《网络时代的民商法理论与实践》，人民法院出版社2008年版，第8~14页。

个节点对网络的功能都是必不可少的。”①在这个去中心的社会结构中，来自于权力中心的命令，可以说是不重要的，甚至经常受到揶揄、排斥。②

在这种条件下，网络的力量已经大大地扩展了人类的社会范围，人类的活动空间延伸至实体交易之外，在虚拟的空间上构建了一个独立于现实社会的交往平台。这种交往体现在现时大量的交易是通过网络进行开展，如网上购物为代表的电子商务，还有整个交易系统，如 EPR、客户订单的定制等都是通过网络交易完成。还有数以亿计的金融交易是在线完成的。经济法在实现社会整体利益时，必须要对交易方式整体升级、转换进行审视，并革新本身的制度设计，以适应交易方式的重构。

如果说以上还只是现实社会交易方式的另一种体现与因为交易成本节约而构建的本身意义的话。那么，大量的言论与交往都发生在网络之中，网络更为重要的影响是使得社会的概念得以扩张，形成了一个与以往、与现实不同的制度空间。③ 因此，网络时代的经济条件之下，经济法在实现社会整体利益时，必须有不同的制度设计面向其中的变化。以商业诽谤为例。传统意义上的商业诽谤是一种对个人名誉在商业领域上的延伸。由于传统社会中，人际交往范围较小，因此，商业诽谤的进行更多是采取口口相传的形式。即便到了网络生成之前，商业诽谤的传播范围都会受限于发布媒体。这

① ［英］曼纽尔·卡斯特：《信息论、网络和网络社会：理论蓝图》，载［英］曼纽尔·卡斯特主编，《网络社会：跨文化视角》，社会科学文献出版社 2009 年版，第 7 页。

② 如此的权力结构类似于福柯所论述的全景式监狱模式中，每一个人都是受到来自于最高权力的监控。参见米歇尔·福柯著，刘北成、杨远婴译，《规训与惩罚》（第 3 版），生活·读书·新知三联书店 2007 年版，第 77～79 页。相类似，因其与去中心化的网络社会是格格不入，所以来自官方的权威控制，通常受到网民的排斥与讥笑，另外，也请注意，这一观点对后面进行知情权的制度建构有重要的启示意义。

③ 蒋悟真、李晟：《社会整体利益的法律维度——经济法基石范畴解读》，载《法律科学》2005 年第 1 期。

造成传统意义的商业诽谤一方面对经营者的商誉影响不会造成致命的损害，另一方面是即便造成损害，还可以轻易地追溯到诽谤者。但是，网络经济下的商业诽谤却呈现完全不同的态势。现时进行最为典型的诽谤是经营者雇佣网络水军对竞争对手进行商业诽谤。近期最为典型就是“蒙牛陷害门”。新华社下属的《经济参考报》报道蒙牛集团“未来星儿童奶”产品经理安勇，蒙牛乳业集团总裁助理、北京博思智奇公关顾问有限公司董事长杨再飞，博思智奇公司副总经理肖雪梅等人“有组织、有预谋、有目的、有计划实施攻击伊利和圣元乳业产品的行动”。而网络水军最大的特点就是利用言论与个人之间的不可追溯性，在网络上发布言论，诋毁经营对手的商誉。由于网络的广泛传播，经营对手的产品评价与商业信誉旋即受到极大的打压。作为规制市场秩序主要法律的反不正当竞争法必须要对此作出回应。

（二）空间维度：中国问题

经济法的合理性不在于其构建了一个相对合乎科学逻辑的体系，也不在于其授予了政府多少干预经济的权力，而是能够完成其价值目标，符合中国国情。因此，所有的经济法问题都应该是以解决中国问题为核心的。但是，到底是中国的什么问题，社会整体利益受到什么样的损害，而需要经济法来保护、来实现呢？这就要回到什么才是真正的中国问题。

中国的企业不是过于庞大，垄断力过强，而是普遍缺乏规模，缺乏国际竞争力；企业享有的自由不是多到可以滥用的地步，而是享有的自由太少，处处受行政权力掣肘；对于政府，当务之急不是需要通过立法授权它来干预市场，加强对市场的监管权力，而是应当想尽一切办法限制政府权力膨胀，减少政府干预市场的机会；不是市场主体不愿投资公共领域，提供公共产品，需要国家自己来投资、参与，而是国家垄断了几乎一切公共领域的经营机会，独享垄断利润。总之，西方经济法话语中的真问题在中国现实之中都成了“伪问题”。以上的蒙牛陷害门实质上就是市场失灵的最好体现。而且，出现了零售业巨头滥用优势地位以及法律法规方面不健全，成功地形成了进场费的商业模式，一方面收取供货商的费用，另一方面推高消费者的购买价格，掠夺社会整体福利，这在中国市场已经大量出现。笔者认为以上观点是对外国经济法主导逻辑的有益反思的体现，但是其问题本身需要分两面进行看待。在笔者看来，中国的问题既是市场失灵，同时也是政府失灵。任何一个现代政治系统都包含一个特定的干预经济的子系统，其发生的理由和存在的根据，在于其与现实社会之间的功能联系——由于市场失灵作为市场的内生品格不可避免，通过来自国家的干预以有效消除市场机制的负效应便有了正当的社会基础。然而，历史的经验和现实的情势都表明，来自政府的干预并非“父爱”一般的存在这种隐含了秩序建构主义逻辑的行为，在实践中又会因可能出现的“政府失灵”，对市场机制的正常发挥构成威胁和破坏。因此，对“政府失灵”内在机理的准确认定和有效克服，理应成为经济法思维的“起点和终点”，也应成为经济与社会发展中经济法面临的一个“关键问题”。①

（1）政府服务的缺位。政府部门对投资的和建设的兴趣远远大于提供社会服务的兴趣，使许多基本的公共品严重短缺及基础服务的缺位。在前几年，每年的财政支出中有绝大部分是投资于固定资产的投入上，而真正用于公民相关的公共服务，如医保、社保、教育体系至今仍在完善中。

（2）政府行为的越位。越位是指政府对微观经济运行和企业经营活动的直接管理和行政干预过多，它强化了政府对市场机制的干预和对微观经济活动的参与，弱化了政府宏观调控的职能和以法治理念为核心的规范化管理。

（3）政府角色的错位。从应然角度，经济发展中的政府目标和存在依据是从宏观国民经济的整体利益出发，提供公共事务服务和公共物品，不直接参与经济活动。但是政府特别是地方政府作为经济发展的主体和利益集团行为发生了错位 。一些地区的政府变成一个追求自我利益最大化的准营利性组织，行为高度趋利化。如

---

① 胡光志、靳文辉：《国家干预经济中“政府失灵”的人性解读及控制》，载《法学评论》2009年第6期，第32页。

现时的房地产泡沫就来源于地方政府的“卖地财政”。①

正是两种失灵带来的张力使得中国经济法在实现社会整体利益时肩负更加艰巨的任务。在进行经济立法时，不考虑两种失灵的存在将可能导致经济法的价值目标无法实现，甚至继续呈现如今经济法对社会现实处于整体“失语”的状态。

① 卖地财政一般是指一些地方政府依靠出让土地使用权的收入来维持地方财政支出。据统计，2009年，全国土地出让金收入相当于同期地方财政总收入的46%左右。参见《人民日报》2010年12月27日。

第三章　社会转型和我国经济法价值目标传统实现理路的困惑

之前的论述都是建立在“经济—社会”这种稳定的框架中进行的。如果一旦纳入社会转型，尤其是快速转型这一异常活跃的变量，传统意义上的实现理路，特别是经济法本身构造的实现理路将有可能无法实现对社会的回应功能，更无法实现自己的价值目标。因此，本章将从社会转型这一异常活跃的变量开始展开论述，着重阐述我国社会转型的特点以及转型期利益冲突的表现形式，在此基础上进一步剖析经济法价值目标的传统实现理路面临的巨大挑战和困惑。

第一节　社会转型和利益冲突

如果使用法经济学或者博弈论的观点来定义一个社会类型、模型，其内涵则是指一种均衡或者是指一种各种利益关系的均衡状态。例如，中国封建社会是一种超乎稳定的结构：无论是经济维度上的地主—农民，政治维度上的君—臣—民，还是文化维度上的士子—平民之间都已经存在着一种相对平衡的状态，即使在国家政治上层出现较大规模的政治波动，乃至一朝一国统治者的更替，但是当风暴过后。各方利益又会很快恢复原来封建主义的均衡状态。① 但是，这种稳定结构本身就处于利益不平衡状态。在马克思经典作家的论述中，利益关系发展不平衡规律就是指在

---

① 金观涛、刘青峰：《兴盛与危机——论中国封建社会的超稳定结构》，湖南人民出版社1984年版，第21页。

不同利益主体之间使用同一尺度进行利益交换时必然产生分化，其发展必然是不平衡的。利益主体最简单的关系就是从人的需要出发，通过劳动生产出产品以满足利益主体的需要，这是一种个人与自然的有用对象物的关系。① 这种利益的不平衡是时时存在的，并由此推动社会利益的发展。由此，这种均衡状态从一建立开始就面临着被打破，这种打破反映到整体社会领域则是一种社会转型的发生。

从历史上看，一般是把英国资产阶级革命视为西方社会从古代向近代化转型的起点，而把20世纪初的垄断资本主义的出现视为近代社会向现代社会转型的标志。另外，根据后现代学者福柯、博德里亚等人的观点，从20世纪60年代开始，进入后现代社会。由此可见，整个西方国家的社会经历了相当漫长的历史进程。中国的社会转型，如以1840年鸦片战争为起点，则是经历古代社会向近代社会转型时期，以及以1949年或者1978年为起点，近代社会向现代社会转型的两个时期。而且，直到如今，社会转型更是急速扩张，不断冲击着传统社会生活的方方面面，甚至包括了现代化过程中的现象，亦即包括经济法在内的法律现象。这种冲击指向的客体是利益结构。利益结构是社会成员之间以及社会成员与社会之间的利益关系的一定模式。其中，具有决定意义的是人们掌握和支配利益资源的状态。② 有学者归纳，我国利益结构在社会转型期发生了剧烈的变化，呈现出以下几个方面的特征：

第一，从整体性到多元性。改革开放之前，我国的社会利益结构是一元化，表现出高度的整体性，国家几乎垄断了全部的社会资源。③ 社会的利益结构表现出高度的整体性。改革开放以后，随着

① 曹祺林：《马克思利益理论及其当代诠释》，载《武汉工业学院学报》2005年第4期。

② 李景鹏：《中国政治发展的理论研究纲要》，黑龙江人民出版社2000年版，第135页。

③ 陶德麟：《社会稳定论》，山东人民出版社1999年版，第303页。

市场关系的发展，各利益主体之间的交往趋向自由平等。社会利益结构发生了深刻变化，呈现出利益主体多元性，利益意识多元性和利益观念的多元性。

第二，从均衡性到非均衡性。在计划经济体制下，公有制成为社会利益的唯一合法来源，国家凭借强大的行政权力对社会进行全面而严密的控制，利益主体彼此差别不大，表现出均衡性。在市场经济的条件下，利益来源的多元化，国家对社会和公民的控制得到了放松，利益阶层明显分化。同一群体成员由于自身努力和各种机会的不同，其身份和占有各种社会资源不断改变。贫富差距扩大，利益非均衡性日益凸显。

因此，在讨论整体社会结构的转型前，讨论经济法价值目标实现理路时，需要做的是首先回溯到何为社会转型，其意义何在，将对利益结构造成什么样的影响。

一、社会转型

（一）社会转型的内涵和本质

社会转型的浪潮最早发端于16世纪的欧洲，至今仍未结束，而且正在广大发展中国家风起云涌、波澜壮阔地推进。包括中国在内，目前正处在这场社会转型的大潮之中。学者认为，这场社会变革从性质、追求目标和产生的实际成果看，实质上是人类社会根本的制度性变革。① 从整体上造就了一个制度和性质上的现代社会，客观上形成了一种由传统的社会发展模式向现代的社会发展模式转变的历史图景。与只是发生在同一生产方式内的社会累积性渐变或者突变一般的社会变化不同，社会转型是社会发展经过量的积累达到一定程度时，突破原有的社会模式而发生的全方位的革命性转变。中国学界较早运用转型理论研究并解释中国社会结构变迁的学者李培林教授也认为：社会转型是指一种整体的全面的结构状态过渡，而不仅仅是某些单项发展指标的实现，是除政府和市场之外推

---

① 李钢：《论社会转型的本质与意义》，载《求实》2001年第1期。

动社会发展的另一只看不见的手。① 从传统向现代社会的转型，使得之前社会中的政治、宗教力量让位于经济力量，经济力量成为支配这个社会资源的框架，同时也成为衡量其他力量的一个重要标准。使其他力量被“经济化”。并且使得以这些要素和联结方式构成的社会大系统的根本性质区别于历史上的所有传统社会。具体体现在以下三个方面：在经济维度上，由非市场经济模式向市场经济模式的转型；在政治维度上，由专制集权政治制度向现代民主政治制度的转型；在文化维度上，由过去封闭、单一、僵化的传统文化向开放的、多元的、批判性的现代文化的转型。② 三个维度所追求的价值目标和内容是共同指向现代市场经济模式、民主政治制度及与之相适应的现代思想文化和价值观念。三大维度的整体转型造成的是社会面貌系统性地发生根本变化。

但随着社会转型研究的深入，学界对中国社会转型是否包括基本制度的整体性变迁提出了质疑，有学者基于传统与现代的二分法，把社会形态的研究区分为两个层次，如景天魁先生认为，“在‘社会形态’这个研究层次下面，存在着社会生活的具体结构形式的不同类型这样一个研究层次”，并强调说“我们对‘转型’的研究不是在‘社会形态’的层次上进行的，而是研究在确定的社会形态下的具体社会结构的变化”③。也就是说，景天魁先生认为社会转型仅指一个社会内部产业结构以及经济结构的变化。比如，由农业社会转为工业社会，产品经济转为商品经济，计划经济转为商品经济等。④

按照学界的一般理解，所谓社会转型是指社会整体的嬗变或质

① 李培林：《另一只看不见的手》，社会科学文献出版社 2005 年版，第 2~18 页。转引自戚功：《社会转型、社会治理、社会回应机制链》，载《西南师范大学学报（人文社会科学版）》，2006 年第 6 期。

② 李钢：《论社会转型的本质与意义》，载《求实》2001 年第 1 期。

③ 景天魁：《社会发展的时空结构》，黑龙江人民出版社 2001 年版，第 417~426 页。

④ 康树华、王岱、冯树梁：《犯罪学大辞典》，甘肃人民出版社 1995 年版，第 842 页。

变，是包括器物层面、制度规范层面、思想文化层面等各个社会领域的全方位变革。社会转型的基础是经济领域的转型，其核心是人和人之间的社会关系的变革和制度重建，其主体是社会结构本身而非社会结构的任何一个组成部分。社会变革、社会变迁、社会改革可以看作是社会转型的基本形式。①

（二）社会转型的意义

社会转型对社会生活的冲击如此之大，对利益结构的影响如此迅速，对社会制度的变革如此彻底。那么，其指向的价值目标与意义何在？或者说社会转型是否存在本身的意义？其合理性何在？在笔者看来，至少存在以下三个方面的合理性走向，方使得社会转型期成为人类漫漫历史长河中极为耀眼的时代：

（1）从国别史到世界史。现代社会的一个基本特征是它处在“世界历史”的进程中。之前的人类历史只是在不同区域、受着各种条件严格制约的狭隘的地域性历史，社会转型之后的“世界历史”使每个文明国家以及这些国家中人们的需要的满足都相互依赖。它消灭了以往自然形成的各国的孤立状态，逐步促进各民族特殊性的消灭。更为重要的是其促成了国际统一大市场的实现，使人、货、资金在全球市场内的流通。正如马克思所说：“世界史不是过去一直存在的，作为世界史的历史是结果。”②

人类“历史走向世界历史”的转变与近代宏伟的社会转型历程是一致的。在这个过程中，由于生产方式的变革和世界市场的开拓，各个国家的生产和消费都逐渐成为世界性的了。“狭隘地域性的个人为世界历史性的、真正普遍的个人所代替”，这时“各个个人的世界历史性的存在意味着他们的存在是与世界直接联系的”。③它使全球成为了一个真正的整体。正如马克思经典作家指出的：

---

① 李培林：《另一只看不见的手：社会结构转型》，载《中国社会科学》1992年第5期。

② 《马克思恩格斯选集》（第二卷），人民出版社1995年版，第112页。

③ 《马克思恩格斯选集》（第一卷），人民出版社1995年版，第40~41页。

"各个相互影响的活动范围在这个发展进程中愈来愈扩大，各民族的原始闭关自守状态则由于日益完善的生产方式、交往以及因此自发地发展起来的各民族之间的分工而消灭的愈来愈彻底，历史也就在愈来愈大的程度上成为全世界的历史。"①

同时，社会转型焕发和促进了人类创造的生产力，使得在地域性历史阶段中人类创造的生产力难以持久积累和广泛交流的状况永远成为过去。"只有在交往具有世界性质，并以大工业为基础的时候，只有在一切民族都卷入了竞争的时候，保存已创造出来的生产力才有了保障。"②最为重要的是，在社会转型中逐步形成的"世界历史"使人能够更好把握自身的命运，使人类社会在从"动物的生存条件"到"真正的人的生存条件"的发展方向上迈出了关键性的一大步，使人类愈加有条件得到自由的发展。在今天，作为全世界社会转型的必然结果就是全球统一大市场的形成。在最近的二十年，体现的就是 WTO 规则对各国国内法律制度产生的影响意义，同时大大地改变了国际社会的交往规则。

（2）社会整体呈现出均衡向上的状态。诺斯在考察西班牙、法国、荷兰和英国在 18 世纪以前的历史后，指出，荷兰与英国之所以获得持久的经济增长，均是起因于一种适宜所有权演进的环境，这种环境促进了从继承权完全无限制的土地所有制、自由劳动力、保护私有财产、专利法和其他对财产所有制的鼓励措施，直到一套旨在减少产品和资本市场的市场缺陷的制度安排。③ 这种制度安排在社会转型中向全世界扩展，使得创新与进步尽管只是人类社会生活中的一种异态④，但是却在社会转型之后一直保持持续的均衡向上状态，而非出现往复状态，或者回退状态。

（3）更为重视人的发展。社会转型使得传统的人与自然的关

① 《马克思恩格斯选集》（第一卷），人民出版社 1995 年版，第 51 页。

② 《马克思恩格斯选集》（第一卷），人民出版社 1995 年版，第 61 页。

③ 诺斯等著：《西方世界的兴起》，厉以平等译，华夏出版社 1999 年版，第 23 页。

④ ［美］乔尔·莫基尔著：《雅典娜的礼物——知识经济的历史起源》，段异兵等译，科学出版社 2011 年版，第 299 页。

系、人与人的关系、人与社会的关系发生了根本性转变。社会转型，是同以人为中心、为目的的社会发展的根本目标一致的，是为了促进人的全面发展和社会的全面进步。社会转型是同人的终极关切、人的完整性、人的全面发展和人的解放相统一的。

在社会转型之前的传统社会里，笼罩在神学阴影之下，人的整体地位受到抑制，人是神的罪人与仆役，以人为主体地位并未得到重视，人的正常需求也会受到道德规则的压制。与之相类似的是“存天理，灭人欲”。而社会转型中的人的地位被逐步提高。这体现在文艺复兴时期，艺术家对人的刻画以及培根的“我思故我在”，这种思想方法使得人在神面前直立行走，而不再只是简单的仆役。人需求的认可与满足使得社会发展经济增长，物质水平极大的提高。由此看到，社会转型是人为中心的结果，也以人为中心为目标而继续向前。

（三）中国社会转型的特征

正如之前所述，中国的社会转型是用一百多年的时间大步走过了西方社会近 300 年的历史过程。中国社会的转型是一个非常复杂的过程，是社会经济、政治、文化结构分化重组、递升跃迁的历史运动，是整个社会由僵滞走向变革、由封闭走向开放、由落后走向文明的现代化过程。从空间看是全方位的，从时间看是加速度的，从程度看是深层次的。① 学术界从不同的研究角度对当代中国的社会转型作了全方位的研究。从社会学视角看，社会转型是中国社会从传统农业社会向现代工业社会乃至后工业社会、从传统封闭性社会向现代开放性社会的变迁和发展；从经济学视角看，社会转型是传统经济向现代经济的转换、传统计划经济体制向现代市场经济体制的转轨、从农业社会向工业社会的转化；从政治学的视角看，是集权封闭管制导向的传统政治行政体制向分权开放透明服务导向的现代政治行政体制的转轨，是从刚性结构社会向弹性结构社会转化，从伦理社会向法治社会的转化；从文化学视角看，是从同质文

---

① 王永进、邬泽天：《我国当前社会转型的主要特征》，载《社会科学家》2004 年第 6 期，第 83 页。

化社会向异质文化社会的转型，是生存方式与生存模式的转变或重塑，是从农业文明向工业文明、由工业文明向可持续发展文明的双重社会转化。①

我国著名历史学家唐德刚认为，中国社会实际上存在两次大的转型：第一次转型发生在中国第一个统一的秦王朝的建立并由此确立了直至清亡的持续了数千年的制度，自鸦片战争之后，中国持续了千年的秦汉制度受到了西方文明的巨大挑战，中国被迫开始经历一个半多世纪的“历史三峡”时期。② 而中国第二次大转型又分为三个阶段：第一个阶段是1840年鸦片战争至1949年新中国成立；第二个阶段是新中国成立至1978年十一届三中全会召开；第三个阶段也就是现今阶段，是加速转型时期。当下很多场合人们谈到的社会转型，就是专指第二次大转型的第三个阶段。③ 笔者认为这才是中国社会真正跨入名副其实的全面转型时期。因此，本研究课题把我国社会转型期锁定在自20世纪70年代末所开始的、以改革开放为特征的、以实现现代化为内容的社会大变革时期。④ 需要进一步强调的是，转型期中国回应自身的发展又表现出两种向度：一种是“能动性——结构”向度（1978—1992年），即以本土的“一场革命”作为回应，深及经济体制的根本性变革；二是“结构——能动性”向度（1992年以后），即因工业化使然的社会转型作为回应，促使政府与社会高度合一的管理模式消解和依存于计划经济体制的累积性关系的嬗变。⑤ 笔者把1978—1992年这个时间区间，经济法所采取的以政府推进模式来促进其价值目标社会整体

---

① 蔡拓：《可持续发展的历史向度与当代中国社会转型》，载《文史哲》2000年第5期，第66页。

② 唐德刚：《晚清七十年》，岳麓书社1999年版，第6页。

③ 孙立平：《社会转型：发展社会学的新议题》，载《社会学研究》2005年第1期。

④ 杨清涛等著：《和谐之道——社会转型期人民内部利益矛盾解析》，人民出版社2009年版，第43页。

⑤ 戚功：《社会转型、社会治理、社会回应机制链》，载《西南师范大学学报（人文社会科学版）》2006年第6期。

利益得以实现的进路，称之为传统实现理路。1993年《宪法》修正案规定国家实行社会主义市场经济体制以后，经济法的根本任务是推动权力经济向法治经济的转型，这也是经济法对转型现实的回应和渴盼。我们把这称为重构后的实现理路。

从整体上而言，在转型时期，社会原有的政治、经济、文化、生活的同质性遭破坏，异质性和多元化快速发展，社会的传统因素和现代因素杂然并存，东方的和西方的、封闭的和开放的、农业化和工业化、计划经济与市场经济相互交织、相互冲突、相互融合，引起了社会结构和利益关系的变化，产生了社会规范和价值观念的冲突，也带来了主体意识的凸显和价值观念的多元。正如美国当代政治学家亨廷顿指出，一个高度传统化的社会和一个已经实现了现代化的社会，其社会运行是稳定而有序的，而一个处在社会急剧变动、社会体制转轨的现代化之中的社会（或曰过渡性社会），往往充满着各种冲突和动荡。① 详细言之，从本阶段社会转型现实可以归纳出中国社会转型包括以下特点：

1. 利益结构的重组

利益是社会中最强大的力量，社会的发展和变化与利益不可分割。计划经济体制下，人们所有的经济活动都听命于国家计划，强调为集体利益而牺牲个人利益。而在社会转型时期的市场经济体制下，市场在资源配置中起基础性作用，个人的利益受到重视，个人的自主性、创造性得到社会的肯定，利益主体多元化，利益关系多元化。新的经济格局导致人们利益上的重大差异和利益冲突，使整个社会利益格局出现分化和重组。

首先是代表社会转型方向的变革力量与代表旧有的社会形态并力图阻止社会转型和变革力量的社会群体之间的冲突。

其次在转型时期，因社会资源配置方式和流向的改变以及社会成员能力和机遇的不同，使得社会群体、成员之间对社会资源的拥有和职业安排方面的差异拉大，竞争加剧。

---

① ［美］亨廷顿：《变化社会中的政治秩序》，上海译文出版社1987年版，第40~41页。

2. 社会权力的结构改变

托夫勒在《权力的转移》中深刻地揭示了人类社会推动力量的历史演化，其指出，在农业文明中，暴力起着主导作用，是人们摄取财富，扩大权力的主要基础；在工业文明早期，财富（金钱）日益增加权力的筹码，它渐渐成了权力、地位的象征，成了控制社会的主要手段；而新纪元的一个最显著的特征就是知识的急剧膨胀与迅速传播，权力或力量将由金钱向知识转移，谁握有大量的知识，谁就能在未来世纪中获胜。托夫勒的这种描述总体上反映了人类社会权力和权威的变迁。① 社会转型时期正是这种权力的变迁时期。

西欧从封建社会进入资本主义社会时期，原有的利益结构瓦解，取而代之的是以资本剥削为本质的利益结构。贵族和僧侣失去了特权，资产阶级占有统治性的资源，农民和手工业者沦为无产者。这种变化同样发生在现时的转型中国。由于转型时期社会权力和资源的转移和重新配置，使原社会同一体中处于相对稳定地位和角色的社会各阶层的社会地位和社会角色发生了变化，变化了的社会各阶层对社会资源的配置提出了“重新洗牌”的要求。在社会转型时期，随着社会的分化，权力和财富的转移，社会制度和体制的转轨，原有的利益结构被打破，新的利益结构在重组，这种变化重组的利益结构既是社会转型的一项基本内容又是社会转型的基础。市场经济条件下，以市场经济关系在内的以多种关系为纽带的社会组织体制和社会结构代替了只以行政关系为纽带的社会组织体制和社会结构。

3. 价值观多元引发利益冲突

在常态社会的运行发展过程中，社会的信仰体系是保持社会的同一性，增强社会的凝聚力，促进社会稳定发展的一个重要的、基本的整合力量。每个社会、每个时代都有一些发挥主导作用的价值观念，为人们提供价值评价的标准和价值选择的依据，给人们指出

---

① ［美］托夫勒：《权力的转移》，吴迎春等译，中信出版社 2006 年版，第 68 页。

价值活动的方向和价值追求的目标。

在社会转型期，利益结构、社会结构发生了变化，引发了结构性的冲突和利益群体之间矛盾的日渐显性化，这必然会导致社会核心价值观的变化，同时也引起社会合理性观念和社会文化心理的变化。传统的以“服从”为原则的社会规范与现代的以“自主”为价值追求的社会规范的冲突在所难免。市场经济造就了利益主体多元化的格局，必然带来利益观的多元化发展，社会原有的、较为稳定的价值评价体系逐步被打破，新的社会规范和价值评价标准尚未形成，势必造成个体社会规范和价值观念的多元性和不确定性。价值冲突打破了已有社会价值体系的沉默，人们对社会问题的关注、思考和论争，使得社会的价值精神在人们寻求新的价值观念的意识中得以新的提升，由此促成转型期社会各种价值观念之间的新的融合，建构起更高层次的社会价值体系，使整个社会走上新的良性发展之路。①

价值观念的变化会引起价值矛盾和价值冲突。在传统计划经济条件下，个体没有价值选择的自由，冲突也就不会发生。只有在社会的变动时期，社会价值体系被破坏、主导价值观统摄力下降的情况下冲突才会发生。于是，我们看到这样一种境遇：新旧价值观念不仅出现在同一时间里，② 而且也出现在同一领域中，选择旧价值就要放弃新价值，选择新价值就要放弃旧价值，非此即彼的选择使价值冲突在所难免。③ 价值冲突是社会转型的外在表现。所有的社会变革和利益调整，都会直接或间接地表现为在观念领域对价值的争夺，反映出社会价值观念变化的趋势。它的负面影响主要表现在：因社会价值观的困惑而致使总体价值导向功能弱化，进而造成价值取向的无序和混乱，多元的价值观念便会缺乏应有的理性和自

① 郭良婧：《论我国当前社会转型期的价值冲突》，载《河南大学学报（社会科学版）》2004 年第 2 期。

② 叶澜：《试论当代中国学校文化建设》，载《教育发展研究》2006 年第 15 期。

③ 兰久富：《社会转型时期的价值观念》，北京师范大学出版社 1999 年版，第 27 页。

我选择能力。

由此可见，社会转型在中国的发生几乎是与整个世界历史不可分割的。其整体的意义指向是正面向上的，但是，社会转型代表的是以上体现出的利益（经济）—权力（政治）—制度（社会）—价值（文化）上的四个维度的利益结构的变化与打破，其中出现的断裂与失落随着转型而生。这使得回应社会发展的经济法在回应价值理路的变化上应当体现出灵活的，更为适应的机制结构。

二、利益冲突

按照马克思主义的观点，人们的基本的，也是首要的需求是利益，一定的利益关系是人生存的基本前提，其他社会关系都是从物质利益关系中延伸出来的。利益相对于思想的“第一性”使得利益关系成为最基本的社会关系。如果依此观点，社会转型时期出现的冲突，都可以转化为利益的冲突。如何正确认识社会转型期出现的利益冲突？如何概括在社会转型期出现的利益冲突类型？如何看待利益冲突对社会整体利益实现理路的影响？围绕这些问题，笔者将从以下几个方面逐一阐释。

（一）利益冲突的法学本质

利益冲突具有现实性。尽管平衡是人们的理想和追求，但在现实生活中，冲突和不平衡是不可避免的。“建立在冲突基础上的法律已经成为一种法学流派。”① 在各种冲突中，利益冲突是其实质所在，因为利益就其本性来说是盲目的、无止境的、片面的，一句话，它具有不法的功能。② 其实，现实中形形色色的有着利益差别和矛盾的利益主体的存在，必然带来互相间利益的冲突甚至尖锐对立。因为，利益在本质上根源于一定社会的物质产生关系，而利益的实现都是在一定的有限资源条件下完成的，有限的社会资源在满足不同利益主体需求时的有限性和条件性，使相关利益主体由于追求的目标不同而产生利益纠纷和利益争夺的情形难以避免。正如庞

---

① 朱景文：《现代西方法社会学》，法律出版社 1994 年版，第 23 页。
② 《马克思恩格斯全集》（第 1 卷），人民出版社 1972 年版，第 179 页。

德所说，人的本性中的欲望和扩张性与社会本性具有矛盾，正是这一矛盾产生了利益冲突的根源。① 前苏联法学家帕苏卡尼斯认为，在私有的、分立的商品者通过合同方式交换产品的社会里，法律是社会控制的典型工具。在不存在需要调整的互相冲突的个人利益的社会中，法律是多余的。在一个完全不存在对立利益冲突的社会主义社会中，法律规则将为社会技术规则所替代的。② 从以上观点展开，可以看出整个利益冲突本身就是法律面向的一个关键因素。利益冲突是法学认识现象，构造规范体系，建立法律秩序的切入点，因此，必须将冲突置于整体的法律逻辑框架之下进行看待与调整。

另一方面则是，法律同样成为平衡利益冲突的最高级别的规范。利益冲突小到家庭的拌嘴，大到国家之间的对抗，都可能采用多种替代性的纠纷解决机制。例如，家庭纠纷可以借助居委会大妈的个人权威，企业内部的行政指令，执政党的政策都可能解决利益冲突。但是，只有法律才能够依靠国家强制力，以规范的形式，以“权利—义务”的规范形式平衡利益，解决来自于现实的利益纠纷，确认最为重要的基本法律权利，规定最为基础的义务，以保障其权利得以实现。

（二）我国社会转型期利益冲突的表现形式——利益失衡

1. 利益失衡的含义

作为利益失衡的反面，需要先理解何谓利益平衡。利益平衡也称为利益均衡，是在一定利益格局和体系下出现的利益体系相对和平相处、相对均势的状态。法律、规则和制度都建立在利益平衡的基础上。在法律层面上，利益平衡是指“通过法律的权威来协调各方面冲突因素，使相关各方的利益在共存和相容的基础上达到合理的优化状态”。③ 利益平衡也是一个提供正当性方法论的原则。

---

① ［美］庞德：《通过法律的社会控制》，沈宗灵等译，商务印书馆1984年版，第89页。

② ［美］博登海默：《法理学——法哲学及其方法》（修订版），邓正来译，中国政法大学出版社2004年版，第380页。

③ 陶鑫良、袁真富：《知识产权法总论》，知识产权出版社2005年版，第17~18页。

在一定的范围内，正当理由的依据包含在利益平衡的结果之中，不过，并非凡是分析事物的正当性都需要考虑利益平衡。

任何社会都存在与其社会政治、经济和文化等环境相关的不同利益主体，包括利益个体和利益群体，这些构成了特定社会的利益格局。在这个格局中，各利益个体和利益群体存在着相对稳定的利益关系。一般来说，在一定的社会条件具备的情况下，多元利益体系是一个对立统一的、保持相对平衡的、相对稳定的利益体系，它是保持社会稳定的稳定剂。相对稳定的利益体系致使在利益分配上构成一个相对稳定的利益格局。① 相对稳定的利益体系也维护了一定的利益格局的平衡。在这种平衡中，每一利益主体都在利益体系中占有一定的利益份额，各利益主体间存在一定的互相依赖的利益关系。这种平衡对建立与相对稳定的利益格局相适应的利益制度和利益体制，协调各种利益主体间的利益关系，具有重要作用。利益平衡要求尽量减少利益冲突，尽可能保持利益体系的稳定和利益格局的均衡，避免利益失衡。然而，利益平衡只是相对的。随着社会政治、经济和文化的发展与变化，必然出现新的利益矛盾和利益冲突，基于原来利益体系和利益格局基础上的利益平衡将被打破，这就需要实现新的利益平衡。在本质上，利益平衡是利益主体根据一定的原则和方式对利益进行选择、衡量的过程，而与这一过程想伴随的，是不同利益主体间的利益冲突。这种冲突的解决难以通过利益主体自身来调和，而需要借助于法律的制度安排。在这个意义上，没有利益的冲突，就没有利益的平衡，也没有利益平衡的制度安排。利益平衡原则通过有关制度，必然反映到利益主体的现实生活中，使其按照一定的利益目标来适用。

如从应然状态而言，基于利益冲突与法律的勾连关系，法律应当可以成为化解利益冲突，实现利益平衡最为有效的工具，这样命题可以置换成法律即利益关系的体现。然而，利益关系是不断处于变动之中，与之相对的是，法律具有滞后性、固化性，其对变动不居的利益关系不能做到即时反应。而且，即便法律有常设机制实现

① 王伟光：《利益论》，人民出版社 2001 年版，第 208 页。

法律革新，作为人的立法者由于其思维限度，不可能能够充分认识利益关系的冲突。再退一步说，即便法律上能够作出合理的利益结构安排，在执行实施中难以得到完整的认定与实现。

原本在一体化社会中存在的利益平衡，却在转型时期不复存在。由于利益格局的重大调整和重新组合，各种社会风险和不稳定因素的大量增加，必然带来社会关系的急剧变动，甚至引发整个社会结构的断裂与失衡。断裂与失衡，是著名社会学者孙立平在一系列关于中国社会转型与社会结构变迁的研究中，所提出的一个极具学术穿透力和辐射力的概念，用以指称现阶段我国社会生活中的种种不和谐现象及其成因；和谐的对立面是失衡，而严重的失衡就是断裂。① 相关概念目前已在学术研究和公共话语空间中被广泛引用。按照现时的学者观察，中国出现种种利益失衡。下面将详细论述。

2. 经济利益和社会利益失衡

（1）经济利益的失衡。在社会转型时期，一方面是看到以 GDP 为代表的经济建设取得了举世瞩目的成就，以 2000—2010 年的 GDP 增长率为例，详见表 1：

表 1

年份	历年经济增长率（%）
2000	8
2001	7.5
2002	8.3
2003	9.5
2004	10.1
2005	10.4
2006	10.7

① 孙立平：《构建和谐，走出失衡》，载《发展论坛》2005 年第 9 期。

续表

年份	历年经济增长率（%）
2007	11.4
2008	9
2009	8.7
2010	10.3

由此可见，从2000年至今，中国经济一直保持着高速的增长态势。以2008年为例，2008年全年GDP为300670亿元，比上年增长9.0%。其中四季度增长6.8%，增幅放缓。而在2011年上半年，GDP规模达到204459亿元，同比增长9.6%，其中：一季度增长9.7%，二季度增长9.5%；尤其是二季度GDP环比增长达2.2%，超过一季度环比2.1%的增速，显示出环比增速加快的势头。在投资方面，上半年固定资产投资达到124567亿元，同比增长25.6%，保持较快的投资增速。值得注意的是，上半年房地产投资增速较快，中国全国房地产开发投资达到26250亿元，同比增长32.9%。其中，住宅投资为18641亿元，增长36.1%。上半年规模以上工业增加值同比增长14.3%。在物价方面，上半年居民消费价格（CPI）同比上涨5.4%，其中6月CPI达6.4%；上半年工业生产者出厂价格（PPI）同比上涨7.0%。在居民收入方面，上半年，城镇居民人均可支配收入达到11041元，同比增长13.2%，扣除价格因素，实际增长7.6%。农村居民人均现金收入为3706元，同比增长20.4%，扣除价格因素，实际增长13.7%。在消费方面，上半年社会消费品零售总额达到85833亿元，同比增长16.8%。

以上数据毫无疑问地证明中国在经济发展中取得的伟大成就。然而，经济利益被创造出来，但并不意味着经济利益是按劳动进行分配，使得社会上最广大的公民从经济增长中得益。因此可以说，经济利益的失衡最主要就是体现在经济利益的分配失衡。

从表2可以看出，首先，国家拥有的财富量过大。国家财政收入占 GDP 的比例几乎是逐年提升，这意味着国家从整体经济中得到的越来越多，而留给社会主体，市场主体的资源尽管在总量上不断增长，但是，在比例上是相对降低的。

表 2

年份	GDP 总值（亿元）	国家财政收入（亿元）	年增长率	CPI 增速	财政占 GDP 比例
2000	89468.1	13395.2	17.05%	-1.50%	14.97%
2001	97314.8	16386.0	22.33%	-0.80%	16.84%
2002	103935	18903.6	15.36%	-1.30%	18.19%
2003	116741	21715.3	14.87%	-0.10%	18.60%
2004	159878	26355.9	21.37%	3.90%	16.48%
2005	182321	31649.3	20.08%	1.80%	17.36%
2006	209407	39373.2	24.40%	1.50%	18.80%
2007	246619	51304.0	30.30%	4.80%	20.80%

与此相伴的是，居民收入相对增幅放缓。另据数据显示，2011 年上半年，城镇居民家庭人均总收入为 12076 元。其中，城镇居民人均可支配收入为 11041 元，同比增长 13.2%，扣除价格因素，实际增长 7.6%。也就是说，物价上涨让居民收入增幅缩水了 5.6 个百分点。2009 年上半年，投资对经济增长贡献率为 87.6%，拉动 GDP 增长 6.2 个百分点；消费对经济增长贡献率为 53.4%，仅拉动 GDP 增长 3.8 个百分点。最新统计数据显示，2009 年全社会固定资产投资为 22.5 万亿元，比上年增长 30.1%。不仅增速较上年加快 4.6 个百分点，占当年 GDP 的比重也上升至 67%，意味着仅仅投资就占据了 GDP 的 2/3。也就是说，整个社会的 GDP 增长是在国家财政支持的投资下拉动的，而居民不但对经济增长的贡献较少，而且获益也较少。的确，国家占有大量的财政资源尽管能够集中力量办大事，弥补市场配置资源的不足。但是，国家过度占有资源，支配资源从理论研究来

看就已经出现以下四种危险：

第一种危险表现在资源配置中，由于双方并非按照价格规则与市场机制进行资源的调配，不可能反映利益需求者的最佳偏好。易言之，就是根据长官意志支配的行政指令无法知悉谁要什么产品，需要多少这些产品，因此，可以说这是一种资源配置的盲区。

第二种危险表现由行政长官支配的资源配置，可能会受到长官个人意志的极大影响。只要能够影响长官的个人意志即可获得资源。因此，就会有人通过贿赂官员，进行员外游说等多种方式，影响长官的个人意志，这使得官员腐败的风险大大增加。甚至可能出现竞租的情况①，使得所有的经济收益都被官员中饱私囊。

第三种危险表现政府的过度干预，在宏观经济学的研究中已经证明，当政府投资超过一定的限度时，将会对私人投资产生“挤出效应”，也就是说，政府投资将会挤压私人资本的生存与发展空间，使私人资本无法生存。

第四种危险表现在导致创新激励模式单一，无法培育有效的社会主体②，任何社会主体的发展都需要充分的资源作为后盾，当国家掌握了这些权力后，将直接导致社会主体缺乏资源，无法实现独立发展。③ 垄断企业捞取高额利润，直接导致分配不公。近年来，央企高管天价薪酬，垄断企业高工资、高福利，与社会平均工资水平差距过大等问题日益凸显，根据国家统计局统计，全国7个垄断行业有2833万人，不到全国职工人数的8%，但工资和工资外收入占全国当年职工工资总额的55%。10%的最高收入户与10%的最低

---

① 竞租的现象可以解释为，当市场主体通过一项工程可以获得500元收益时，其就可能拿出200元去贿赂官员，以获得工程。但另一方主体知道这种情况后，就有可能拿出300元。这种一来二去，双方不断加码，将收益全部转化为官员中饱私囊的东西了。

② ［美］斯科奇姆著：《创新与激励》，刘勇等译，格致出版社、上海人民出版社2010年版，第36页。

③ 安守廉：《窃书为雅罪》，李琛译，法律出版社2010年版，第15页。

收入户人均收入相差20多倍，少数金融国有企业高管的年薪水平是社会平均工资的100多倍。又有一网友爆料“中石化大楼一盏1200万的天价吊灯”，再次把中石化推上了舆论的风口浪尖。为此，2010年国务院同意发展改革委《关于2010年深化经济体制改革重点工作的意见》。该意见指出，改革国有企业特别是垄断行业工资总额管理制度。

三大产业发展不均衡。以农业产值占GDP的比例为例，详见表3：

表3

年份	第一产业占GDP比重（%）
2000	15.1
2001	14.4
2002	13.7
2003	12.8
2004	13.4
2005	12.2
2006	11.3
2007	11.1
2008	11.3

由此可见，现在农业产值只占GDP的10%强，而且是处于逐年降低之中。以2008年为例，中国农村人口为占整体人口的54%，但是实际农业人口44%，另外农民工10%。也就是说，农业产值是用10%强的资源支持近一半人口的生存与发展，城乡的差距必然越拉越大，直接导致农民的收入低下，形成与城市的“剪刀差”。

（2）社会利益的失衡。这一失衡首先体现在弱势群体的形成。在欧美社会政策和社会福利文献中，弱势群体主要是从丧失劳动能力和独立生活能力的角度界定的。美国社会工作专家罗斯曼认为，弱势群体是指那些由生活机会所造成依赖的人群，包括身体或精神残疾的人、年老体弱的人、受离婚、吸毒、暴力和儿童虐待影响的青少年，他们与劳动市场竞争和社会生活的能力受到显著的影响。①

2002年九届人大五次会议审议通过的《政府工作报告》中第一次正式使用了“弱势群体”的概念。目前，理论界从不同的学科领域对弱势群体的概念进行了界定。学者归纳弱势群体问题解决的意义在于：一是关乎社会主义的理想目标，二是关乎和谐社会的构建。② 综合起来，当前我国的弱势群体是指在社会结构急剧转型过程中出现的，因社会环境和自身条件的限制，其经济收入、社会地位、权益维护、竞争能力以及发展机会等方面均处于弱势的人群共同体。弱势群体可分为社会性弱势群体和生理性弱势群体；社会性弱势群体包括城镇下岗和失业人员中的贫困群体、农村贫困群体以及正在形成中的弱势群体。生理性弱势群体包括老年人、残疾人、处境困难的儿童。中国弱势群体最具代表性者是城镇失业下岗的贫困职工、老年人贫困者、残疾人、失学儿童、贫困农民工、农村的绝对贫困者，环境污染的受害者也可包括进去。③ 社会弱势群体是社会利益分配失衡的重要表现，当前社会利益的失衡主要表现在以下几个方面：

---

① 依美国劳动部的定义，劣势群体主要是指那些没有适当就业的穷人、学校中途退学者、年龄小于22岁或45岁及以上的人、残疾人、就业遇到特别困难的人等。这些被排挤于主流文化之外和低于社会认可一般生活水平之下的人群，都可以界定为劣势群体，例如，相对于占主导地位的白人和民族而言，英美的黑人和少数民族就是典型的劣势群体。英国支持就业专家委员会的研究报告认为，就业劣势的基本类型包括肢残者、长期患病者、精神病人、盲人、酗酒者、犯罪、单亲家庭、劣势年轻人、老年工作者、少数民族、无家单亲者和长期失业者。

② 王明霞、王羽飞：《和谐社会视野下弱势群体问题探析》，载《安徽工业大学学报（社会科学版）》2010年第3期。

③ 陈少英：《和谐社会与弱势群体的财税法保护》，载《法学》2007年第3期。

第一种失衡体现在医疗资源分配不公。看病难，看病贵问题凸显医疗资源的配置不合理，世界卫生组织2000年对191个国家的医疗卫生工作公平性排序中，我国排在第188位，位列倒数第四。政府的医疗补贴大多集中于城市，80%的医疗资源在城市，而农村仅占20%，城市医疗资源的80%又集中在大医院。富裕的东部城市居民年均医疗总支出达到贫穷的西部农村的11倍，医疗机会(资源)极不平等。其实不仅仅是在城市与农村之间的医疗与公共卫生条件存在着不平衡，发达地区与欠发达地区之间，贫富人群之间，在岗与退休人员之间也同样存在很大的差距。① 有学者归纳医疗资源不合理配置的原因在于：医学技术进步带来的医疗费用增长；疾病模式转变引发医疗费用增长。随着工业化、城市化、人口老龄化进程不断加速，我国居民面临传染性疾病和慢性病双重负担，慢性病就意味着长期治疗、终身服药、费用高昂；建立基本医疗保险制度将大大减轻人民群众的疾病负担，但不可否认，它还会刺激参保者多吃药、吃贵药、小病大治等问题，从而使社会医疗总费用增加而不是减少；医疗服务体系、保障体系和药品生产保障体系不完善，长期存在的体制、机制和结构性矛盾，以及管理的不足和曾经的失误②等都可能是医疗资源配置不合理的原因。

第二种失衡体现在教育资源分配不公。据调查报道，现时的寒门子弟为何离一线高校越来越远,③ “出身越底层，上的学校越差”，这一趋势正在被加剧和固化。北大农村学生所占比例从三成落至一成。“清华2010级农村生源仅占17%。”清华大学人文学院社科2010级王斯敏等几位本科生在清华2010级学生中做的抽样调查显示，农村生源占总人数的17%。那年的高考考场里，全国农村考生的比例是62%。不仅仅是北大清华。教育学者杨东平主持

① 王伦光：《价值追求与和谐社会构建》，浙江大学出版社2006年版，第137页。

② 夏挺松、卢祖洵、彭绩：《我国看病难、看病贵问题的成因及对策分析》，载《中国社会医学杂志》2011年第3期。

③ 《寒门子弟为何离一线高校越来越远》，载《南方周末》2011年8月5日。

的“我国高等教育公平问题的研究”课题组调研得出，中国国家重点大学里的农村学生比例自20世纪90年代开始不断滑落。据统计，我国中西部地区的人均教育经费仅为东部地区的一半多。而由此导致的教育观念、教师素质、科研能力等柔性指标差距更大……此外，教育乱收费使得农民受教育的门槛被人为提高，造成农民和市民在教育机会方面的巨大差距。市民平均受教育的年限为11.3年，相当于高二的文化程度；农民平均则为7.51年，相当于初中一年级的文化程度。①

3. 个人利益和整体利益失衡

任何时代的历史获得都是由无数单个的具体个人的社会活动所构成，个人作为历史活动的主体是整个社会历史活动主体的最基础的单元。因此，个人利益乃是利益动力结构的原始细胞。② 个人利益与公共利益的冲突主要表现在两个方面：

一方面是个人的正当利益得不到应有的认可和足够的尊重，往往被随意侵犯，将个人利益与公共利益相对立，片面强调公共利益的至高性。对个人正当利益的侵犯往往以维护公共利益的名义进行。这里体现最为明显就是强拆体现的个人与公共利益之间的冲突问题。2007年修订的《城市房地产管理法》第6条规定：“为了公共利益的需要，国家可以征收国有土地上单位和个人的房屋，并依法给予拆迁补偿，维护被征收人的合法权益；征收个人住宅的，还应保障被征收人的居住条件。具体办法由国务院规定。”宪法和法律对房屋的征收施加了严格条件：即必须是为了公共利益的需要，必须依照法定程序进行，必须给予公正补偿。但是，配套行政法规所反映的“行政主导”模式，却在公益目的未受合理检验的情况下，在未对公民合法所有的房屋进行征收之前，在不给予公正补偿的前提下，许可拆迁人对公民合法所有的房屋进行强制拆迁。王锡锌教授指出，配套行政法规下的拆迁制度，已经造成了大量的流血

① 王伦光：《价值追求与和谐社会构建》，浙江大学出版社2006年版，第136~137页。

② 付子堂：《对利益问题的法律解释》，载《法学家》2001年第2期。

事件，因强制拆迁引发的群体性事件也频繁见诸报端。① 各地涌现的“暴力拆迁”、“株连式拆迁”，损害了党和政府的公信力，动摇了社会的法治基础，增加了社会不稳定因素，已经成为当代中国群体性事件的最主要诱因。② 据调查报道显示，在社会上引发极大反响的“宜黄事件”本身就有假借公益强拆之嫌。据记者采访显示，将会在拆迁土地上建立的新客运站竟包含在其中，位于整个地块的西南角上，约占三分之一的面积，剩下部分即为一商品房的后续工程使用。③

另一方面是片面强调个人利益，置公共利益于不顾，甚至为了个人利益而不惜违法犯罪。在群体利益与公共利益的冲突方面，主要表现为某些群体、组织或部门，片面强调本群体的利益而侵犯公共利益，凌驾于公共利益之上。传统法律将将一切人的法律行为动机抽象地概括为纯“经济人”的自私与利益最大化。④ 但是，“经济人”不具备对应复杂社会利益冲突的功能。⑤“经济人”假说下的法律高度关注社会的自发、自律机制，只看到了社会良性、和谐的一面，却忽视社会还有矛盾与冲突的一面。它相信只要个人利益得到最大满足，则自然会促进整个社会的公共利益，因此，法律的最大功能在于保护人的自由选择和独立判断。但是，社会是一个复杂的、动态的结构，它既由个体组成，又具有超个人性，并非个体行动的简单累加。人们的行为错综复杂，总会存在着利益的相互冲

---

① 王锡锌：《拆迁变法：变迁、变法与社会参与》，载《行政管理改革》2010年第9期，第42页。

② 王锡锌：《拆迁变法：变迁、变法与社会参与》，载《行政管理改革》2010年第9期，第43页。

③ 刘长：《在宜黄，反思拆迁制度》，载《民主与法制》2011年第1期。

④ 吕忠梅：《从理性经济人到生态经济人——《绿色民法典》的人性设定》，载《私法研究》（第五卷），中国政法大学出版社2005年版，第56页。

⑤ 吕忠梅：《从理性经济人到生态经济人——《绿色民法典》的人性设定》，载《私法研究》（第五卷），中国政法大学出版社2005年版，第56页。

突，社会并不是按照“经济人”所预设的那样良性运行来实现其利益目标。法律的功能也绝非仅仅是调整单纯的个人之间的关系，它必须面对复杂的社会利益与个人利益的冲突，调整国家利益、集体利益与个体利益的关系，尤其是在现代生产社会化、经济全球化的情况下更是如此。因此，“经济人”预设并不能必然导致良好的法律秩序和社会秩序。

随着生产社会化和市场经济发展到社会市场经济阶段，私人经济活动频繁并普遍影响、或冲击甚至损害社会整体经济利益的时候，社会整体经济利益责任作为一种普遍性的伦理观念便产生了。“自利”驱使下的经济人不但不关心社会整体经济利益，还间接地造成对社会整体经济利益的损害，可以分为三种类型：第一，为了赢利，违背公平竞争伦理的要求，实施限制竞争、不正当竞争和其他不公平行为，直接损害了其他竞争者和消费者的利益，间接地破坏了公平竞争经济秩序，引起社会的不满，从而损害了社会整体经济利益。第二，为了赢利，对投资周期长、风险巨大而赢利少或不赢利但有利于社会整体经济利益的社会公益事业、公共工程项目建设和社会福利事业从不考虑。第三，为了赢利，无限扩大生产，置市场需求和环境资源承受能力而不顾，造成社会供需结构的失衡、资源浪费；为了赢利，对某些地区、行业、产业扩大投资造成区域结构、产业结构不平衡；对社会分配公平问题，对社会的就业、通货膨胀、经济增长和国际收支平衡等问题漠不关心。① 吕忠梅教授认为，现代社会基本可看作是一个由阶级社会向群体社会转变的社会。② 随着现代社会的发展，“群体化”越来越成为人的一种生存样态。但在一个竞争性的经济社会体制下，必然会出现竞争中的相对强者和弱者，如果任由强弱差距拉大，任由“强者恒强、弱者

① 张德峰：《从民商法到经济法：市场经济伦理与法律的同步演进》，载《法学评论》2009年第3期。

② 吕忠梅：《从理性经济人到生态经济人——《绿色民法典》的人性设定》，载《私法研究》（第五卷），中国政法大学出版社2005年版，第56页。

恒弱"的"马太效应"扩大，那么社会就有可能像木桶最短的那块木板所产生的效应一样被制约发展，甚至有走向毁灭的危险。当然，如果社会政策和社会制度不合理，也有可能引发这样的结果。为了维系并促进整个经济社会的发展，需要对强势与弱势群体间失衡的利益和权利进行整合，以实现他们之间利益和权利的相对均衡。

（三）我国社会转型期利益冲突的根源

从事物发展的角度来看，平衡只是事物的一个时间点，失衡本身才可能是一个事物或若干系统的常态，也就是说，出现利益失衡出现利益冲突本身并不是一个需要特别关注的问题，问题是在于回答，为什么在转型时期的利益冲突如何激烈，这一问题的回答将直接影响对制度建构的展开思路。

首先，正如之前所述，社会转型是一种利益格局，利益结构被打破与重构的过程。从计划经济体制向市场经济体制转轨的的深层次制度变迁正是中国变化的根源。① 另外一个层面则是，从"乡土社会"到"商土社会"的社会转型。中国从农业的、农民的、乡村的、同质及单一性的、封闭的或半封闭的传统型社会向工业的、市民的、城镇的、异质及多样性的、开放的现代型社会转型。有学者指出，如果说传统中国社会的性质正如费孝通先生所概括的那样是"乡土中国"② 的话，那么变革转型时期中国社会的性质则可称之为"商土中国"。③ 中国的城市像欧洲，农村像非洲，大众消费、娱乐工业等领域又相当前卫，这些现象可以说在一定程度上反映了这种并存状况。④ 然后，整个社会的利益诉求从封闭走向开放，正好也遭遇了社会转型。改革开放后，社会从"集权逻辑"

---

① 梁小民：《革命尚未成功——读〈中国改革三十年〉》，载《读书》2008 年第 11 期，第 3~4 页。

② 费孝通：《乡土中国》，生活·读书·新知三联书店 1984 年版，第 6~11 页。

③ 邱本：《商土中国及其法治建设》，载《法制与社会发展》2004 年第 4 期。

④ 李永成：《经济法人本主义论》，法律出版社 2006 年版，第 189~193 页。

转向“民主逻辑”①。在高度集权的政治经济体制下，国家吞噬了社会，政治原则成为所有领域唯一的准绳，不同的声音和诉求被严重抑制甚至扼杀。在这一背景下，法律的本质也就成为纯而又纯的统治阶级意志，进而使得民主法制遭到了严重的破坏。改革开放后，特别是在经济迅速发展、民主建设快速推进的新时期，法律要充分体现和反映最广大人民的根本利益和要求，要让不同的个人利益、多元的群体主张得到尊重、表达和实现。

在原本封闭一体化社会的条件下，并非不存在利益诉求，而是各种利益诉求被宏大的政治话语所压制，同时从由上至下无孔不入的国家组织承担着利益分配者与利益冲突裁断者的职能，以上两种因素使得整个社会的利益诉求处于封闭状态。一旦到了社会转型期，则各种利益诉求纷纷出现，使得利益表达显像化，具体化。在构建和谐社会成为主流话语的条件下，认知以上两个最为基本的原因是要认识到和谐社会最基本的要义是利益均衡。和谐并非仅指一种稳定的静止状态，而且包括动态的平衡。所谓利益的均衡并不是量上的均等……利益均衡是一些整体性思考问题的观点，存在动态与静态之分。② 在和谐社会中，并非不存在利益冲突，和谐社会是一个有能力解决和化解利益冲突，并由此实现利益大体均衡的社会。③ 当人们互相之间由于利益冲突而打破了原有的利益格局，这种激烈的利益冲突甚至使得某一社会阶层的利益受到严重损害，出现严重的利益失衡，原有相对稳定的法治秩序也会受到破坏，从而使社会处于动荡不安的境地，失去发展的动力。可见，社会和谐的深厚基础在于一定经济关系所决定的利益均衡。

这种利益的均衡既表现为在一定时间段内相对静止稳定的状

① 马长山：《多元和谐秩序建构中的法律功能及其实现》，载《学习与探索》2007 年第 2 期。

② 陈槟城：《论建设和谐社会利益均衡机制的法治化选择》，载《理论研究》2005 年第 2 期。

③ 韩雪：《从多元到和谐：和谐社会的构建》，中央编译出版社 2006 年版，第 125 页。

态，从更广泛的时间范围来看，又表现为一种利益的失衡——利益的均衡——利益的失衡——利益的均衡……这样一个利益博弈的动态过程。静态状态下的利益均衡意味着各个利益主体的利益博弈处于一种相对平衡状态，这时社会将以对这种新的利益状态予以确认和维护，从而形成构建和谐社会的利益基础。①

第二节　转型期我国经济法价值目标传统实现理路的困惑

一、经济法价值目标实现理路的应然理想

从一般的意义上讲，法律具有指引、评价、预测、教育、强制等规范作用和功能，也具有管理公共事务、维护阶级统治、规范社会秩序等社会作用和功能。② 然而，当下社会主义和谐社会建设这一重大社会工程必然会对法律提出新的要求，同时法律也自然会在和谐社会建设进程中发挥着特有的重要作用和功能。马长山勾勒社会转型时期，特别是和谐社会时期的法律回应社会的一个应然模型。法具有以下的功能：

第一，多元权利的确认与维护功能。

以梅因爵士的话语，现代社会是从“身份到契约”的社会。社会主体的基本单位是一个有平等文化的社会生活世界。这一世界在社会转型的过程中得到了个性化、多元化的发展。但与之相伴随的是，由于缺乏可以“一言九鼎”的权威体系，故利益矛盾以及冲突不可能由单一力量进行解决，社会整合③的难度大大增加。现代社会是不论出身和血缘的，社会的基本单位不再是群体、行会、

① 杨炼：《立法过程中的利益衡量研究》，法律出版社 2010 年版，第 188 页。

② 张文显主编：《法理学》（第三版），高等教育出版社、北京大学出版社 2007 年版，第 82~89 页。

③ 庞玉珍：《中国社会结构变迁与新型整合机制的建构》，载《社会科学战线》1999 年第 3 期。

部落或城邦，他们都逐渐让位给个人。① 这种个体化发展瓦解了等级身份、血缘纽带和专权控制，形成了自由自主、平等竞争、个性世俗、自律协作的日常生活世界。人们为了应对社会危机、抵御权力扩张、保护自身利益，就联合起来组建了广泛多样的利益性、志愿性民间团体，形成民主表达和参政议政的“公共空间”。这样，就构成了个性化、多元化、异质化、世俗化、自由化的广阔发展平台，但也带来了纷繁复杂的利益摩擦和矛盾冲突，社会秩序的建立也就步履维艰。

因此，必须依靠法律实现对国家权力内部的制约和均衡，通过多元社会权利来从外部分解和制衡国家权力，通过权利义务的合理设定与分配来化解横向权力冲突和确定责任体系，从而推进利益均衡与和谐秩序。由此看来，和谐社会建构中法的一个重要功能就是稳定国家秩序和社会秩序，保障并保护个人和集体的权利。②

这体现在当今中国，最为明显就是各种利益分层在高度浓缩时间与空间内出现并成立。首先，新兴社会阶层的崛起和传统身份社会的瓦解，中等收入者阶层开始形成。其次，社会资源的占有也出现了高度的分散化、多元化，非公有制经济不断发展。最后，价值观念更加自由和多元。从而使得社会呈现出多元化、世俗化的发展趋向。法律合理调整普遍利益与特殊利益关系，按照时代诉求界定国家与社会、权力与权利的范围和领域，既保障国家权力的公共管理效能，又确保社会的自由民主权利和自主发展领地，从而为充分的权利确认和保障提供可靠的资源和空间，为社会主体创造出多种利益实现的社会条件。

第二，利益冲突的平衡与协调功能。

和谐社会并不是没有利益冲突的社会，而是要努力把利益冲突

① ［美］丹尼尔·贝尔：《资本主义文化矛盾》，赵一凡等译，生活·读书·新知三联书店1989年版，第61页。

② ［德］伯恩·魏德士：《法理学》，丁小春等译，法律出版社2003年版，第43页。

控制在发挥正常功能的范围内，从而实现动态、稳定的社会秩序。① 因此，和谐社会的法律并不是、也不可能消除冲突，而是对冲突进行有效的平衡与协调。以法律手段来控制冲突、增进秩序就成为必然的选择。在我国传统的高度中央集权的政治经济体制下，主要是以政治信念、政治动员来控制冲突、整合社会，虽然看起来较为高效、稳定，但政治动荡一直是其中深藏的威胁，而一旦这种威胁暴露出来，就会导致灾难性的后果。改革开放后，高度中央集权的体制退出历史舞台，而市场经济在根本上又是一种自由、平等和权利的经济，因而多元利益和权利诉求日益增长，民主法治成为国家政治、经济和社会生活的根本目标。这也总是提出要求的群体和得到了满足的群体之间的一种冲突。②在这种时代发展进程中，不可能通过减少多样性或压制冲突而谋求通向一致的道路，而只能对冲突进行合理控制来达致市民认同、利益整合、社会和谐和理性规则秩序。因此，法律就要表现为一种折中的机制，在所有个人、社会和公共利益要求中保持平衡。③

在和谐社会建构过程中，法律就必须要正视不同阶层、不同群体和不同个人的多样化利益主张和权利诉求，包括地区发展不平衡的冲突、城乡发展不平衡的冲突、贫富分化和机会不平衡的冲突、不同阶层和群体不平衡的冲突以及传统习俗与现代文化的冲突、国家规则与民间习惯的冲突、经济增长与可持续发展的冲突等，从而进行必要的、合理的法律框定、平衡、规制和化解。但是，法律的这种框定、平衡、规制和化解必须是建立在自由、平等、权利和正义原则基础上的，其对冲突的控制只能是为多样性、差异性提供自由发展空间和制度保障，而绝不能是整齐划一或消除异己，从而实

① ［美］科塞：《社会冲突的功能》，孙立平等译，华夏出版社 1989 年版，第 114 页。

② ［德］拉尔夫·达仁道夫：《现代社会冲突》，林荣远译，中国社会科学出版社 2000 年版，第 3 页。

③ ［英］罗杰·科特威尔：《法律社会学导论》，潘大松等译，华夏出版社 1989 年版，第 82 页。

现自由和谐的秩序安排。①由此可见，法律对冲突的平衡与协调是构建和谐社会的重要保障。

与之相对应，从这种应然状态的理想状态出发，经济法通过若干具体的法律制度构建，实现其价值目标，从而在功能意义上更好地回应转型的需要。从整体上，经济法主要通过其构建的理路实现社会整体经济利益：首先，为了避免因垄断组织与其他竞争者和消费者之间矛盾的激化而损害社会整体经济利益，国家通过制定《反垄断法》、《反不正当竞争法》、《消费者权益保护法》和《产品质量法》等，确认垄断和限制竞争、不正当竞争及其他不公平交易行为为非法并加以强制性排除。其次，为了克服市场主体决策的盲目性、被动性和滞后性影响社会的总供给与总需求失衡，产业、区域和行业结构的失调，贫富差距的扩大，甚至引发经济危机和社会振荡。国家通过制定宏观调控法来弥补市场缺陷，平衡总供给与总需求，实现地区之间、产业之间、行业之间等的均衡发展，来实现涉身于其中的各种不同类属的人的利益的均衡，促使他们之间走向共生、和谐和共同发展。②

如果按以上两个方面进行展开，市场规制法方面包括：行业准入法通过划定行业进入门槛，开放条件，以此将由国家掌握的行业范围进行划定，确定公民经济自由的界限，以平衡国家利益与个人利益之间的关系；为了实现社会整体利益，防止因为市场秩序混乱造成对同业经营者的损害，对相关消费者的福利损失，通过反不正当竞争法制止过度竞争的行为，化解因过度竞争给同业经营者的损害，将双方利益冲突控制在允许范围之内；通过《反垄断法》促进市场的有效竞争，给予在社会转型时期寻求垄断地位，排斥竞争的经营者予以严厉打击，确认同业经营者进入相关市场的权利；通过产品质量保护法，厘定最为基础的商品品质保证机制，建立一整

① ［美］查尔斯·霍顿·库利：《人类本性与社会秩序》，包凡一等译，华夏出版社1989年版，第278页。

② 李永成：《经济法的人本主义论》，法律出版社2006年版，第177页。

套质量监管体制，从而提高产品生产者的注意义务以及告知义务，降低消费者对产品质量进行控制识别的成本，使双方对利益冲突控制在一定范围里面，一方面顾及经营者的经营成本，使其不至于退出市场，另一方面更为重要的是，降低消费者对商品质量的识别成本，可以将更多的资源投入实际消费中，促进社会利益的最大化实现。

宏观调控法方面：为了实现社会整体利益，借助具体法律一系列机制来实现社会整体利益，在财税法领域，制定财政收入与支出的幅度，以实现社会收支的整体均衡，防止不同利益的冲突，向较高收入者征税，补贴低收入者，要求发达地区上交财政收入，以转移补贴经济不发达地区；通过金融监管法，维护金融制度的稳定，确认金融经营者、金融业从业者以及参与者的权利内容以及权利限度，化解协调金融业经营者以及参与者之间的利益冲突关系，利益冲突控制在法律规定的范围之内，防止金融秩序波动可能给社会整体利益造成的损害；通过建立完整的社会保障体系，构建以社会保险，社会救济、社会救助为主的社会保障体系，给予因各种原因，失去劳动收入，陷入生活困境的人给予救助，确认其生存权以及发展权，防止因为不同的利益结构给予社会整体利益造成冲击，以免社会出现动荡。

二、社会转型期经济法价值目标实现理路的实然状态

在第二章已经较为详细地从经济基础、政治基础、文化基础三个层面展开论述社会整体利益实现理路的基础。这也是在社会转型时期形成的，与社会转型时期的利益冲突形成一种互动作用，互相勾连关系。笔者认为，其存在以下的逻辑关系：

首先作为社会转型的一种必然体现就是利益冲突，因此，当论述社会转型时，不得不将一个动态的利益冲突引入分析范围，将其作为一个变量，而这一变量的大小数值直接与三大基础相勾连，形成这一时期经济法实现基本理路的制度背景。具体而言就是：

1. 经济基础的固化使利益冲突更为激烈

有学者分析俄罗斯与中国的改革历程，指出俄罗斯采取的是“休克疗法”，使整体经济在特定时期进行急速转型，尽管当时发

生了极大的社会动荡，但是当改革思路厘清，整个国民经济进入稳定秩序之后，进一步改革遇到的阻力就相当小，更容易推向进一步的改革与发展。然而，中国采取的是一种增量式的，渐进式的改革。在改革初期，由于是从一个几乎是零存量的条件下开始增长，因此，几乎所有人都是受益者。但是越到改革的后期，越进入“深水区”，进一步改革的难度和阻力也就越大，不同利益主体群体之间尤其是强势群体和弱势群体之间的利益矛盾明显增强，其主要原因是固有的利益集团不愿放弃原有利益。固有利益集团是一个传统的概念，亦称为特权（特殊）集团、特权阶层等，它通常是指借用公共权力谋取私人利益的社会团体、阶层。特殊利益集团的特殊性就在于，它凭借特权凌驾于法律之上，置身于法律约束之外，采用各种不正当、不合法的手段攫取超额利润和社会财富。在新旧体制转型过程中，我国传统的由政府直接管理和配置的公共财产与经济资源、政治权力与经济权力合二为一的集权式结构，以其强大的历史惯性仍然延续于现实社会之中，甚至其高效性和权威性为推进改革、实现社会发展目标所必需，但另一方面这又为权力与市场联姻、权力的资本化提供了便利与条件。各种各样的特殊利益集团利用公共权力或利用资本所购买的权力，以垄断的或其他非正当的方式来获取巨额的财富与利益。他们一方面充分利用市场化过程为其提供追逐利益的机会与平台，另一方面又尽量规避市场机制的规范与约束而按照非市场化的游戏规则来从事经济活动，从而以最小的经营成本和市场风险获得了最大的收益。① 现在在中国体现最为突出就是国有垄断企业拒绝改革，例如，即使发生了像 2011 年 7·23 甬温特大交通事故，铁路依然拒绝政企分开，以维持其不合理的优势地位。与此同时，社会整体经济利益增长减缓，因此，出现的是经济利益分配无论是在数量还是增长幅度上都出现问题，直接造成了贫富差距扩大。②

---

① 苗连营：《社会失衡的宪政根源与宪政建设的功能定位》，载《河南省政法管理干部学院学报》2011 年第 3 期。

② 贫富差距过大动摇一个社会进行沟通与对话的基础。出现仇富的现象，使利益进一步固化。

2. 法律基础薄弱

法律是利益冲突控制的最高规范。然而，由于法制意识薄弱以及社会发展速度较快，乃至立法利益部门化，① 都可能造成法律基础薄弱，法律作为一种公共产品出现供给不足，无法回应社会的需要，加之立法不当，这些更进一步加剧社会利益矛盾的冲突，使人民利益得不到应有的保障。

3. 政治基础成为进一步改革的阻碍

人民当家做主是社会主义基本政治制度。其可以代表全体人民利益，通过授权等方式构建起以人民代表大会为核心的政治体制。由此，政府几乎掌握着全部的政治权力和经济资源，是社会政治生活与经济生活的首要组织者。无论是过去的计划经济体制的建立，还是目前的市场经济的转轨都是在政府的推动下，自上而下进行的，政府被视为"全体人民利益的代表"②，政府的经济权力缺少限制与约束。然而，在实施中出现了诸多问题：

例如，人大的监督不力使政府的权力，尤其是财政权过度膨胀，造成动用财政资源的权力得不到很好的制约。在西方国家动用财政资源的权力基本都需要强大的制约，乃至香港特区动用财政资源都需要立法会的严格审查。③ 然而，在中国内地却很少能做到人大对行政部门的运行进行了有力的监控。这种现实使行政部门动用

① 黄文艺：《中国法律发展的法哲学反思》，法律出版社 2010 年版，第 201 页。

② 刘进：《关注中国经济法的本土资源》，载《社会科学》2001 年第 4 期，第 47~48 页。

③ 2009 年 12 月 18 日，香港立法会财委会第一次审议香港高铁拨款。一些议员使用"拉布"战术，导致讨论高铁项目拨款的时间根本不够，只有推迟表决，使香港高铁项目推到了 2010 年。2010 年 1 月 8 日，立法会财委会第二次审议香港高铁拨款。一些议员再次使出"拉布"战术，发问重复问题，拖延会议流程，导致第二次审议再次无果而终。1 月 15 日，立法会财委会第三次审议香港高铁拨款。会议召开了 6 个半小时；最后财委会主席只能决定第二天集体"加班"，再开 6 个小时的会议继续审议。经过 9 个小时的漫长辩论，53 名出席会议的议员终于通过了总计 669 亿港元的广深港高速铁路香港段拨款。由此凸显议会对政府财政的强力监控。

财政资源无法问责，大量的财政资源被浪费，无法形成有效的转移支付。

再如，由于政治权力高度集中政府系统。包括检察、法院乃至作为“第四权力”的新闻舆论在平行层面监督就变得较少，更多是采用由上至下的垂直监督体系。这样的集中决策当然是可以保证政策的通顺，监督力度有较高的威慑性。但与此同时，在信息搜集方面，无法实现对等化，使下级的监督往往流于形式，无法真正地实现。

以上两种情况进一步造成整个政治基础回应社会转型，适应社会转型要求的能力较为薄弱。而且，其追求的利益分配机制出现问题，使得利益冲突不但没有减缓，反而加剧了社会冲突。回到经济法，在以上的制度背景之下，现时的经济法无论是在法条制度本身还是其运作机制都存在以下问题：

(1) 市场规制法：现时已经存在并实施的主要市场规制法包括《反不正当竞争法》(1993 年)、《 消费者权益保护法》(1993 年)、《产品质量法》(2000 年修改)、《广告法》(1994 年)、《价格法》(1997 年)、《反垄断法》(2007 年) 等法律的颁行，都在很大程度上促使市场秩序逐渐走向了规范化。但是，其首先存在的一个重点问题是关系国计民生的那些行业是否应该市场化和如何市场化的问题，而这个问题与政府在其中所扮演的角色有着密切的关系。这主要表现在以下几个方面：

第一，某些行业的过度市场化问题。典型的如医疗、教育、房地产行业。十九世纪 90 年代中后期以来，这些行业的改革的确存在着过度市场化的倾向，由此也引发了很多突出的问题。一般认为，医疗、教育是在公共产品行业，由政府从财政收入中支出。2003—2007 年，中国医疗卫生支出占同期财政支出的比重为 3.56%，比发达国家普遍低很多，其中美国 (2000 年) 为 20.5%，德国 (1998 年) 为 18.89%，英国 (1999 年) 为 15.41%，法国 (1997 年) 为 21.71%，有人甚至将这几个行业的改革后果形象地称之为“ 新三座大山”。

第二，能源、资源、土地等要素市场市场化不足的问题。相对于医疗、教育、房地产等行业的过度市场化，能源、资源、土地等要素市场则相对存在着市场化不足的现象。随着改革的深入，对能源、资源、土地等要素市场的相对严格管制也产生了诸多问题，如煤电价格问题、石油价格问题、农村土地尤其是农村建设用地的流转问题、“小产权房”问题，等等。这与这些行业的严格管制，造成了行政垄断，中国等垄断行业摄取了重大的经济资源，却没有承担上缴利税，促进社会慈善事业的社会责任。

第三，行政垄断现象相对突出的问题。虽然2007年我国通过了《反垄断法》，但要实现对行政垄断的有效规制恐怕还有很多问题需要探讨，在此笔者也不多赘述。

第四，不正当竞争问题。与垄断属于竞争不足不同，反不正当竞争属于制止过度竞争。尽管《反不正当竞争法》已经出台多年，但该法并没有成为净化市场风气，规范市场秩序的有力武器。当然一方面与法条本身的笼统、模糊有关，也与作为执法部门的行政不作为有关。例如鞍山市铁西区一家中等规模酒店日前为了招揽顾客，派服务员向外散发印有宣传图案的代币券。这种代币券正面印有代币金额，背面则印有“女体盛”饮食文化的介绍，并配以女子裸体盛菜的图片。这家酒店经理对外宣称，他们将在2007年1月1日开始推出“女体盛”。而工商部门以该酒店用“女体盛”欺诈误导消费者的宣传活动，违反了《中华人民共和国广告法》的相关规定，属于虚假广告，作出罚款5万元的处理，并责令停业整顿。但实际上，这明显属于违背一般条款，侵害同业经营者利益的行为。但是，究其根本原因是整个社会从计划经济上解放出来，鉴于行政指令的社会结构方式未能培养出可以供给市场经济下足够的道德资源，① 使得整个社会的商业伦理明显滞后，诸多市场主体具有机会主义倾向，希望通过不正当竞争获益。

第五，消费者权益保护。在社会转型期，中国的产品质量问题异常严重，使得消费者的权益受到了极大的损害。尽管消费者权益保护法在2014年进行了大修，但是，除了消费者权益保护法本身

---

① 柯武刚、史漫飞：《制度经济学——社会秩序与公共政策》，韩朝华译，商务印书馆2003年版，第352页。

立法不足之外，转型期经济社会的飞速发展，尤其是电商和大数据的倒逼，新修订的消法很快就表现出滞后性和产生立法空白区。经营者和消费者之间的利益博弈和纷争仍旧在疯狂上演。

（2）宏观调控法：改革开放30多年来，我国在获得经济高速增长的同时，在宏观经济层面，也存在很多问题，比较突出的问题就是经济结构不均衡发展的问题，这应当是宏观调控法所应积极面对的。

第一，地区发展差异问题。最为突出的是城乡发展差异和东西部地区发展差异。

第二，产业发展差异问题。就传统划分的三个产业而言，工业多年来无疑获得了长足的发展，而农业、服务业的发展与之相比则显得不足，尤其是农业的发展问题。因此，宏观调控法需要对三个产业如何获得均衡发展的问题作出回应。

第三，过度依赖外贸和出口获得增长的问题。近年来，贸易顺差过大、外汇储备攀升、人民币升值等都是对这一问题的不同程度的反映。因而，如何通过经济政策的引导改变这一局面，需要宏观调控法作出回应。

第四，过度依赖投资尤其是固定资产投资而不是消费拉动经济增长的问题。我国多年来存在着靠投资尤其是固定资产投资来拉动经济增长，而消费即内需却不足的问题。如何改变这一局面，需要宏观调控法作出应对。

由以上的论述可知，本章的讨论在之前第二章论述的基础上，加上了社会转型这一变量，指明经济法的价值目标的实现理路，呈现出需要比原来更大的包容性，更灵活的调整机制，才能够排除现时实施过程中出现的困惑与盲点。

第四章 转型期我国经济法价值目标实现理路的重构的诱因、基础及取向

第三章在全面论述经济法在面向转型中国时，其在价值目标实现理路上的困惑。那么，按照这种逻辑，为了在实现理路上能够实现其本身的价值目标，必须对实现理路进行重构。但是，对于实现理路而言，无论是社会转型还是各种基础性的因素都只是间接意义，也就是说其不会对实现理路的重构产生直接的影响。因此，本章需要从直接意义上阐述社会整体利益实现理路重构的诱因。本章将以原因作为本章的逻辑起点，讨论在理路重构的意义下，如何实现利益结构意义上的平衡与协调，以此最终达至社会整体利益这一经济法的价值目标。

第一节 转型期我国经济法价值目标实现理路重构的诱因

一、本土资源的社会症结

法律上的“本土资源”，按照字面的意义，不仅包括本国土生土长的法律、习惯等，实际上也蕴含着各该国、民族关于法的观念、意识等观念形态的东西，① 或如有学者所认为的，法律在本质

---

① 苏力：《法治及其本土资源（修订版）》，中国政法大学出版社 2004 年版。

上是一种“地方性知识”。① 而这种知识本身除了蕴含着基础的知识论本身之外，还有大量制度背景的存在。社会症结主要是指社会问题，是指在社会变迁过程中存在的人与自然、人与社会以及人与人之间关系的严重失调或冲突现象。特指社会的病态和失调现象。② 这种现象对正常的社会秩序和社会运行安全构成了一定的威胁，需要动用社会的力量进行干预方可解决。

正如之前一直采取的进路，在讨论社会整体利益的实现理路重构诱因时，采取的进路首先是回到“转型中国”之中的“中国”语境，在“中国”维度上进行讨论。这才能使经济法的本身成为一个可以适用，能够回应本土问题的法律部门。从利益论的角度来看，实际上是要指出，在固有的经济法制度上包括内在精神层面对外国制度的大量借鉴，使得经济法在实现社会整体利益的过程中出现在之前所述的种种问题，种种困惑，因此要延伸出利益论意义层面的论述，说明本土症结而呈现出的利益结构，可能对经济法实现社会整体利益，对经济法的具体制度设计产生的影响。

马克思曾指出：“人们创造自己的历史，并不是随心所欲的创造，并不是他们在选定的条件下创造，而是在直接碰到的、既定的、从过去继承下来的条件下的创造。”③ 与主要资本主义国家的社会发展伴随着市场经济经历了漫长发展过程不同，中国的市场经济与社会问题是在高度浓缩的30年里发展起来的，由此导致本应在西方200年至300年分阶段出现的问题在我国高度浓缩的时间、空间环境下同时出现，使得我国的经济法需要解决西方国家经济法不曾出现过的许多有关现代性、本土形态的策略问题。在此，下文将指出现有的各种本土症结造成经济法不能够按照原有的实现理路进行运作来实现其价值目标——社会整体利益，而必须实现自身的

① ［美］吉尔兹著：《地方性知识：事实与法律的比较透视》，邓正来译，载梁治平编著：《法律的文化解释》，北京三联书店1994年版，第130页。

② 向德平：《社会问题》，中国人民大学出版社2011年版，第1~2页。

③ 《马克思恩格斯选集》第1卷，人民出版社1991年版，第603页。

革新：

本土症结之一是地区发展不平衡。这种不平衡主要表现：沿海与内地经济发展的差距，东、中、西部经济发展的差距，省区之间经济发展的差距，城乡之间经济发展的差距。以沿海与内地的发展不平衡为例，主要是因为当时为了吸引外资，从而优先发展沿海地区，发展和开放的政策明显向沿海地区倾斜，使得沿海地区得以迅速发展起来，也迅速地拉大了沿海与内地的经济发展差距。根据统计，2003 年广东省的 GDP 为 13626 亿元，约相当于 3 个湖南的 GDP（4639 亿元）或 10 个贵州的 GDP（1365 亿元）。而现时最为显著的差距是城乡二元结构。按照国际劳工组织 1995 年发表的 36 个国家的相关资料，城乡差距超过 2∶1 的国家只有 3 个，中国便是其中之一。从绝对差距看，城乡人均收入差额竟然在 2003 年达到 5850.0 元。

本土症结之二是人与自然的关系不断恶化，具体表现为环境污染乃至恶化、生态失衡以及气候反常。中国作为全球最大的发展中国家，环境污染乃至恶化问题不容小视。首先说水污染。我国江河湖泊普遍遭受污染，全国 75%的湖泊出现了不同程度的负营养化；90%的城市水域污染严重，南方城市总缺水量的 60%～70%是由于水污染造成的。再说气体污染，现状统计显示，中国每年有 11 万人死于室内污染，几乎所有新装修办公室、居室都存在室内污染问题，某些污染物甚至超过了国家标准几十倍；还有噪音污染等传统污染方式。

由于科技日新月异，新型污染不断产生，如电子污染、辐射污染等；环境恶化的马太效应就是许多物种已经灭绝或者濒临灭绝，良性循环的生态系统被破坏；生态一旦失衡，必然产生气候反常的恶果，2008 年中国的冰雪，2012 年曼谷的洪水已是残酷的鲜活例证，还有频繁发生的沙尘暴、飓风等已经威胁到人类生存与发展。

本土症结之三是贫富分化加剧。例如，不同经济性质的单位职工收入差距越来越大。国有经济性质单位职工工资与集体经济性质单位职工工资相比，1985 年的平均工资差距为 1.25∶1，2001 年扩大到 1.63∶1。而且，财产的集中度越来越强，居民家庭财产的差别越来越大。最新的调查统计显示，10%的富裕家庭占城市居民全部财产的45%。最低收入10%的家庭其财产总额占全部居民财产的1.4%，另外80%的家庭占有财产总额的53.6%。还有，按多种要素分配的收入比重不大，与中央关于“允许和鼓励资本、技术、管理等要素参与收益分配”的要求尚有差距。我国城镇居民按多种要素分配的格局还远远没有真正调整到位，其他要素参与分配还需要进一步增加比重。

以上三点使得中国经济法在回应现有的社会问题时，不可能单向采取原有的实现理路来完成，而必须在社会层面应对以上乃至更多的要求上进行展开方可。但是，同时要注意的是，尽管上面进行全面的论述谈及经济法的本土特性，要特别注意的是，对经济法本土性特征的强调，并不意味着对具有普世意义的自由、民主、法治、宪政的拒斥。① 相反，我们应该在具有普世意义的自由、民主、法治、宪政等的指引下，更多地用法学思维来构筑经济法的理论体系，来保护市场主体正当的经济自由和经济权利。② 无论是秩序、公平还是平等，都是一种实现的状态与结构，体现本地人们对境况的一种评价与意见。因此，本土性资源的考量，本应是在进行制度设计中内生的考量。

二、全球化的影响

“全球化”一词是20世纪70年代以来国内的流行话语，法律作为社会关系的调整器，也不可避免地卷入全球化的浪潮之中。当然，全球化与经济的关系最为直接，甚至可以说，全球化是经济发展，尤其是市场经济推动的结果。因此，对中国来说，如何应对这场不可避免的全球化便成了无法回避的重大问题。全球化对经济法价值目标实现理路构成的冲击主要体现在以下方面：

---

① 李永成：《经济法的中国性问题分析》，载《现代法学》2009年第2期，第171页。

② 李永成：《经济法的中国性问题分析》，载《现代法学》2009年第2期，第171页。

（一）全球化冲击经济法视野范围

全球化背景之下，人、物、资本全球性流通，跨国企业成为经济与贸易最为重要的主体。整个市场的交换与互通，特别是国际通用货品已经突破了一国的概念，而在更为广泛的的全球化语境进行延展。然而，根据国家主权原则，一国法律依然只能在一国范围内产生效力，这使得法律对全球化市场管理与控制出现较为薄弱的情况。回到经济法，作为公法的经济法更多地是凭借国家主权的权力规则，在一国范围内生效，现时的理论研究和制度设计本应只是管制本国市场，规范本国主体的行为即可。然而，这种将观察视野局限于一国之内的经济立法模式面对全球市场就可能出现问题。

以反垄断法为例，首先面临着界定市场份额的问题。有些垄断组织其在国内并不占据垄断地位，但是，通过国际市场份额的估算，却能够构成垄断地位，那么，如何定性该组织在一国之内凭借国际市场上的垄断地位来影响对国内市场，滥用支配地位行为的性质？再看垄断合并的申报。其中大量地涉及一国政府的申报文件，然而，由于全球化环境下，跨国企业实际上完全可以进行资金转移，以此规避主管机关的审查，然后再在审查之后，再返还国内，从而造成整体审查难度加大。

再以金融监管为例，依照现行《银行业监督管理法》的规定，银行破产需要银监会的审批。这与一般企业直接适用《企业破产法》有所不同。现时全球化条件下，银行业早已超出一国的范围，包括中国四大国有商业银行均已经在海外上市。除此以外，还有诸多的股份制银行跃跃欲试进行海外上市。这造成一国银行的破产问题已经不单是单一国家市场的问题。而是涉及该银行在全球的资产结构和运作模式的问题。甚至个别大银行的破产问题将直接影响到全球范围内的金融安全与经济稳定。

由此可见，无论是以反垄断法为代表的市场规制法，还是以金融法为代表的宏观调控法，都直接涉及一国领域内的社会整体利益的实现问题。这种冲击在直接层面上考验经济法具体制度的有效性问题，而在更深层次则是指向经济法价值目标中，社会整体利益的“社会”范围到底有多大。而一旦将全球化语境下的变量纳入制度设计的考量范围，使市场的管制能与全球化接触，这就需要更新经济法价值目标本身的界定方法，以使得其能够适应市场扩大的要求，从而扩张经济法管制的视野与效力范围。

（二）国际规则革新政府干预规则取向

有学者指出，加入WTO并不是对经济主体影响最大，而是对政府义务上影响最大，这种观点对中国政府也是适用的。众所周知，在改革开放前，中国处于一个计划经济时代，政府掌握几乎所有经济权力。改革开放之后，也正是政府逐步退出微观市场运作，培育市场主体的过程。然而，路径依赖以及利益集团的强化，导致政府退出市场的步伐并没有得到完全的实现。正如之前所述，本应在提供公共产品的行业领域退出，而在市场竞争领域依然掌握大量的政府行政审批权。这种行政压制社会整体利益的方法，不但与市场经济本身特性相违背，而且还可能助长官员腐败，寻租等多种现象。最终影响社会整体利益的实现。因此，为了打破贸易壁垒，防止自由贸易被破坏，扭曲自由竞争，防止政府的不正当干预，WTO的规则必然要求政府的干预与管制保持在一个低水平的限度，至少不会过分干预竞争主体的行为，使干预扭曲基本的市场竞争规则与价格规律。对于中国政府而言，这就涉及后面提及的向公共服务型政府转型的问题。

从以上论述其实可以发现，当经济法价值目标置于全球化的语境下展开讨论时，实际上是将利益问题置于一个更为宏大与宽广的视野来进行，将一国一地的社会整体利益延展到国际层面的整体利益问题。而在全球化框架下，国际层面的整体利益同时将会和一国一地的整体利益通过经济法这一特殊的调整手段纳入其中。一旦将利益的层次与范围扩展到全球视野之下，那么，原来在一国一地的利益结构就有可能发生位移与变动——原来的利益结构中的内容与种类就有可能发生变化，由原有的内容变换成在全球语境之下的内容，而原来即便已经平衡利益结构就可能不再平衡，原来采取的平衡方式就可能不再适用。

正如之前所述的，一国境内的经济法制度设计可以“闭门造车”，可以只针对本国层面的利益问题展开调整就可。但是，在纳入全球化的语境之下，一国经济法的制度设计就不可能采取只考量一国的环境。其必须将制度面向的对象，制度采取的调整方法置于全球化的调整之下。例如，在金融监管上，在前全球化的时代中，只需要考量本国的金融体系与金融操作方式。在银行领域，经济法只需考量国有四大商业银行以及诸多的股份制银行就可。但是，一旦纳入全球化环境之下，特别是加入 WTO 之后，中国政府承诺开放服务业，诸多外资银行，例如花旗等具有百年经营经验的金融巨擘就可能进入中国市场。因此，原有国内金融行业在计划经济条件下，已经形成的一套固化操作模式，达到了一种利益结构在原有的计划经济状态下的均衡。因此，国内的金融行业以及金融监管部门可能面临着来自于国际先进金融经验的冲击，面临来自于国际规则的冲击，这要求金融监管部门必须扩展自己的监管视野，将监管对象以及由此指向的利益状态进行变换。

另外一个方面是，在全球化语境之下，经济法调整利益结构的方法也得发生变换。正如之前所述，由此诸多国际公约，国际规则的影响，无论是自愿还是被动，经济法都必须适应这些规则对其调整方法层面的变化。仍以金融监管为例，对于中国传统意义上的金融监管，由于政府一贯与银行保持的密切关系，以前更多地采取了行政指令，政府内部“打招呼”的监管方式。然而，到了全球化环境下，金融的流通与运作已经不再局限在一国的范围之内，即便中国银行依然可以适用固有的方式，但是对国外的金融组织的监管必须采取更为有效的、具有法定形态的监管方式。以上论述实际是指明在经济法价值目标的实现过程中，必须依照全球化的外部规则进行重构。而与此同时，还有一方面处理规则本土化的问题。这使得经济法价值目标的实现理路必须超越现有的规则参照范围，超越现有的视野参考场域，在更大意义上的重构就成为了必要。

三、现代性的要求

对于何谓“现代性”，一直存有歧见，许多人把之同现代化、现代现象与现代时空相联系。对于现代问题的起点，也认识不一，但往往与资本主义的起源相联系。如韦伯是以 16 世纪的新教改革为现代问题的起点，伯尔曼是以 11 世纪的宗教革命为西方文化的开始，当然，也有人认为应以 19、20 世纪为现代问题的起点。①在利益论的角度上谈论现代性，是要将一个仍然处于不断变动状态的现代性纳入社会整体利益的考量范围，一方面是要指出作为一个现代意义上的法律——经济法是如何接受现代性的影响，在从精神到具体制度设计上都体现出现代性特征，而这种现代性的特征实质是对传统利益调整方式的一种超越。而另一方面，则是要指出，现代性作为一个不断变动的理念，其本身就要求对利益关系的调整不断地采取新的方式进行调整。如果经济法采取了一个与变动的现代性相反的、不变的利益调整方式将不可能实现其价值目标。

（一）经济法的现代性一般论述

如果是以 19、20 世纪作为现代化的起点，那么，与之同时产生的经济法可以说是作为现代性最好的法律体现。在经济法的语境下讨论现代性问题，实质是包含了三个层面：

一是把现代性作为近代史意义上的史学概念，描述的是西方社会文艺复兴以来的历史沿袭和基本特征，是和“古代的”“近代的”相并列，和“传统的”相对立一种对欧洲近现代史的概括性的称谓；即从经济法的历史起点上来探讨经济法的现代性；二是经济法在利益种类、内容结构超越近代法律，其本身具备了现代法律意义上的种类、内容、结构；三是经济法的利益平衡机构，由近代发展到现代，使得经济法在现代性取得对民法的优先地位。实际上，经济法是在史学概念、精神追求与具体制度构建三个层面，分别体现其现代性的：

（1）在历史和时间起点上，经济法是现代市场经济发展到一定阶段出现政府干预的特定历史条件下产生的法律部门。政府干预出现伊始经济法便产生，在政府干预失灵后，为了解决政府干预失灵，经济法得到进一步完善和科学化。20 世纪 30 年代以来，以美

---

① ［美］哈罗德·伯尔曼：《法律与革命——西方法律传统的形成》，贺卫方等译，中国大百科全书出版社 1993 年版，第 39～42 页；刘小枫：《现代性社会理论绪论》，上海三联书店 1998 年版，第 186～190 页。

国为代表的西方国家普遍实行国家干预，制定了大量的经济政策，但是由于经济政策立法先天就不具备现代经济法的规范政府干预的职能，从而在很大程度上导致政府干预的滥用，最终政府干预走向失败，从美国开始，西方主要资本主义国家六七十年代经济出现“滞胀”，宣告“政府失灵”。也正是在这个时期，现代经济法作为解决“政府失灵”的有效手段得到进一步的发展与完善。从经济法产生的路径来看：市场对资源配置→市场失灵→政府干预→经济法产生→政府干预失灵→政府干预法制化→现代经济法的完善与科学化，因而，与民法、行政法相比，根本不存在什么古代或近代经济法，经济法是现代市场经济的产物。①

（2）经济法在精神追求上的现代性。② 传统私法的精神追求体现在契约自由、保护私权等方面。德国学者海德曼认为，现代社会的时代精神就是“经济性”，这种经济性是现代法的特征，经济法就是这种渗透着经济精神的现代法。③ 新兴的经济法追求公平与效率的兼顾，是对私人利益与社会利益的协调保护，是经济与社会的良性运行和协调发展。这实际是指明经济法在指导利益平衡的精神取向上，已经实现了从近代向现代的位移，是面对现代利益结构发展变化所做出的应对。德国法学大师拉德布鲁赫（G. Radbruch）认为，从私法观察角度出发所看到的经济关系，不过是平等的私人主体之间的关系，但却忽视了在任何经济关系中公众才是最大的利害关系人；当自由竞争不能自行平衡各方私利，因而需要从经济的共同利益的角度维护社会公众的利益时，从经济观察的角度来调整经济关系的经济法也就得以产生。④

（3）经济法在制度构建上的现代性。经济法在制度建构上的

---

① 曹胜亮：《经济法》，华中科技大学出版社 2009 年版，第 27 页。

② 张守文：《论经济法的现代性》，载《中国法学》2000 年第 5 期，第 58 页。

③ 张守文：《论经济法的现代性》，载《中国法学》2000 年第 5 期，第 57 页。

④ 拉德布鲁赫：《法学导论》，米健等译，中国大百科全书出版社 1997 年版，第 77 页。

现代性与背景依赖上的现代性①紧密相连。主要体现在制度形成、制度构成、制度运作等几个方面：

第一，制度形成上的现代性。在传统的法治限权理念之下，政府只应担当“守夜人”的角色，不应过分干预经济生活。但是，到了现代，特别是凯恩斯主义之后，政府制定经济政策，干预经济已成常态。而这部分经济政策也会成为经济法的重要来源——其中，最为简单的方法就是将经济法的政策精神与规则直接转换为法律的权利义务就可。

第二，制度构成上的现代性。在传统的立法体系中，实体法、程序法泾渭分明，实体法是负责分清各方权利义务内容的，其具体的运作还需程序法配套实施。为了适应社会发展对程序与效率提出的需要，经济法在制度的形成和构成上，就必须体现程序价值和效率理念，由此使其具有了突出的自足性。

第三，制度运作上的现代性。与传统法律部门如刑民两者主要由法院承担判决的职能不同，经济法的执行，至少出现两个层面的转换。首先，行政机关大量进入经济法制度运作范畴，承担大量经济法运行的任务。例如，工商部门就承担了大量反垄断案件的执法查处。其次，准司法机构的出现，准司法机构主要体现在美国的证券监管。美国根据 1934 年《证券交易法》设立“证券交易管理委员会”（SEC），直接隶属于国会，独立于政府，作为全国统一管理证券市场的最高管理机构。SEC 在一定程度上，取得了准司法权，同时对其他各国在设计金融监管主体时提供良好的范本。

（二）经济法现代性的革新论述

“现代”从来就不是一个固定的概念，或者如福柯、波德利亚等人一样，指出现在的社会是处于一个后现代社会。但是，“现代”本身就不应该固定。正如之前所述，在转型中国的条件下，是同时兼具传统向现代转型，已经现代向更高层次转型两个层次意义。因此，经济法的现代性论述应当融入当今的现代化话

① 张守文：《论经济法的现代性》，载《中国法学》2000 年第 5 期，第 58 页。

语论述之中。只有这样，才能把经济法的现代性精神进行进一步的革新论述。那么，现代性的革新在什么地方？现代性的革新在于网络社会的崛起，这使得经济法在现代性精神回应上要承担更多的责任。

从网络时代的精神上看，已经从原本划定权利范围基础制度构建转向知识共享的实现；从原来高成本的信息传播转型零成本的快速转播；从陌生人社会转变成网络环境下的熟人社会。那么，经济法所面向的社会现实已经不仅仅只是国家宏观调控层面的事项了。更为严重的是，由于网络经济对经济发展占有较大的比例，而且具有极快的传播速度，一旦在网络上出现问题，有可能迅速转化为现实经济的问题，或者宏观经济的问题，需要国家干预的介入。那么，面对如此迅猛的网络社会，经济法更应革新其现代性，将更多的精力投入理解网络社会的特点与结构。① 而且，在制度层面，也要看到现时网络行为对经济法产生的影响。以《反不正当竞争法》为例，原来的商业诋毁一般是通过传统媒体、报纸等进行传播，一般涉及范围较小。然而，当条件切换到网络环境下之后，一条诋毁商业信誉的信息一旦在网上被发布，由于网络的快速与无国界，该信息将会快速扩展到整个网络世界，即可能在当事人的生活范围产生影响，甚至令远在大洋彼岸的人都会知悉该信息，从而造成在对被害人商誉的极大损失。而且，由于网络的匿名性，被害人可能很难采取措施，寻找到侵害人，这使得其本身利益的保障受到限制。这就是经济法面对网络化的现代社会必须回应的问题。而现有的经济法依然满足于前网络社会的调整方式，将危害最大，可能出现最多的网络化活动方式置于不顾，将其排除在调整范围之外，使得经济法不但对于个人利益的实现无法起到应有的作用，而且，一旦这种“漠视”扩散，最终影响的是社会整体利益。

由此可见，作为一个变动的现代性特点，对于利益结构调整客体本身就处于一个变动不居的状态与之相对应。正如之前所述，即

① ［美］劳伦斯·莱斯格：《代码：塑造网络空间的法律》，李旭等译，中信出版社 2004 年版，第 32 页。

便经济法在其本身的缘起与制度设计上体现了若干现代性特征，但是现代性作为一种变动不居的理念与状态，经济法在调整利益结构时，特别是调整现代意义上的利益结构时，必须时时更新自己的调整方式，时时转换本身的调整逻辑，这样才有可能完成对现代性利益结构的回应。而现今经济法面临之前所述的种种问题与困惑，正是因为其在回应现代利益结构上的不足，特别是在回应网络社会上的利益结构上的不足而导致的。本应作为“回应型”的经济法满足于已经固有的调整方式，不能实现自身革新，不但无法实现经济利益和社会整体利益以及在法律部门内取得本身应有的地位，反而可能会阻碍社会整体利益的实现。

四、传统法律调控的困惑

马克思认为市民社会乃是“私人利益的体系”或特殊的私人利益关系的总和，它包括非国家的社会生活一切领域的秩序、结构和过程。其认为，个人是市民社会活动的基础，也强调从生产和交往中发展起来的社会组织即市民社会的组织的重要性。并且指出，随着社会利益分化为私人利益和整体利益两大相对独立的体系，整个社会就分裂为市民社会和政治社会两个领域，社会中的每一个独立的人也担当着双重角色。① 因此，人过着双重生活，市民社会的所有活动追求的是以个人私欲为目的的特殊利益，是人们依凭契约性规则进行活动的领域，个人于此间的身份是市民；而国家关心的则是公共的普遍利益，是人们依凭法律政策进行活动的公域，个人于其间的身份是公民。

实际上，民法也十分及时地体现市民社会理论和人性假设的变化，在自身制度关怀上适应了这种市民社会的变化，这种变化至少体现为如下方面：民法的社会化浪潮兴起、确立人格权以体现的法律的人性关怀、物权从占有到利用的发展、对契约自由的限制、无过错责任和公平责任的勃兴等。这些都表明了民法越来越正视市民人性的多元性，试图通过制度的完善来弥补“经济人”的不足与

---

① 徐国栋：《市民社会与市民法》，载《法学研究》1994 年第 4 期。

缺陷。① 但是，以上的变化都只能是具体制度上的微调，而对社会宏观层面上的回应与调整，民法依然有其若干无法回答的问题。

首先，传统法律在法律价值上的单一取向排斥了其他价值理由的介入。在“经济人”假说上建立起来的近代民法制度，也像经济学的目标一样，将追求财富增长的极大化作为终极关怀，反映在具体法律制度构建上就是片面追求实现利益的效率价值和个人权利最大化的自由价值，以保障私有财产、契约自由和过失责任即是这种价值单一的表现。这种单一的思维方式排斥人的其他利益需求和价值取向。例如，民法就可能忽视社会公平和社会整体和谐的价值，更可能否定自然环境对于人类生存的其他价值，将所有的资源都看成是个人实现利益的条件与工具，由此就不可能将环境保护纳入自己的认知体系。

其次，传统法律调整社会的能力弱化。“经济人”的一个重要属性就是“理性”。在法律上承认这一特性的目的是为了交易不受外来干扰，以保障意思表示自由。因此，在传统民法中通过原则宣示和制度构建完成了“契约自由”和“意思自治”的法秩序。更进一步，法学家在“经济人”假说的指引下，基于对人的理性认识，创造了高度“理性”化的概念法学。②这种观点在《德国民法典》的条文中得到最为经典的体现。但是，概念本身的抽象化本身又会造成其本身变成了法学家们追求抽象性、逻辑性和可演绎性的目的。也就是说，在概念法学的发展中，原本作为工具的概念变成了目的，而使得概念变成远离社会的现实生活，作为法学家自身把玩的器物。由于缺乏对现实面向的关注，导致了法律部门本身缺乏互相的沟通和联系；同时，在制度设计上，缺乏必要的平衡工具，对于各种不同利益集团的利益诉求，采取“非此即彼”的一刀切态度，往往形成保护重心偏向一方的格局，以致引起激烈的利

① 徐国栋：《论市民——兼论公民》，载《政治与法律》2002年第4期。

② 王卫国：《论经济法与现代经济法制》，载《1999年司法部部属院校经济法本科教学改革研讨会论文》。

益冲突乃至社会动荡。

最后，传统法律导致社会不公。在“经济人”假设的功利主义价值观下，认为个人是自己利益的最佳判断者，对自己利益的判断正确与否取决于人对社会、自然的认知程度。假定个体是自己利益的最佳判断者，其前提是信息的完备性与共享性及个体对利益本身的把握。利益有多种形式，也有时间长短的区别，每个人如何权衡长期、中期与短期利益既是一个理性问题，又是一个非理性问题。人为了满足人的生存本能，常常会出现“饥不择食”、“竭泽而渔”的现象。另一方面，坚持每个人都是自己利益的最佳判断者，会造成弱肉强食的结果。因为每个人是理性的，因此就要绝对地遵守自己的合同，只要没有证据证明你是被强迫的或者裁判者不采纳你的证据，那么一个人对另一个人不合道德的强制就在法律上是站得住脚的。这体现在传统契约理论之下，经营者可以通过劳动合同降低劳动者的待遇，使劳动者一方面要进行长时间的劳动，一方面却又得不到与生活相对应的工资，而且，出现工作环境恶劣，使劳动者身心受到严重伤害，进而影响整个社会健康与发展。

以上是民法私法自治，强调个体利益和形式公平，而最终导致无法医治市场失灵的论述。除此以外，行政法的强制干预，强调国家利益和国家秩序，往往导致政府失灵，即使得行政法也处于失灵的状态。也就是说，原有调整存量利益关系的民法和行政法，面对新的复杂的增量利益关系无可奈何。① 由此，正如有学者所指出，在民法失灵和行政法失灵的区域，为经济法的产生和发展提供了空间。然而，在转型中国这样一个制度背景之下的经济法，是否又能够完全弥补民法和行政法的缺失，实现其社会整体利益的价值目标呢？笔者认为，如果不重构价值目标的实现理路，至少是经济法无法实现社会整体利益。这体现在，现时的经济法价值目标的实现过分依赖政府的作用。

公共选择理论认为，个人主义是与整体主义相对的一种解释社

---

① 陈乃新：《经济法是增量利益生产和分配法》，载《法商研究》2000年第2期，第27页。

会的方法，它认为对任何社会现象的解释都应当根据关于个人的事实来表达。它认为社会是各个独立的人组成的，个人是决策的基本单位，即不仅是个人行动的唯一决策者，而且是集体行动的唯一决策者。一般而言，经济法自诩为是从整体主义出发对强调意思自治的民法的校正，① 直接以社会或者国家作为分析单位。因而，从方法论的角度看，经济法是典型的整体主义的方法。公共选择理论对这种整体主义理论进行了完全的反叛。② 公共选择理论不承认国家是一个有机体，不承认国家是"整体利益"与"普遍意志"的代表，其深刻地指出，整体利益和普遍意志无非是少数人为实现自己利益的幌子。③ 理论向前一步推进，根据阿罗不可能定理，其指出，在满足预定公理性条件下，试图根据个人偏好汇集社会偏好是根本不可能的。任何一种社会选择方法要同时满足广泛性、一致性、独立性和非独裁性四项条件几乎不可能。④ 阿罗不可能定理从根本上否定了集体偏好，否定了社会选择，对政府的公意提出了质疑。按照一般的界定，经济法下的"社会整体利益是指全体社会成员的普遍性利益……是特定多数个人共同利益的总和"。⑤简言之，就是社会利益只是个人利益的加总结果。但是，如果按照阿罗不可能定理，个人利益无法加总成社会利益，而经济法的社会利益实际上是个人利益之外或者之上的利益，这里社会成了法律权利的主体，这与不可能定理相悖。由此可见，政府在实现现有的社会整体利益范式下，是占据了主导地位，但是，根据公共选择理论的逻辑推导以及现有的先进国家事实已经证明，政府的作用在社会整体

① 刘水林：《经济法基本范畴的整体主义解释》，厦门大学出版社 2006 年版，第 100 页。

② 布坎南、塔洛克：《同意的计算：立宪民主的逻辑基础》，陈光金译，中国社会科学出版社 2000 年版，第 14 页。

③ ［美］乔·B. 史蒂文斯：《集体选择经济学》，杨晓维等译，上海三联书店 2003 年版，第 265 页。

④ ［美］肯尼斯·J. 阿罗：《社会选择与个人价值》，丁建峰译，四川人民出版社 1987 年版，第 68 页。

⑤ 李昌麒、刘瑞复主编：《经济法》，法律出版社 2004 年版，第 37 页。

利益的实现上是双面的。因此，为了回应这种单向的利益统摄范式，主要经济体国家的回答是依靠社会中间层完成对政府维护社会整体利益调整不力。

全球性“社团革命”（Associational revolution）已经来临，“公民社会”（Civil society）①理论促成了社会中间层的发展。与此同时，中国的“小政府、大社会”目标模式的确立和社会主义市场经济体制的建立也为社会中间层的发展提供了广阔的空间和发展的机遇。近年来，尤其是在社会服务领域，许多公共机构都要求政府退出服务，转而将服务以契约的方式交给非政府组织来完成。

有学者认为中国社会中间层具有“双重部门与影子国家”的特点。而之所以如此，是因为由公共产权的界定所导致的社会中间层制度化需要代表公允的国家的间接介入。社会中间层遂具有了第一和第二部门的双重特征。②此外，还有学者指出，政府和社会中间层合作治理社会问题是第三域（Third Realm）的“去国家化”，它预示了一种政治创新——新型的协商式的国家与社会关系——它可能影响未来第三部门和整体社会变迁的方向。③ 我国学者也提出“政治—经济—社会”三元框架。④并从活动主体、提供的主要物品、主要资源来源和主要组织目标四个方面进行论述。社会领域被理解为在市场与政府之间的互动空间，或者说是公域与私域的弹性空间，这个弹性空间是以团体社会为特征的。社会中间层正是回应

① “公民社会”也翻译为“市民社会”，主要强调国家政治统治及市场经济之外的社会生活空间，其中以公民的自组织和社会自治为核心内容。

② 张小军：《双重部门与影子国家》，载中国青少年基金会、非营利组织研究委员会主编：《扩展中的公共空间——中国第三部门年鉴（2001）》，天津人民出版社 2002 年版，第 328 页。

③ 朱又红：《第三部门的社会创新》，载 http：//www. cydf. org. /gb/conference/speech/paper-c/。

④ 康晓光：《权力的转移——转型时期中国权力格局的变迁》，浙江人民出版社 1997 年版，第 27~44 页。

“社会”的要求而产生的。①

然而，无论是在现有的学理研究还是法律运作的实践中，都没有对社会中间层对于经济法实现其价值目标的问题给与足够的重视。在学理研究上，一般的教材通常只讨论政府的规制权与宏观调控权力，而将社会中间层直接排除在学理研究之外。② 而在法律运作层面，政府通过税收手段，掌握巨量的社会资源，经济资源。而作为社会中间层无法得到足够多的资源进行自我完善，从而无法在经济管理事务中得到应当享有的地位。这使得经济法价值目标借助实现的途径过于单一，可能造成两个层次的影响：一是，由于途径的单一，一旦政府在实现社会整体利益上出现困难，特别是政府面向知识发展，而不可能避免出现知识不足，而采取压制性立法时，③ 这不单没有达到社会整体利益实现，反而可能造成社会整体利益因为政府的压制而受损。二是，这种单一的实现途径的范式，造成了在市场经济条件下，政府对微观市场的作用不单没有消减，反而可能会加强，这才出现了之前所述的转轨经济法学诸论对“政府失灵”的强调，对培育适格市场主体的强调。对于传统法律目标的超越是经济法产生的缘起根基，但是，经济法本身为了实现社会整体利益也必须实现自身意义上的革新，将价值目标实现的途径进行扩展，将社会整体利益的证成任务由政府进行延伸至其他主体，从而调动社会主体对社会整体利益的关注，使其他主体同样可以为社会整体利益提供助力。

五、经济法外围学科环境变化的影响

霍姆斯说，法律不是一个能够自给自足的学科。尤其是经济法

---

① 王颖、折晓叶、孙炳耀：《社会中间层——改革与中国的社团组织》，中国发展出版社 1993 年版，第 82 页。

② 在笔者的阅读范围里，只有杨紫烜教授主编的经济法教材将社会中间层问题纳入视野范围。参见杨紫烜主编：《经济法》（第三版），高等教育出版社、北京大学出版社 2008 年版，第 117~118 页。

③ 谢晓尧：《政府干预与压制型立法：成因和绩效》，载《广东社会科学》2004 年第 2 期。

作为一个与经济密切相关的，并且处于现代性流变的学科，因此，在经济法研究中，学者就借鉴了大量的其他外围学科的资源对经济法的各个方面进行详细的论述，例如，之前所说的将市场失灵引入经济法，将其作为经济法的逻辑起点，就是将最为经典的经济学论述引入经济法。而将正义等价值观念植入经济法的价值实现条件中，则可视为是伦理学在经济法最为典型的介入。在笔者看来，法经济学的理论发展成果有助于对经济法价值目标实现理路的重构。法经济学对社会整体利益的意义在于，其是将一种方法论意义上科学方法引入社会整体利益之中。

20 世纪 30 年代开始，并正式形成在 20 世纪 60 年代的“法经济学”运动在西方国家蓬勃发展。其产生的标志是著名经济学家，诺贝尔奖得主科斯完成的两篇论文——《企业的性质》以及《社会成本》。其后，由美国联邦巡回法院法官波斯纳为代表的法学家将经济学理论引入法学研究领域，这使得经济学的成果在法学研究中长驱直入，为法学研究提供了一套严谨合理的分析工具，由此，凭借其强大的分析能力迅速波及世界各国。

从方法论角度定义法经济学，可能是对经济法最为有效的外部学科资源界定方法。法经济学是法学和经济学的一种新的研究方法。其思想的萌芽就产生于早期法学家、经济学家将经济学分析方法运用于法律、制度的研究。因此，作为研究方法的法律经济学，引入传统经济学研究和传统法学研究中，将有利推进经济学和法学的理论创新。“法律的经济分析和其他经济学的应用之所以能在法学领域取得巨大成功的其中一个原因，在于经济学为这些原来并不存在在先理论或可比性分析的领域提供了一种系统的观察现象的方法。”① 无论将法律经济学视为制度经济学的一个分支，还是将法律经济学作为法哲学的一种流派，经济学方法论乃其精髓所在。将法经济学视为一种方法论，这样的做法是出于其产生背景是在英美判例法，法官造法的大背景之下，法官对规则的制定、对权利义务

① 周林彬：《中国法律经济学研究中的非法学化问题》，载《法学评论》2007 年第 1 期。

界定极大的影响法经济学的蓬勃，然而，由于中国的统计数据、法官知识结构大面上，无法与英美法法官相提并论，在现时将其作为一个操作论来对待确实过早。因此，一种方法论意义的法经济学可能是现时最为适当的。在经济法领域，就是将法经济学的基本分析模型、分析框架与分析进路引入经济法的研究中。使用以上这种经济学的分析框架来对立法进行论证，对现有的具体制度设计进行评价，并以此进行修改。

法经济学将成本、效益观导入法学研究之后，经济法学中的一些观念、范畴就可以通过法律经济学的方法予以重新理解或解释，或者说对经济法进行经济分析，从而为经济法学研究开辟出一条崭新的途径。作为一种公共产品的经济法具体制度，在进行利益协调的制度设计中，必须要考虑其中的成本效益问题。如果一项制度运作需要大量的成本，制度的供给不能使整个社会的交易成本降低，不能使当事人交易成本减少，降低双方机会主义的可能，那么，可以认定该制度是基本失去效用。

当将法经济学的分析方法引入经济法的价值目标实现理路之中，就会发现经济法要实现社会整体利益必须将其纳入利益平衡理论考量范围。现有的制度设计在进行成本效益分析上是较弱的。例如，在划定经济法的管制范围时，必须注重社会成本、交易成本的考虑，由当事人意思自治实现商定的领域之需要私法规范就可。只要在意思自治的交易成本过高的时候，有可能大量引发当事人的机会主义、出现欺诈等危害当事人自治的时候才需要国家干预的介入。但就个别部门法而言，现时在反不正当竞争法领域是否适用该法的一般条款基本是由法官在审判中进行。但是，这些行为是否应当纳入一般条款的范围应当纳入法经济学的考量，只有当事人意思自治不能够解决的，而且管制起来不会耗费大量成本的行为方可纳入一般条款的管制。

这实际上是在提示，法经济学的研究方式对经济法价值目标的实现问题提供了一个方法，将制度的设计范围，制度的管制范围纳入成本效益方法，使其能够得以突破原有的单向的，缺乏反思的制度设计进路。从此意义上看，法经济学对经济法价值目标重构的意义并不是像前面四者是在针对经济法价值目标重构上的迫切性上展开的，而是在其实现自我的革新意义上展开的。

由此可见，通过以上几个方面的论述，经济法价值目标实现理路的重构，不是经济法作为其本身目的上的问题。而是经济法在面向现实、转型的利益结构发生不同层次、不同维度、不同框架形态的利益关系调整时，必须要作出的回应。这种回应不仅必要而且紧迫。

第二节 转型期经济法价值目标实现理路重构的基础

上文论述了经济法价值目标实现理路重构诱因，但是重构并不是经济法本身能够完成任务，必须借助特定环境才可能实现。因此，下文将展开论述在社会转型期，整个经济法价值目标实现理路进行自我重构的基础。这些基础所呈现出来的是现时社会变化与经济情况转型中出现若干支持理路重构的事实与特点，这使得经济法的价值目标——社会整体利益的实现能够取得更好的支撑。这分别体现在经济、政治、以及法治利益环境层面，它们为经济法价值目标实现理路的重构提供了若干基础，这才产生了若干重要的转向，以使该实现机制重构成为了可能。

一、社会转型期的经济利益环境

社会转型期的经济利益环境重点关注的是在社会转型形势下，中国的经济利益结构发生了哪些变化，这些变化将如何影响社会整体利益的构建。而这些在经济层面的重构与变化至少为我们提供了若干基础，使得社会整体利益的实现机制能够在另外一个层次上实现进行展开。结合我国的具体国情，我国经济利益环境问题主要发生了以下几个方面的转向：

（一）城乡二元结构的缩小

诺贝尔经济学奖获得者刘易斯（W. A. Lewis）早就指出，在发展中国家存在着突出的二元经济结构问题，即城乡二元结构问题。

我国经历了长期的农业社会发展和资本主义的不充分发育阶段，是发展不平衡的人口大国，存在着广泛的工农差别、城乡差别、脑力劳动与体力劳动差别这三大差别。随着改革开放的深化，不平衡规律的作用更加凸显，整个社会的利益天平发生严重的倾斜。因此，如何推进农村、农业的发展，提高农民的收入水平，实现公平与效率的兼顾，不单直接关系到农民、农业的个人利益，同时，也是与社会整体利益密切相关，如果在经济法中忽视了农业利益的存在，那么社会整体利益及经济的平衡发展根本就无从而谈。在近年以来，中央不断采取通过发布中央文件的方式来推动三农问题的解决。从取消农业税到工业反哺农业，加大农业医疗、养老保障体系的建设，村村通等这一系列的惠农措施都有利于理顺城乡二元利益结构的关系。

（二）市场竞争的鼓励

除了通过大量转移支付扶持三农，逐步解决城乡二元结构的问题，通过市场或许才能够使市场经济本身的发展进入一个相对的平滑期。正如之前所述，现时中国的市场失灵很大程度是因为市场不完善所致。而不完善的原因很大程度又是市场垄断所导致的。因此，为了打击垄断，国家不单出台《反垄断法》，而且通过拆分垄断企业的方式来达到促进竞争。最明显的例子就是为了促进电信服务行业的竞争，国务院正式同意工业和信息化部、电力部和铁道部共同组建中国联合通信有限公司，简称联通公司。并在近年，由工业和信息化部、国家发改委以及财政部联合发布了《关于深化电信体制改革的通告》，将中国联通与中国网通合并，中国卫通的基础电信业务并入中国电信，中国铁通并入中国移动。至此，中国电信产业在前两次行业拆分基础上，开始了第三次大规模的行业拆分与重组行动，拟在打破电信业垄断经营基础上，形成相对均衡的市场竞争格局，深化电信业的改革。

（三）利益和谐的增进

本届政府最大的工作可能就是民生工程，从过去大量的财政资源投放于基础建设领域不同，本届政府在民生工程上的确投入了大量的财政资源。其中，包括城市普及社会保障体系，推进医疗体制的改革。此外，还有制定《劳动合同法》，全面保障劳动者的合法权益。各地不断提高最低工资限额，保障在通胀发生的时候，各地的劳动者不会因为工资缺乏弹性而受到通胀之苦。不断提高个税的起征点，个税的征收不是为了向社会普通劳动者收取的，而是应该向高于社会平均工资的主体征收的一种可以进行转移支付的项目。因此，不断提高个税的起征点虽然在短期之内会使国家的财政收入减少，却是一种“放水养鱼”的做法，能够刺激劳动者将更多的资源投入消费之中，刺激消费，促进整体经济的增长。

以上三点可能在社会转型时期，诸多利益发生转向时，会随之改变的。但是，在笔者看来，以上三点的转向却意味着社会整体利益的实现机制已经具备了重构的可能性。也是此三点的转向使得重构成为了可能：

首先，从城乡二元结构层面来看，这一问题的解决指向的是中国最大的利益群体——农民。当城乡二元结构的逐步缩小，实质是将占中国人口60%的农民群体纳入整体社会利益的考量之中，使得农民的利益得到更好的处理，同时由于农民在享受到了更多公共服务，因此，其就有更多的资源能够用于消费，可能用于投资，这使得拉动经济的“三驾马车”能够得到来自于农民的助力。这使得社会整体利益不是在自身消耗循环的意义上实现，而是在不断增量的意义上实现，使得社会各个群体之间都能够在城乡二元的消减中得益。而对于社会利益和谐的增进实际上就是把社会资源的分配系统进行重构，将资源投放于社会利益，使社会上的弱者可以参与分享经济发展，国家财政力量提升的好处，这都有益于促进社会和谐，以保证社会整体利益不受群体利益冲突、不受群体直接对抗产生动荡的影响。然后，竞争力量的增强使得社会整体利益在其本身意义能够得益流通与循环，在此基础上，能够促进社会各个阶层可以参与到竞争中，使社会整体利益本身在一定程度上实现“自我求解”。

二、社会转型期的政治利益环境

笔者看来，中国语境下的“政府失灵”一方面体现在政府干预过度，造成干预权力极度，损害市场环境权益；另一方面则体现的是政府干预失败，对本应由政府干预，也是政府意图干预的事项，因种种原因无法得以实现，使其干预手段流于形式。那么，如何面对这种情况呢？必须回到政府最为基础的职能，即回到原点，回到提供公共产品，完善公共服务上。

（一）服务性政府的建构

建立服务型政府是改善社会转型期政治利益环境的有效途径。2008 年，胡锦涛在中共中央政治局第四次集体学习时强调必须扎扎实实推进服务型政府建设。其实，现代市场经济条件下的中国政府应该是兼具有统治机构与公共管理机构的双重性质，国家同时必须承担起为社会整体利益代表的责任，制定法律和维护法律的权威以及保障法律得到遵守。服务型政府的构建不仅仅是政府行政管理体制上的改革，更多的是在政治、经济、社会的多重系统框架下，中央政府、地方政府、私营企业等不同利益主体博弈和交易的产物，这都决定了社会转型和政府治理模式转变的长期性、曲折性和不稳定性，但这种转变有其内在必然性。①

首先，要明确服务型政府的行政规则是依法行政。政府权力是公民权利的让渡，政府只是代表公民行使权力，因此政府必须做到依照法定的权限和程序行使权力，履行职责，接受监督，这样才能保证公共服务的质量。政府没有履行或不适当地履行其职责和义务，就是失职，则应依法追究其相应责任 法治是实现政府责任，构建服务型政府的重要保障。②

其次，在具体制度设计上，不断完善现行的问责制度；同时加强公务员的培养和教育，强化其法制观念和责任意识，树立起为人民服务的观念。

最后，行政程序应是公开、透明的。只有做到行政公开，才能

---

① 王卓君：《和谐社会与构建服务型政府》，载《中国行政管理》2008 年第 1 期。

② 张康之：《关于服务型政府的几点原则性构想》，载《上海城市管理职业技术学院学报》2007 年第 4 期。

保障公民对政府行为的有效监督，遏制行政腐败现象的发生；才能保障公民的知情权，满足公民对政务信息的需求，从而有利于公民有效地参政议政，实现民主决策。目前，政府还需进一步扩大行政公开的层次，建立和完善多种行政公开的渠道，推动电子政务的建设。

（二）公共服务均等化

正如之前所述，长期存在的城乡二元结构问题以及发展成果得不到分享的问题是很大程度都是由公共产品基本服务在不同层次上不同，配置上不均衡所致。因此，针对以上两点问题最为直接的方法就是促进公共服务均等化。强化政府在公共产品供给中的主体地位和主导作用，加快建设公共服务型政府，是实现公共服务均等化的关键所在。

首先，要转变政府职能，着力推进有效且有限政府的构建。构建有效政府是提高政府公共服务供给效率，实现公共服务基本均等化的前提。

其次，建立公共服务绩效反馈机制和问责制度。公共服务在不同政府级次之间的责任是不一样的。均等化的辖区财政责任大小排序，所辖区较小，级次越低，压力越大。公共服务的责任主要在中央和省级政府。政府级次越高，其供应责任越小，级次越低，政府供应责任越大，财政的责任相反，提供的责任基本在地方政府。基本公共服务均等化的财政责任应当上移，提供的责任应当下移，给地方基层政府以充分的责任和权力。以基本公共服务均等化为重点，加快建立公共服务绩效评估制和问责制，绩效评估指标要分级细分、量化，使各级政府在公共服务方面从决策到执行，乃至监督等各环节都有绩效评估和问责跟踪；明确定位，细化各方责任；政府的财政责任主要在中央与省，保持中央与省财权的适当集中；财政支出结构改革，财政投入扩大与公共服务提供部门的体制改革应相协调；财政投入应有明确、科学和透明的程序，并建立产出反馈和绩效反馈机制；逐步建立基本公共服务的政府评价、社会评价和居民评价相结合的机制。

无论是服务性政府的建设还是公共服务均等化的实现，都指向的是现今中国在政治利益层面发生的转型。在计划经济时代，政府无论是对于经济生活，还是社会生活，甚至于私人生活都有至高无上的地位。这使得整个社会的政治利益是由政府独享的，或者正如之前所述的公共选择利益所展示的，只由其中的政府官员群体独享。但是，如今在政治利益层面发生的变化，至少在两个层面对社会整体利益的实现构成影响：首先，服务性政府的建构意味着在此基础上，政府不再是社会发展的主导力量，而是将社会发展，社会利益的培育置于社会之中，将社会本身、社会各个群体视为整体经济发展、社会整体利益实现的最为主要力量来源。这使政府可能不再高度垄断整个社会的政治利益，而有可能使得社会中间层，使得私人共同参与对政治利益的享有与管理。这都能够使得社会整体利益在自己本身意义上得到进一步的扩展。其次，正如之前所述，公共服务均等化在很大层面是在缩小城乡差异的大概念之下完成。但是，公共服务均等化又是在缩小地区差异上有其更一步的意义。正如之前论述，将不同地区的市场力量纳入整体利益的实现机制中，实质是要把更大范围、更多的利益群体纳入社会整体利益自身流转与循环之中，使得社会整体利益在能够在自身的机制之内完成“自我求解”。

三、社会转型期的法治利益环境

尽管经济法有授权法一说，但是并不意味经济法是不需要受到限制，从一般的法治理念上看作任何权力都会受到限制是公理。而从中国的实际情况来看，正如之前多次提到，从计划经济发展而来的政府权力，由于路径依赖深入社会经济生活的方方面面，可能更需要限制而非授权。因此，作为当社会经济利益出现了若干的变动，可以指向社会整体利益实现理路成为可能性。用法律来规范公权力的运作就显得更加有必要了。而且，经济法为了实现社会整体利益也需要进行必然的革新。

（一）单纯管制向公共经济法学转化

单飞跃教授认为，在经济法的方法与机制中，管制是其中的一种方法与手段 ，但不是全部方法与机制。运用管制手段达到法律调整目的时，国家与政府的价值立场表现为对管制受体的强制性约束，这必然会降低和压缩市场经济生活的自由含量与自由空间，契约型的意志流动秩序为政府所抑制，市场平等与自由竞争要受到很大影响，因此被管制的经济关系在整个经济关系中只能是部分的与局部的，否则，市场化的基本方向就会为管制所扭曲。这种观点与之前论述对转轨经济法的论述是存在内容上的一致性的，即强调中国在现时情况下，政府对市场的单向管制不能解决中国的实际问题。甚至阻碍市场的发展。然而，这一逻辑的推演并非指向取消管制，而是指向对市场是管制与放松并行。对政府是放权与限权并行的公共经济法指向。① 这种精神的变动才最终促成作为经济法在法治利益上进行变化需要的基本精神资源。

中国经济法主要应研究政府从已管制的经济空间中退出的法律机制、研究在应当管制的经济空间中如何实行规范管制与合法管制。强化管制不能成为经济法的主体价值思维，弱化管制才是经济法的行动路径。②

（二）软法逐步受到重视

有学者通过检索“中国期刊全文数据库”，发现在 2005 年年底之前，有 22 篇文章的篇名、关键词或者摘要中使用过软法概念。而在 2005 年北京大学法学院软法研究中心成立之后，相关的论文和著述相继涌现。与国外的研究相比，国内对于软法的研究尚处于初步阶段，相关研究也明显滞后。虽然参与到软法研究领域中的人数日渐增多，但研究主要局限在公法的范围当中。直至 2011 年 8 月 17 日，在“中国期刊全文数据库”检索可以发现，如以题名进行检索，已经有 309 篇论文，而用关键词进行检索，则有 509 篇论文。仅有的 2 部专著也属于文集收录的性质。③ 由此可见，对软法

---

① 单飞跃：《公共经济法：经济法的本质解释——兼与李曙光〈经济法词义解释与理论研究的重心〉一文商榷》，载《政法论坛》2006 年第 2 期。

② 单飞跃：《公共经济法：经济法的本质解释——兼与李曙光〈经济法词义解释与理论研究的重心〉一文商榷》，载《政法论坛》2006 年第 2 期。

③ 李丽辉：《试论软法的理论生成及其应用》，载《国外社会科学》2010 年 2 期，第 35 页。

的关注与研究已经初步形成了规模。在这些研究中，有的学者从法理学的视角切入，认为软法“是在中国社会中客观存在的、主要是由国家和社会认可并以柔性强制手段实现其功能和作用的法律体系”。①有的学者则从哈特关于法的定义和特征出发，认为“软法是非典型意义的法”。②有部分学者预计，软法在将来会朝着以下四个方向发展：以具有约束力的形式被批准；作为国内法的一个部分被通过；成为合作的框架和更为具体的规则制定过程的一部分；成为习惯法。③ 由此可见，软法已经逐步进入法学研究的视野范围，也为软法进入经济法的研究中提供了一个更为宽广的领域，以实现经济法本身的革新。

从以上论述可以看出，转型的法治利益环境在精神上实现了重整——把单纯的管制转换为平行发展的视角，将管制的利益结构目标转化为利益平衡的基础与指导性原则，而另一方面是软法的进入与重视将使得利益平衡在更为宽广的视角上获得平衡的可能。正如之前所述，作为保护利益、平衡利益、实现利益的最高规范，以上两个在法治层面的巨大转向，使得社会整体利益能够获得来自于制度层面的保障，使得社会整体利益的重构可以在法治与规范的背景下实现重构，并得以保证可以在强制力的保障下进行展开。

第三节　转型期重构经济法价值目标实现理路的取向

转型中国的现实条件是经济法确定其进行价值目标实现理路重构的必要性，也有重构的可能性。那么，应当如何进行重构呢？关键在于通过规范结构，权利义务模式实现各种利益之间的平衡，最

① 梁剑兵：《软法律论纲》，载罗豪才等：《软法与公共治理》，北京大学出版社 2006 年版，第 344 页。

② 姜明安：《软法在构建和谐社会中的作用》，载罗豪才等：《软法与公共治理》，北京大学出版社 2006 年版，第 89 页。

③ Edith BrownWeiss（ed.），*Environmental Change and International Law: New Challenges and Dimensions.*

终达致社会整体利益的实现，本节将只在宏观层面论及其制度设计和实施框架。

正如之前所述，转型中国存在着众多的利益冲突。法律作为最高解决利益冲突的规范，其发挥的是利益冲突的调节器。基于冲突利益基础上的多元利益之所以能够协调，是因为存在法律中的“权利——利益”调节机制。具体地说，法律对利益的调整主要体现在：一是通过确认、界定和分配利益，法律确认利益的权利和义务主体及其地位，确认利益的目标所指向的对象，确定利益分配原则和范围，分配利益的数量与质量，并对某些弱者的利益给予倾斜性保护，平衡各种利益关系，以达到利益公平。二是法律协调互相冲突的利益关系。法律会根据利益兼顾和不损害社会利益原则，限制较强大的利益，保护较弱小的利益，缩小利益差距。① 在发达社会中，法就是社会控制的最终有效的工具。② 从法律的作用来看，它是为了满足、协调、调整这些重叠和经常冲突的请求、要求，或直接予以保障，或通过界定和协调各种个人利益加以保障，以便使最大多数人的利益或我们文明中最重要的利益有效果，同时使整个利益清单中其他利益的牺牲降低到最低程度。③

由此可见，在法的利益平衡机制中，法律通过对一系列权利义务的有效分配而使其调整的利益关系中不同主体追求的利益得以实现。在综合考虑各种具体情况后，利益冲突纠纷的最终决定仍来自于抽象的利益平衡原则，即对与冲突性相关的价值进行判断和取舍。此外，还需要考虑利益冲突中引发的特定利益需求、法律秩序的保障和与此相关的社会利益。

以上针对冲突利益的平衡原理要求经济法在制度、规则和原则设计时充分考量各种不同甚至互相冲突的利益，并对这些利益的重

---

① ［美］博登海默：《法理学——法哲学及其方法》（修订版），邓正来译，中国政法大学出版社 2004 年版，第 415 页。

② ［美］庞德：《通过法律的社会控制》，沈宗灵等译，商务印书馆 1984 年版，第 89 页。

③ Pound, *A Survey of Social Interests*, 57 Harvard Law Review 43 (1943).

要性和在经济法中的地位作出适当评价，为利益冲突的解决和协调提供法定标准。从现代法制精神出发，经济法应当尽可能地保护所有社会利益，并维持这些利益间、与保护所有利益相一致的某些平衡或协调。① 经济法作为调整权利义务的规范，落脚点放在权利义务的调整上，必然会将利益平衡作为法的基本价值。②

在现代社会中，由于社会关系日趋复杂化，社会利益主体多元化、社会利益结构呈网络化，社会经济发展的不平衡性，要求经济法在实现其多重价值目标过程中，必须平衡协调各种冲突的因素，才能发挥其最佳的整合功能。如何在互相冲突的不同利益诉求之间进行权衡，作出选择，从而在互相冲突的价值目标之间成功地实现立法的价值导向，对立法者而言，既是一种哲学，也是一种艺术——皆大欢喜的结果固然令人向往，然而，立法的现时告诉我们，在诸多互相冲突的利益诉求之间寻找到一个恰当的平衡点，近乎是可望而不可及的事情。③ 尽管存在诸多的难度，但是，在转型时期的大背景之下，经济法实现其价值目标的实现理路的重构必须做到平衡以下三对矛盾对立的利益关系。

一、平衡经济利益和社会利益

在第三章已经说明现时情况出现经济利益与社会利益失衡的局面，在讨论如何平衡两种利益之前，我们再回顾一下什么是社会整体经济利益。按照学者的归纳，社会整体经济利益首先是一种社会整体性的共同利益而不是个体利益，不是个人利益的简单加减，不是个人利益共性的提炼，而是在衡量社会成员共同要求的基础上，依据公平正义理念由各方利益博弈形成的最终利益形态；④ 其次，

---

① ［美］博登海默：《法理学——法哲学及其方法》（修订版），邓正来译，中国政法大学出版社 2004 年版，第 156 页。

② 侣连涛、薛发如：《法利益平衡价值的法理研究》，载《昆明师范高等专科学校学报》2005 年第 2 期。

③ 江国华：《论立法价值》，载《法学评论》2005 年第 6 期。

④ 冯果、万江：《求经世之道、思济民之法——经济法之社会整体利益观诠释》，载《法学评论》2004 年第 3 期。

它是一种经济利益，是关乎社会经济结构和运行协调、稳定与发展的整体经济利益，如实施反垄断和不正当竞争政策所保护的利益、国家投资经营所考虑的利益、宏观调控所要达到的目标及其实现的利益，无不关乎市场整体经济利益。近现代以来，对社会整体经济利益的权衡更是经常性的现象，如反垄断和反不正当竞争政策的实施、国家投资经营在特定领域的进与退、地区差异的协调、贫富悬殊的缩小、经济增长和国际收支平衡目标的实现等都涉及社会整体经济利益的权衡。这种需要国家从总体和全局的角度予以权衡、确认并加以保障的各种经济相关利益就是社会整体经济利益。对社会整体经济利益进行权衡、确认和保障是国家职能和市场演进的产物，也只有在这个时期才产生了权衡、确认和保障社会整体经济利益分配关系之力的经常性需要。①

由此可见，经济利益与社会利益并不是一个对立的关系，在经济法的语境中，是完全能够统摄在一个总体概念之下的，也就是说，经济利益的发展与壮大是社会利益保障与实现的基础，而社会利益的实现直接影响经济利益的存在与可持续发展。第三章已经详细论述了经济利益存在各种不平衡，包括国家占有大量的财政资源、垄断企业捞取高额利润以及三大产业发展不均衡等方面，而在社会利益层面，则存在弱势群体的形成、各种公共资源分配不公的问题。针对这些问题，必须采取全面的措施进行逐个调整，平衡各种利益以及利益集团之间的利益冲突。在笔者看来，而现今最好的方法就是之前已经论及的促进公共服务均等化。

由于我国地区发展不够平衡，城乡二元结构特征比较明显，在不同利益主体之间的公共资源配置缺乏均等化。因此，国家干预应该回归本位，把重点放在社会管理和公共服务上，为弱势者提供基本的公共产品。② 党的十六届六中全会《决定》明确提

① 陈云良、张德峰：《国家调节权的产生及其根源》，载《政法论坛》2004 年第 3 期，第 119 页。

② 徐锋：《基本公共服务应均等化》，载《广州日报》2006 年 11 月 13 日，第 1 版。

出，完善公共财政制度，逐步实现基本公共服务均等化。实现基本公共服务均等化，是逐步形成惠及全民的公共服务体系的基础。① 其目标要求体现为：第一，全体公民享有基本公共服务的机会应该均等。尽管每个人的自然禀赋和能力水平存在差异，所占有的资源也不尽相同，但在享受基本公共服务的机会方面应该是均等的；第二，全体公民享有基本公共服务的结果应该大体相等；第三，在提供大体均等的基本公共服务的过程中，尊重社会成员的自由选择权。

公共服务均等化首先要保证公共财政“公共性”。财政资金应逐步退出一般竞争性领域，调整财政支出结构。② 要把更多财政资金投向公共服务领域，加大财政在教育、卫生、文化、就业再就业服务、社会保障、生态环境、公共基础设施、社会治安等方面的投入。从财政方面看，主要是通过各种渠道建立完善的财政均衡机制，尤其是要建立和完善横向转移与纵向转移相结合、一般转移与专项转移相结合的纵横交错的均等化财政转移支付制度。这就体现了即便是国家掌握大量的财政资源，其主要的投入方向应该是提供政府公共服务为主导上，从而实现经济利益的平衡分配。

二、平衡社会整体利益以及个人利益

在社会转型期，可能最为严重的冲突是社会整体利益与个人利益之间的冲突，因此，厘清两者之间的冲突可能是社会整体利益实现理路最为重要的平衡点。马克思指出，共同利益就是自私利益的交换。一般利益就是各种自私利益的一致性。共同利益恰恰只存在于双方、多方以及存在于各方的独立之中。③ 整体利益是不特定的

① 丛中笑：《经济法公平观在当代中国的现实阐释——以基本公共服务均等化为对象的解读》，载《当代法学》2009年第4期，第95页。

② 刘尚希、杨元杰、张询：《基本公共服务均等化与公共财政制度》，载《经济研究参考》2008年第3期。

③ 《马克思恩格斯全集》（第4卷），人民出版社1974年版，第197页。

个人可以同时享有的一种利益，是一种特定的社会存在和发展所需的、该社会群体不确定的个人都可以享有的社会价值。① 但实际上，个人在追求自身利益时，总难免与社会整体利益发生矛盾。在《资本论》、《德意志意识形态》等著作中，马克思和恩格斯从历史唯物主义出发讨论了个人利益和整体利益对立统一发展过程。他们认为，即使是在原始公社中，也存在一定的整体利益和与整体利益相抵触的个人利益。这样就产生了建立一种代表整体利益的机构确保整体利益的必要性。历史上的国家实际上是整体利益发展的各种形式。② 调整利益关系，使社会成员的个体利益与社会整体利益协调，在国家和法律问题出现后即成为一个重要的任务。

保持社会成员的私人利益与社会整体利益的平衡和协调，既是为了满足社会整体利益目标实现的需要，也是为了社会成员的个体利益最终实现的需要。这种协调一方面要求对个体利益的追求应有所限制，不能以损害整体利益的方式来实现。正如博登海默所指出的一样，“现代社会权利义务双重本位和社会个人双向本位的价值体系模式，要求人们在主张自己的权利和行使自己的权利时，注意度的限制和约束，估计他人利益和社会整体利益”。③ 另一方面，社会整体利益的实现也不能以损害个人利益为基础，而应限制在一定范围内，以免打破个人利益和社会利益之间的平衡关系。个人利益与整体利益的平衡协调要求对两者兼顾，既不能以损害个人利益的方式实现整体利益，也不能以损害整体利益的方式满足个人利益。

马克思主义经典作家认为，只有到了共产主义社会个人利益才与整体利益完全融合，“总有一天……社会的利益绝对地高于个人

① 麻宝斌：《整体利益与公共悖论》，载《江苏社会科学》2002 年第 1 期，第 73 页。

② 《马克思恩格斯全集》（第 3 卷），人民出版社 1960 年版，第 522～523 页。

③ [美] 博登海默：《法理学——法哲学及其方法》，邓正来、姬敬武译，华夏出版社 1987 年版，第 297 页。

利益，必须使这两者处于一个公正而和谐的关系之中”。① 马克思、恩格斯关于个人利益与整体利益的上述论述，对我们认识现代社会中个人利益与整体利益的关系具有启发意义。② 从原理上看，个人利益与整体利益应为一致的，但同时存在对立。一致性体现：整体利益是社会全体成员的整体利益，是从成员个人利益分离出来的，具有宏观层面的意义。从整体上看，缺乏整体利益的保护，则个人利益将难以实现。在另一个意义上看，个人利益同时也是整体利益的基础，整体利益的价值指向在最终目标上必然是保护和促进个人利益的。从以上两个意义上说，个人利益与整体利益应当是一致的。但是，两者又是相对立的。每个人都希望从整体利益中获得更多，付出更少，用法律术语即为拥有更多的权利，却履行更少的义务。而整体利益只得从整体上进行概括，其只得是宏观抽象意义层面的集合体，不能必然反映特定社会成员的个体利益。这两个层次上的对立意义，使得个人利益与整体利益存在冲突的可能。那么如何达到个人利益与社会整体利益的一致性呢？至少存在以下两种进路：

（1）市场自发调解：这种观点以斯密为首创，在传统经济学的基础上，一旦一种物品具有公共物品的特征，其中，考察在不诉诸政府强制的条件下，如何使市场运转得更好。对此，以斯密为首的经济学家提供了几种求解的方式：第一种进路，在交易费用为零的前提下，个体成员协商联合提供公共物品并使其共同利益达致最大化，例如，一个村子，为了防止外地入侵，所有居民共同出资组成军队，建造城墙；第二种进路，在交易费用为正的前提下，考虑达成协议之外的其他方式，如投票、抛掷硬币、服从独裁者指令等方式。③ 但是，很明显这种进路只可能停留在理论层面。因为，交

---

① 《马克思恩格斯全集》（第3卷），人民出版社1960年版，第179页。

② 童之伟：《国家权力和公民权利对立统一关系论纲》，载《中国法学》1995年第2期。

③ ［美］乔·B. 史蒂文斯：《集体选择经济学》，杨晓维等译，上海三联书店、上海人民出版社1999年版，第129~134页。

易费用为零难以为现实条件所满足，而诉诸降低交易成本的其他方式则已经部分脱离市场自身求解的范围。

（2）价值判断法：社会整体利益的现实求解。利益本身可以是利益主观感觉的产物。如此，利益即和价值（感觉）产生密切的关联。① 从此意义上，主体价值评判实质上是一种利益的计算，一种价值的平衡，一种诉诸社团、群体与行业的经验、观点、道德和经济判断的吁求。② 质言之，诉诸社会整体利益的观念而对各种相互重迭和冲突的利益的评价和取舍。这种判断是由以下要素构成：判断的主体是作为外力介入的干预者，包括了立法层面利益平衡状态之梳理及执法与司法层面的个案衡平；判断的客体则是彼此冲突而又无法经由主体自发作出调节的各种利益取向；判断的过程是将主体的自我感觉外化、客观化的过程。判断的标准是法律的价值准则、尺度或标准。

庞德提出最大限度地满足需要的价值准则的三种方法：第一，经验的方法，即通过经验获得，它能够在最不损害整体利益的条件下来调整各种相互冲突或者重迭的利益，同时再通过理性来发展这种经验。③ 第二，理性的方法，即法学家提出的法律前提，依照这些法律前提对新的主张加以评判，包括划定它们的界限，调整与其他利益之间的关系等，这些法律前提包括文明社会中免于被他人故意侵犯、可以控制所发现和占有之物、由社会对个人之不幸承担责任等。第三，权威性观念，即对法律秩序的理想图景。④ 庞德主张兼顾经验与理性二者的重要性，并且强调生活条件的变化会引发经验的更新，而作为评价尺度的法律前提也会相应发生变化。权威的

---

① 陈新民：《德国公法学基础理论》（上册），山东人民出版社 2001 年版，第 203 页。

② ［美］本杰明·N. 卡多佐：《法律的成长、法律科学的悖论》，董炯等译，中国法制出版社 2002 年版，第 125~126 页。.

③ 梁治平：《法辩：中国法的过去、现在与未来》，中国政法大学出版社 2002 年版，第 215 页。

④ 沈宗灵：《现代西方法理学》，北京大学出版社 1992 年版，第 293~295 页。

方法诉诸社会合作与个人自由相结合的理想画面，而无论是经由个人自我主张抑或集体的共同行动，目的都在于实现尽可能多的要求、利益、主张或欲求，因而合作或自由都是实现这一目的的手段，① 最终将会在各种彼此冲突或相互重迭的利益之间达致协调。由此可见，经济法在实现社会整体利益时，面对个人利益与社会整体利益之间的冲突，就必须按照价值判断方法进行两方面的整合，因时因地处理不同利益之间的冲突，处理不同维度之间的冲突，以最终实现社会整体利益。

个人利益与社会整体利益，尽管在马克思利益理论中，是以统一体的形式存在着，但是要达到两者的统一，实现在理论上的和谐并非易事。在市场自发调整、求解无法完成的条件下，众多价值标准，利益原则可以构建出一整套的求解进路，然而，从经济法的角度来看这都是必须依赖于经济法在具体制度设计中，针对不同利益进行全面的把握。

三、保护社会整体利益实现社会包容性增长

社会整体利益作为经济法价值目标，是在社会中实现的，因此，在进行政治决策与社会构建中，将会与社会整体有相当密切的关系。而包容性增长就是一个较好的基础概念。自 2009 年 11 月 15 日国家主席胡锦涛在亚太经合组织上提出要“统筹兼顾，倡导包容性增长（inclusive growth）”以来，许多专家学者对“包容性增长”的内涵进行了大量研究。其认为“包容性增长”理念源自于 20 世纪中期以来人们对经济增长和贫困认识的不断深化②，并由亚洲开发银行在 2007 年首次提出。③ 参与和共享两个层面是

---

① ［美］庞德：《法理学》（第一卷），邓正来译，中国政法大学出版社 2004 年版，第 550 页。

② 蔡荣鑫：《包容性增长理念的形成及其政策内涵》，载《经济学家》2009 年第 1 期。

③ 王利清：《中国不平等的消解有赖于共享式增长》，载《前沿》2009 年第 3 期。

"包容性增长"特别强调的;① 包容性增长的核心是协调发展，共同发展，包括在可持续发展基础上的经济增长和公平正义基础上的增长共享两个方面，实现这两个方面的连接并促使其前进的动力是生产发展、生活富裕的增长理念和增长实践。②

由此可见，包容性增长的提出实质就是使社会各个阶层，各个维度与领域的利益取向得到兼顾，使整个社会的发展能够兼顾各方利益，并能够实现社会整体利益层面上实现。这种包容性的增长观期望达到的就是在现在的发展观念上实现转换，将社会整体利益纳入其中的考量。而包容性增长本身也就是为了实现社会整体利益的一种具体的可以达到的有益进路。

（一）包容性增长的时代价值

中国强调包容性增长是有其时代价值的，这体现在中国现实需要包容性增长的理论支持。而社会整体利益的实现与包容性增长存在紧密的关联，这一关系主要表现在以下几个方面：

1. 反贫困的需要

国家发改委相关人士介绍，我国基尼系数在 10 年前越过 0.4 的国际公认警戒线后，仍在逐年攀升，目前已达到 0.47，贫富差距已突破合理界限。而且，收入差距正呈现全范围多层次的扩大趋势。当前我国城乡居民收入比达到 3.3 倍，而国际上最高也只在 2 倍左右；行业之间职工工资最高的与最低的相差 15 倍左右；不同群体间的收入差距也在迅速拉大，上市国企高管与一线职工的收入差距在 18 倍左右，国有企业高管与社会平均工资相差 128 倍。③不恰当的收入分配方式使得经济增长和收入分配不平等相互交织，

① 陆岷峰、张惠：《包容性增长的内涵辨析及现实要点》，载《江南论坛》2010 年第 11 期。

② 岳彬：《包容性增长的时代价值与实践取向》，载《安徽师范大学学报（人文社会科学版）》，2010 年第 11 期。

③ 新华社调研小分队：《中国贫富差距正逼近社会容忍红线》，载《经济参考报》2010 年 5 月 10 日。对于我国目前的基尼系数，不同的学者或机构有不同的估计和判断，一般认为在 0.5 左右。

共同演化，甚至能将其长期锁定在恶性循环中。① 较高的收入不平等会减弱社会稳定性和团结性。因为较高的不平等程度加强了富人的政治力量和经济力量，这种力量会使他们的获利能力持续提高，而穷人则会失去更多的发展机会，增加他们对社会的不满，使得整个社会充满不稳定和动荡的潜在危害。最后，较高的不平等程度还会促进利益团体过分游说，大规模政治捐赠行贿和徇私舞弊等“寻租”活动。当资源被用于寻租活动时，会对经济增长产生一定的负面作用。②

由此可见，包容性增长的实现首先面对的是社会财富的差距逐步扩大的问题。在之前已经论述了，在传统法律部门的视野下，只可能造成社会财富分配更加不均匀，造成社会差距的进一步扩大。而具有反贫困功能的经济法必须将阻止社会分化扩大作为自己的任务，防止贫富差距扩大对社会整体利益的影响，从而最终造成社会的动荡与不安。

2. 人与自然的关系紧张

中国经济总量已跃居世界第二，但20世纪90年代以来，高投资、扩规模、高污染、高能耗成了经济增长的主要特征，这种粗放型增长模式给中国的经济发展带来了诸多问题：第一，自然资源的约束。经济总量扩张使得仅仅依靠扩张规模推动的增长模式将面临着更加严重的资源约束。第二，生产要素的约束。扩张生产规模需要投入大量资金，这将受到储蓄率的制约，同时，在“人口红利”逐渐消失的情况下，劳动投入的增加也将受到限制，使经济增长处在规模效应递减状态。

包容性增长的视野除了在以上涵盖社会各个阶层，要求各个阶层之间实现分配层面的平等之外，还将视野扩张到与人类生存与发展紧密相关的各种资源与要素，要求人类在使用这种资源的时候，

---

① ［美］德布拉吉·瑞：《发展经济学》，陶然等译，北京大学出版社2002年版，第182页。

② ［美］迈克尔·P. 托达罗、史蒂芬·C. 史密斯：《发展经济学》，余向华等译，机械工业出版社2009年版，第89页。

必须做到有节有度，防止因为人类使用资源过度造成的资源紧张，以使整个社会整体利益受到损害。

（二）包容性增长对社会整体利益的实现

包容性增长达到期望实现的平等是多维的，具体表现为获得机会的平等、获得公共产品以及服务的平等以及社会安全网保障等方面的平等。包容性增长理念的核心要义要消除贫困，实现机会平等和公平参与，使社会各个阶层均能参与经济增长、为之作出贡献、并由此合理分享增长的成果。① 由此可见，在包容性增长在无论是在之前所述的时代价值还是核心要义上面都体现了对社会整体利益的实现，期望通过消除贫困，将除了人类生活资源以外的生态利益，自然系统都纳入社会整体利益的范畴，防止社会整体利益受到来自社会内部不合理的分配机制以及来自自然环境的不利桎梏的影响，进而促进社会整体利益的实现。这其中也暗含着经济法在回应社会、回应国家战略上展示的强大涵盖能力。一般认为，针对以上两种关系，作为一种回应型的机制，可以采取以下两个途径实现包容性增长，并在此基础上实现社会整体利益：

1. 参与共享

与中国传统的“不患寡，而患不均”不同，现今的经济增长模式，一般来说是通过经济增长将社会财富进行整体提升，然后，再通过第二次分配来解决贫困问题。因此，第一步消除贫困的途径就是发展经济。但是正如之前所述，中国经济每年以将近10%的速度进行增长，因此，现实最为主要的解决方面就是使社会各个阶层能够参与共享经济发展成果。参与共享经济成果的一个特别重要的方式就是增加贫困人口的就业机会。要到达这一目的就必须要求政府采取一些能改善资源使用和配置效率的政策，使那些拥有低技能又缺乏资本的群体被纳入到经济活动中去。除此以外，政府还可以通过制定相关政策确保贫困人口能够共享经济增长成果。

---

① 蔡荣鑫：《包容性增长理念的形成及其政策内涵》，载《经济学家》2009 年第 1 期。

2. 可持续发展

包容性增长除了包含反贫困内容外，还涉及人与自然和谐或人类可持续发展问题。反贫困是处理同代人之间的不平等的问题，而可持续发展则是处理代际间的问题。正确的增长观的本质应该突出强调经济增长应当顾及经济、生态等因素的协调共同发展，追求价值的多元化及异质价值之间的协调与统一。因此，正确的增长观能够使经济增长保持相对稳定与有序发展，同时在生态价值维度得以发展：一方面，增长的经济价值维度、生态价值维度、之间应该是相互支持，相互促进与和谐共生的。在这种情况下，必须明确增长的经济价值维度不能破坏人与自然的和谐，经济价值要与生态价值维度相统一。保证各种价值维度间保持和谐统一，实现价值之间兼容并包。实质上可以看出，包容性增长理念的提出，与社会整体利益存在相当紧密的关系，也在和谐社会的大语境之下，对经济、社会、生态的价值协调提出了一些法律理念，而以社会整体利益为价值目标的经济法必然作为一种系统间的互动，凭借其中发展相遇，实现本身精神与具体制度意义上的重构。

第五章　重构后的经济法价值目标实现理路

尽管第二章论述了中外经济法价值目标的实现理路存在诸多不同，然而，两者都以社会整体利益为价值目标的共性并没有发生根本的改变。中国传统的经济法研究以“市场失灵”作为论述起点的观点已经受到转轨经济法学的批判。将“市场失灵”作为经济法价值目标实现理路的逻辑起点的做法是实质是忽视转型中国的利益格局——尤其是现有利益冲突与矛盾。如果，我们把经济法的论述置于时间维度——“转型”与空间维度——“中国”两个前设条件之下时，就可以清楚的认识到：现时中国的最大利益冲突并非是由“市场失灵”造成的，而是由于对计划经济的强路径依赖导致政府权力过大，并由此压制市场健康发育，进而导致社会整体利益不能得到充分实现。

因此，为了更好地实现社会整体利益，以回应“转型中国”语境下的社会整体环境，本书认为，经济法价值目标的实现理路应重构为“规范政府权力，促成利益均衡机制”。规范政府权力要求现时掌握最多社会资源的政府打破原有计划经济“全能政府”的路径依赖，放松整个社会利益的过度强控制，以促使在政府之外有足够多的权利与利益内容，培育足够多的利益主体勃兴，这既是做大社会整体利益，也是在政府层面合理调整利益结构的结果。而对于利益均衡机制，则是在既有的利益总量条件下，通过利益均衡的各种具体机制一方面扩大社会整体利益，另一方面促成社会整体利益的均衡分配。而均衡机制本身同时也需要政府权力作为保障。本章将以纵横两种利益视角为基本框架，以“规范政府权力，促成利益均衡机制”为分析维度，首先探讨在“转型中国”条件下，如何做到规范政府权力，如何为政府权力与干预行为划定边界，从而使得社会整体利益不至于受到政府过度干预的影响。然后，提出三种促成利益均衡机制的构想。这三种机制本身是针对第四章已经论述的各项利益矛盾和利益冲突而展开的。

第一节　划定政府权力边界，规范政府权力

当经济法研究只面向“市场失灵”，只将“市场失灵”作为其自身论述起点的时候，规范政府权力就难以纳入其中的论述框架之中。因为，矫正“市场失灵”只能够通过其反面——政府对“市场失灵”的种种体现进行干预与管理。这种分析模式注重分析市场失灵的形态：市场在那些领域失灵，在多大范围之内失灵，失灵造成了什么后果；针对这种失灵，如何授权政府进行干预，纠正市场失灵的种种弊端。这种研究框架已经受到转轨经济法学的批判：这种框架一方面没有看到以政府为代表的国家本身也存在失灵的可能——其中的官员也并非是公道正义的“道德人”①，加之，政府在面向市场也会存在各种失灵。特别是在中国计划经济的强路径依赖下，政府的权力可能会呈现出周期性的膨胀怪圈。因而，从这种观点出发，可以引申出对政府权力进行规范的两种取向：既要控制政府无法回应市场需要而导致的失灵，也要控制政府官员寻租的可能。由此，本节正是以此为基础展开，讨论在实现经济法价值目标——社会整体利益的前提下，如何规范政府权力，为政府的权力划定理性的边界。

一、转型期控制政府权力的必要性

在现代市场经济条件下，政府早已不是亚当·斯密时代的“守夜人”角色了。其在经济法领域扮演的是经济的宏观调控者以及微观市场规制者两种角色。从深层次上讲，就是社会整体利益的

---

①　李培才：《从政府干预的历史演变看政府干预的法治化与程序化》，载《河南省政法管理干部学院学报》2004 年第 1 期。

界定者与仲裁者。从理论的应然角度上看，无论是资本主义国家人民主权原则主导的，还是人民民主专政的政府都不应当存在任何自身的利益。然而，正如第三章所述，国家实际上通过财政收入，或国有资产界定的方式掌握了大量的社会资源却是不争的事实。因此，规范政府权力，不但涉及界分利益主体，促进资源竞争的问题，而且涉及利益的仲裁和利益的分配问题。

从应然的经济法实施角度来看，国家干预经济的行为理应以社会整体利益为导向。然而，现存的国家干预经济的行为却会因"政府失灵"，导致干预的功能失调和效用消减。① 这就使得控制政府权力成为必要。对政府失灵的原因，从理论上可以归纳为以下几点：

1. 不存在全知全能的政府

哈耶克认为，"每个人对大多数决定这各个社会成员的行动的特定事实，都处于一种必然的且无从救济的无知状态"。② 而政府从一个社会管理者角度来俯视社会整体，也难以知悉整个社会的信息。作为一个例证，社会学家从德国的"财政森林"开始切入，指出国家在追求财政收入最大化的目标指导下，简单化地抽象出树林生长规律，最终导致森林枯败、生态退化。这种极端的例子还包括苏联集体农庄的失败，坦桑尼亚、埃塞俄比亚的农业强制集体化的社会灾难。③ 从以上论述可以看出，即便是在传统调控环境与模式下，政府层面的统一管理与干预都难以达到对市场信息、市场主体需求的全面熟知与满足，更不用说是在现代科技高度发达、信息来源多样化，划定诉求多元化的情况。这种无能为力使得政府的管理与干预协调功能陷入失灵。

---

① 胡光志、靳文辉：《国家干预经济中政府失灵的人性解读及控制》，载《法学评论》2009 年第 6 期。

② ［英］弗里德利希·冯·哈耶克：《法律、立法与自由》（第一卷），邓正来、张守东、李静冰译，中国大百科全书出版社 2002 年版，第 8 页。

③ ［美］詹姆斯·C. 斯科特：《国家的视角——那些试图改善人类状况的项目是如何失败的》，王晓毅译，社会科学文献出版社 2004 年版，第 53 页。

2. 政府本身的膨胀本质与分利本性

“诺斯悖论”对国家的角色作出了一个精准的概括，其认为，国家一方面是对个人权利进行保护，如果没有国家，那么，个人权利就没有办法得到有效的界定、保护与实施。因此，国家权力是构成产权安排和经济发展的一个必要条件；而另一方面则是，国家权力介入个人权利，又是对个人权利的限制与侵害。① 由此可见，尽管政府从应然层面是人民利益的代表者，但并不能排除政府与市场主体争利的可能性。也就是说，政府不但不能成为界分利益冲突的裁判者，而其本身就成为介入利益冲突，成为冲突利益的一方当事人。即政府一方面充当执法者，即裁判的角色，另一方面又是介入利益冲突，充当运动员。这与“自己不能作自己的法官”基本原则相冲突。

3. 政府官员的不合理干预动机

这主要体现在：首先，由于干预权力在划分上的不合理，使得市场主体无法“循规处市”，最为明显的是政出多门、争权夺利、机构重复建设等现象难以避免。② 其次是经济职权行使者的自主性缺失，引发政治消极主义。众所周知，市场缺陷的偶发性、不连贯性、潜伏性等特点，要求现代经济法应具有回应性、预警性、相机性等特征，③ 干预主体应以更加主动、积极、灵活的姿态，以创造性的思维和行动去应对市场机制引发的诸多弊病和问题，现实情况是干预者消极怠工，不愿打破整体官员的低行政效率，从而导致干预者为了和所属群体的思维方式、行为习惯保持一致，于是导致经

① ［美］道格拉斯·C. 诺思：《经济史中的结构与变迁》，陈郁、罗华平译，上海三联书店 1991 年版，第 33~34 页。

② 冯果、万江：《社会整体利益的代表与形成机制探究》，载《当代法学》2004 年第 3 期。

③ 朱崇实、贺绍奇：《市场失效与政府失效：经济法与行政法生存的依据》，载李昌麒主编：《中国经济法治的反思与前瞻》，法律出版社 2001 年版，第 81~82 页。

济职权运行中的决策滞后，执行滞后，效用滞后等现象屡见不鲜。① 以上政府失灵一旦与中国强计划经济的路径依赖相联系，就会造成对社会整体利益的极大损害，使得整个社会的利益结构严重倾向于政府，使得一方面社会整体利益总量不足，另一方面是社会整体利益的界分不明确，从而引发各种矛盾与冲突。

二、转型期控制政府权力的可能性：路径依赖的打破

主要西方资本主义国家并非不存在规范政府权力的问题。其同样也存在抵制政府调控经济上的权力过度扩张。例如，在金融海啸中，美国就有不少学者呼吁要防止美国政府的权利扩张和过分介入社会经济生活。② 但是，中国政府的权力要得到规范与控制，应当在既有的30年强计划经济路径依赖中进行考量。否则，其产生的论证基础会发生更深层次的位移。

（一）路径依赖的理论框架

诺思认为，制度变迁受四种形式的报酬递增制约：制度重新创立时的建设成本；与现存的制度框架和网络外部性以及制度矩阵有关的学习效应；通过合约与其他组织和政治团体在互补活动中的协调效应；以制度为基础增加的签约由于持久而减少了不确定性的适应性预期。③ 青木昌彦定义的路径依赖是指制度重建时，由参与者的认知能力所决定的主观选择模型继续认同旧的基本制度结构，导致旧制度在新政权中以新的形式延续的情况。④而国内学者认为，

---

① 这与古代中国行政官员集体保持低效率行政几乎一致。参见黄仁宇：《万历十五年》，中华书局2007年版，第74页。

② 在美国政府相继接管了房利美和房贷美以及美国国际集团（AIG）之后，有“末日博士”之称的纽约大学经济学教授鲁比尼认为，美国总统布什、美国财长保尔森以及美国联储局主席伯南克，已经将美国（USA）变成了美利坚社会主义联邦共和国（USSRA）。

③ NORTH D C. Institutions, *Institutional Change and Economic Performance*, Lomdon: Cambridge University Press, 1990, 95.

④ ［日］青木昌彦：《比较制度分析》周黎安译，上海远东出版社2001年版，第36~56页。

所谓路径依赖，是具有正反馈机制的体系一旦在外部偶然性事件的影响下被系统所采纳，便会沿着一定的路径发展演进，① 而很难为其他潜在的甚至更优的体系所替代。从这种整体的理论结构可以归纳出“传统即现代”，一国的制度变迁极大受限于其原有制度的影响。中国30多年的计划经济传统以及“摸着石头过河”的20多年制度改革变迁，使得固有的利益结构一方面出现较大规模的位移与变动。另一方面则是，大规模的利益结构依然是坚固地存在于整体利益结构之中，由此使得整个社会经济的利益结构本身并不明晰，甚至中国的权力结构体现的是一种利益均衡状态，而且在近年的的“国进民退”的大潮下②不断强化。

（二）突破路径依赖的可能性

Jerry Hausner和Bob Jessop等人运用路径依赖框架分析社会主义制度在苏联和东欧国家中建立是外部偶然性因素的产物，而后计划经济这种非绩效的经济制度之所以长期存在而未被富有绩效的市场经济体制取代，其原因就在于制度递增收益和交易费用等因素形成了制度变迁的路径依赖。也就是说，这种整体上不效益的经济制度是由社会其他制度来支持与维护的。因此，以上学者认为，由于原有路径的递增收益主要来自社会意识与正规制度、政治制度与经济制度相互依赖的网络效应，因此改革应当加强信息传播，改变非正规约束和社会意识形态，并通过政治变革和经济改革消减原有制度的递增收益机制，以形成新制度自我强化的“正反馈机制”。以上理论实质是提出一种指明如何去打破现有的路径依赖的框架。换言之，就是在针对现有的路径依赖模式，根据现有的制度与利益环

---

① 刘元春：《论路径依赖分析框架》，载《教学与研究》1999年第1期。

② 但数据上也存在争议：《中国企业家》根据《中国统计年鉴》的数据，对2002年和2007年国有及国有控股企业工业产值在全国工业总产值中占的比重进行了计算。2002年，国有工业产值的比重为40%；2007年国有工业产值的比重为29.5%，下降了近10%，说明经济发展总体上仍是“国退民进”的态势。只有“石油和天然气开采业”、“烟草制品业”和“有色金属冶炼及压延加工业”三个行业出现国有经济比重上升的情况。

境去打破这种社会的均衡模式。这种方法其实就是通过综合各种机制在行为综合的基础上打破现有不合理的制度均衡，即通过变革现有的制度，从而打破既定的利益平衡，突破既定的利益平衡状态，使利益结构体现为增量利益，从而产生转化的可能性，最终实现制度变迁。正如之前所述，现时已经存在若干重构实现经济、政治、法治利益基础。这些基础为规范政府权力提供足够的可能性：

1. 经济利益的转型

在现时的市场经济条件下，或者说“模拟市场经济”① 条件下，整个社会的利益诉求已经多元化，使得政府不可能像计划经济时代一样大包大揽，企图将一切都置于其权力。这使得政府权力在应对介入市场有足够的谨慎。无论是之前所述的城乡二元结构转型，还是根据市场条件的培育，打破垄断，实质都是为了激发其市场利益主体有更大的经济利益，由此产生更多的利益诉求，产生更大的利益总量。这种转型的要求使得政府自身利益占社会整体利益总量相对减少，从而使得政府官员寻租的可能性随之降低。即便有寻租的可能也会因为总量过低，而不足以对社会整体利益构成极大的冲击。

2. 政治利益转型

这可能是规范政府权力最为重要的基础。本届政府提出建设服务性政府，这是政府自身对其应然利益结构的一种回归认识。无论是人民民主专政的社会主义国家政府还是人民主权的资本主义国家政府，无论是古代还是当今的国家政府都会向社会提供公共服务的，包括国防、道路等基础的公共产品。其不同实质是在提供公共产品的量上以及方式上。例如，在封建国家里就不可能为全体社会成员提供社会保险这种公共产品。建设服务型政府的提出意味着政府是要将主要精力、主要资源投放到公共服务领域，主力是提供公共产品。与之相伴随的是，对于参与微观经济活动，介入公民个人权利上的资源就会相应减少，这为社会市场主体留出足够的空间，

① 何清涟：《经济学与人类关怀》，广东教育出版社 1998 年版，第 154 页。

留出了充分的活动余地，使得社会市场主体能够在此基础上实现自身利益，而不至于受到政府的强力干预。这本身就是将政府权力进行了适当的收缩，将其持有的政治利益、经济利益让渡给社会和市场主体。

3. 法治利益的转型

单以经济法为例，无论是转轨经济法学的提出，还是公共经济法的兴起，都为限制政府的过度强力干预，为规范政府权力提供了思想资源。在具体的立法中规定大量的程序条款以及表面上是授予权力，而实质是限制权力的条款。《反垄断法》第25条要求执法机构在一定期限内进行审查，① 再如第40条对调查人员的要求。②《预算法》第32条对设置预备金的规定，③ 以及第37条对审批权限的规定。④

---

① 《反垄断法》第25条规定：国务院反垄断执法机构应当自收到经营者提交的符合本法第23条规定的文件、资料之日起30日内，对申报的经营者集中进行初步审查，作出是否实施进一步审查的决定，并书面通知经营者。国务院反垄断执法机构作出决定前，经营者不得实施集中。国务院反垄断执法机构作出不实施进一步审查的决定或者逾期未作出决定的，经营者可以实施集中。

② 《反垄断法》第40条：反垄断执法机构调查涉嫌垄断行为，执法人员不得少于二人，并应当出示执法证件。执法人员进行询问和调查，应当制作笔录，并由被询问人或者被调查人签字。

③ 《预算法》第32条：各级政府预算应当按照本级政府预算支出额的百分之一至百分之三设置预备费，用于当年预算执行中的自然灾害救灾开支及其他难以预见的特殊开支。

④ 《预算法》第37条：国务院财政部门应当在每年全国人民代表大会会议举行的一个月前，将中央预算草案的主要内容提交全国人民代表大会财政经济委员会进行初步审查。省、自治区、直辖市、设区的市、自治州政府财政部门应当在本级人民代表大会会议举行的一个月前，将本级预算草案的主要内容提交本级人民代表大会有关的专门委员会或者根据本级人民代表大会常务委员会主任会议的决定提交本级人民代表大会常务委员会有关的工作委员会进行初步审查。县、自治县、不设区的市、市辖区政府财政部门应当在本级人民代表大会会议举行的一个月前，将本级预算草案的主要内容提交本级人民代表大会常务委员会进行初步审查。

三、转型期政府权力边界的理性选择

现代法治的核心就是对国家权力进行有效的制约，对个体权利实行周密的保护。① 200 多年的资本主义经济发展，形成了"所有的社会既带有市场经济成分也带有指令经济成分的混合经济"②，萨缪尔森归纳出，政府基本职能只应集中在促进竞争，控制外部性问题；提供公共品，提高经济效率，向某些团体进行倾斜性的收入再分配，增进公平；促进宏观经济的稳定与增长三方面。政府要执行第一、二项职能的时候，不可能不对私人交易的微观领域进行干预。此刻的现代国家，即不再是"守夜人"，也难以在公共领域只担当定分止争的中立仲裁者。合理划分市场和政府的界限关键在于探寻自由放任市场机制和民主政府规制干预之间的黄金分割线③。以上经典论述可以看出，现代市场经济的关键就是划定政府的权力边界。从利益论的角度来看，就是通过权力边界划定，将政府角色重新推回到利益仲裁者，将政府自身的寻租利益限制在最小的范围之内，将最大的利益资源留给市场主体，给予公民。

现时经济法学界的论述一般是从抽象意义上宏观的论述政府的权力边界。例如，李昌麒、王怀勇认为，市场能够自我解决的，就由市场去解决；市场不能解决的，交由社会自治组织去解决；只有市场与自治组织都不能解决的问题，才由政府去解决。也就是说，政府一方面应当努力创造市场的良好外部环境，放弃全面干预，只对市场溢出效应和市场失败现象进行控制与治理；另一方面，政府应加强自身建设，坚守有限理性，弘扬经济民主，实现对公益性与

---

① 刘飞轮、袁亚飞：《浅析市民社会在限制政府权力中的作用》，载《延安大学学报（社会科学版）》2007 年第 5 期，第 50 页。

② ［美］保罗·萨缪尔森、威廉·诺德豪斯：《经济学》（第十七版），萧琛主译，人民邮电出版社 2003 年版，第 5 页。

③ ［美］保罗·萨缪尔森、威廉·诺德豪斯：《经济学》（第十七版），萧琛主译，人民邮电出版社 2003 年版，第 33 页。

共益性这些法律正义的摄入与统合。① 还有学者认为，政府干预的范围应限定在：在市场失灵的范围内，政府干预的成本小于干预收益且道德已很难发挥其应有的作用时，政府干预才是经济的。②

以上两种说法实质是构造了以下一种基础的、分层次的干预模式：

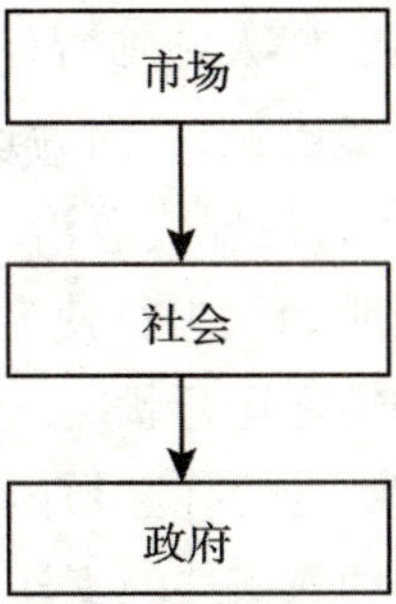

也就是说，政府只要在市场与社会组织都无法实现均衡的情况，才可以介入市场主体的操作。但这种论述至少存在两个问题：(1) 这种宏观论述无法对划定政府边界的立法与法律运行产生任何的直接作用；(2) 更为重要的是，在现时强计划经济路径依赖的条件下，到底应当如何界定市场、社会以及政府三者之间的管制范围本身就是一个问题。或者说，政府可能凭借其政治权力来模糊三者之间的关系，从而冲击市场边界的设定。那么，应当如何进行详细的论证呢和设定现时的政府权力边界呢？从笔者搜集的资料来看，存在两种控制政府权力，界定政府权力边界的范式主要有两种：

第一种是传统政治哲学导向的权力制约范式。这种界定范式为多方法综合式权力制约范式。主要表现为：道德控制——通过社会

① 李昌麒、王怀勇：《政府干预市场的边界——以和谐产业发展的法治要求为例》，载《政治与法律》2006 年第 4 期，第 20 页。

② 应飞虎：《需要干预经济关系论》，载《中国法学》2001 年第 2 期，第 83 页。

道德教育的途径使权力掌握者提高自身的道德修养，自觉控制公共权力作恶的可能，以实现公共权力为善的目的；① 政治控制——通过分权互相控制，即如亚里士多德在其《政治学》中提出“一切政体都有三个要素”，即议事机能、行政机能和审判机能；② 法律控制——通过制定法律控制权力，古罗马著名的法学家西塞罗认为“执政官乃是会说话的法律，而法律乃是不会说话的执政官”；③ 责任控制——给予犯错的责任人施加责任。如马克思所说：“以真正的负责制来代替虚伪的负责制，因为这些勤务员经常是在公众监督之下进行工作的。”④而在现代政治理论则将以上的方法进一步明确为，制约主体必须明确权力行使者行使权力的范围和轨道，制约主体必须知道权力的实际运行状况以及制约主体必须要敢于对权力行使者进行制约。权力的委托必须体现民意，而民主选举是基础，落实罢免权是权力制约权威性的支柱。⑤ 实现政治权力有效制约的关键是权力运行程序化。

第二种是权力为客体的实质对抗制约范式。这种界定范式表现为：以权力制约权力、以权利制约权力、以法律规制权力三种主要观点和模式。⑥ 对于权力制约权力范式，最为经典的代表人物是孟德斯鸠。孟德斯鸠认为：“每个有权力的人都趋于滥用权力，而且还趋于把权力用至极限，这是一条万古不易的经验。”为了防止权力滥用，就必须以权力制约权力。根据孟德斯鸠的观点，最可靠的政府形式是立法、行政、司法三权分立的政府；而对于以权利制约

① ［古希腊］亚里士多德：《政治学》，吴寿彭译，商务印书馆 1965 年版，第 3 页。

② ［古希腊］亚里士多德：《政治学》，吴寿彭译，商务印书馆 1965 年版，第 214～215 页。

③ 《西方法律思想史资料选编》，北京大学出版社 1983 年版，第 79 页。

④ 《马克思恩格斯选集》（第 2 卷），人民出版社 1972 年版，第 414 页。

⑤ 王安平、李智：《限制政治权力的途径分析》，载《政治与法律》2006 年第 4 期。

⑥ 李培才：《从政府干预的历史演变看政府干预的法治化与程序化》，载《河南省政法管理干部学院学报》2004 年第 1 期。

权力范式主要表现为民主制度的确立与完善。第三点将会在后面详细论述。

另外一种方法是社会制约权力。其由托克维尔在《论美国的民主》中提出。托克维尔认为，民主掩藏着多数人暴政的可能性，并且有可能危害到个人自由。①而美国之所以能够防止这种情况发生，一个重要的原因就是美国在个人与国家之间形成了一个由各种独立自主的社团组成的多元社会对国家权力构成制约的格局。但是，以上两种模式的论述依然存在如下问题：

（1）强调在程序与主体意义上对抗权力。尤其是第二种范式，其主要是在主体意义上指明到底哪些主体可以对抗制约权力。并把法律视为一种程序性的设定，却并没有说明如何制约权力，另外也无法说明当两种主体之间发生冲突与对抗的时候，是以哪种方式来界定两种主体的边界，以及最终由谁来界定。

（2）没有在实质意义上讨论权力的边界。正如有学者归纳的那样，必须严格划分公共权力的范围，使公共领域与私有领域有明确的界限，而政府的权力不能跨跃这一边界，这一边界是从宪政层面对政府权力滥用的腐败行为设置了限制。因此，政府权力的有限特性，正是政府权力的理性回归。这种论述的进路就是从能力层面和合法性层面表达了有限的政府权力的内涵。② 但是，正如前一点所述，当两种权力发生冲突时应当如何处理？如果是置于利益论角度考量，其都是提出了一定意义上的利益主体对权利的冲突与整合，可能使得权力变得合理，使得政府利益与其他利益之间的冲突得以限制，但这种限制的边界并不明确。

四、明确划定边界：依法干预

尽管无论是在经济法本身的论述中，还是在政治学的一般论述

---

① ［法］托克维尔：《论美国的民主》，董果良译，商务印书馆 1988 年版，第 318 页。

② 曾锋辉：《论转型时期政府权力的有限与有效》，载《南昌大学学报（人文社会科学版）》，2002 年第 4 期。

中都无法为政府的权力边界划出一条明确的红线。那么，应当如何具体、明确地划定边界呢？有学者指出，合法性是谨慎干预原则对国家干预的最基本要求。① 从以上两种范式都可以看出，法律都是制约权力扩张的主要手段，也就是说，在这种制约权力的语境与条件下，法律理应起到划定政府边界的“红线”角色。因此，下面的部分将以“依法干预”为元概念进行展开论述。另外，要注意的是强调依法干预并不在于否定以上两种范式的作用，而是在现时的干预模式基础上，提出一个更为详细与明确的框架来划定政府干预的范围，来达到回归政府应然的角色，以促进社会整体利益的实现。

1. 设定干预权力

在人民主权、法治国家的制度背景之下，政府的权力都是由人民授予的，即“政府无授权不得为”。政府干预经济的权力都应当是经过立法机关通过法律来设定，否则其缺乏足够的合法性。这要求政府的一切干预行为必须依法进行，法律无明文规定经济职权可以介人或干涉的，经济职权就不得介入或干涉，超出法律的规定就是滥用权力。② 以上作为一种法理层面的论述，已经成为定论。如果将干预权力法定转换到经济法领域，则是讨论干预与市场的关系。在这种基础上，市场先于政府的干预权力而存在。政府干预之前，市场已在运行，并可以在一定程度上实现必要的均衡。而只有在市场出现失灵的时候，国家通过既定的立法程序将创设干预权力，明确界定干预权力的大小，范围与适用条件。从而使得政府在其中可以获得进入市场的权力。因此，政府干预必须后于市场而存在，必须要对市场进行必要的避让。

例如，《银行业监督管理法》第1条规定：“为了加强对银行业的监督管理，规范监督管理行为，防范和化解银行业风险，保护

① 陈云良：《谨慎干预——经济法的现代新理念》，载《法商研究》2001年第3期。

② 董延林、王秉春：《经济法与政府干预经济的法治》，载《学习与探索》2003年第9期。

存款人和其他客户的合法权益，促进银行业健康发展，制定本法”。这种表述就明确体现了，该监管法是在银行业市场已经存在的条件下，是为了防范与化解银行风险，针对保护存款人利益而创设该法，并通过该法设定相应的银行业监管权力。在该法明确授权之外，银行业监管机构不存在其他的监管银行的权力。再如，《证券法》第178条规定，国务院证券监督管理机构依法对证券市场实行监督管理，维护证券市场秩序，保障其合法运行。同样可以作出上述之理解。

2. 界定干预主体

无论是在西方市场经济国家还是在社会主义市场经济的中国，干预政府的主体是政府。但政府是多层次的梯状、网状结构，而不是一个简单的横向同一体。①从中央到地方各级政府机关及其职能部门都有管理经济的职权。确定干预主体必须明确各层级政府机关及其职能部门纵向、横向的职权划分。所有的干预权力都是需要落实到具体的干预主体身上，方能使整个干预得以落实。如果干预授权的立法没有明确规定干预主体，则有可能出现多个机关、部门争夺干预权，或者都拒绝享有干预权的情况。无论是出现争夺干预权还是拒绝干预权的做法，都可能使得市场失灵的状态无法得到纠正，进而使政府失灵出现，并将最后的问题全部投入法律的不充分上，使得立法变成一纸空文。因此，界定干预主体是经济法限制政府滥用裁量权，和错误配置市场主体的一种有效的限制权力的方法。在实际的立法条文中，几乎所有的经济法都会明确说明干预市场的主体是由哪些部门来提供。例如，《反不正当竞争法》第3条规定，县级以上人民政府工商行政管理部门对不正当竞争行为进行监督检查；法律、行政法规规定由其他部门监督检查的，依照其规定。现实生活中则是由工商部门承担相关的监管职能，《保险法》第135条规定，国务院保险监督管理机构依照法律、行政法规制定并发布有关保险业监督管理的规章。现实生活中则是由保险业监管

---

① 陈宗璋：《均衡干预的法律机制问题研究》，载《南都学坛（人文社会科学学报）》2003年第1期。

委员会承担相关的监管职能。《银行业监督管理法》第8条规定，国务院银行业监督管理机构根据履行职责的需要设立派出机构。国务院银行业监督管理机构对派出机构实行统一领导和管理。国务院银行业监督管理机构的派出机构在国务院银行业监督管理机构的授权范围内，履行监督管理职责。现实生活中由银行业监督管理委员会承担相关的监管职能。而且，银监会几乎在每个省都有由其派出机构对银行业进行监管。

3. 明确干预范围

正如之前所述，一般在创设干预权力的时候，就会明确规定干预范围。但是，现时最大的问题就是在原来的强计划经济路径依赖下，政府常常超出既有的干预范围，在法定的干预范围之外，自行干预，影响市场的正常运行。最为常见的就是地方政府进行地方保护主义，进行行政垄断，例如湖北省禁止商贩卖湘烟①、陕西省汉中市强迫人们买本地产的香烟；还有政府违背市场主体意思自治，强迫执行其不合理的经济指令，海南省儋州市洛基镇强迫农民种甘蔗；还有政府强行推行其经济指令的，比如各地在股份制改革中上演的种种“拉郎配”闹剧，无不显示现时的政府进行市场干预的时候，很少考虑其干预的范围是否合法，是否有法律授权，是否有权力来源。从本源上看，政府干预的范围取决于市场失灵的范围，主要是涉及经济总量平衡、产业结构布局、垄断和不正当竞争、产品质量、消费者保护、金融证券、国有资产运营和监管、人口增长控制、自然资源和生态环境保护、收入分配和社会保障等。而现实生活中出现的以上种种乱象正是政府在原有计划经济全能政府的逻辑沿袭下，习惯于计划经济的干预模式，企图以行政指令方式突破法定干预的授权范围，介入本不应该由其干预的范围，压制市场主体

① 2006年，湖北省汉川市政府办公室下发，《关于倡导公务接待，使用“小糊涂仙系列酒”的通知》的“红头文件”，文件要求市直机关和各乡镇农场，在公务接待时，使用本地区生产的“小糊涂仙系列酒”，完成任务的按10%奖励，完不成任务的将被通报批评。2008年9月28日，贵州德江县委县政府下发“红头文件”，要求全县干部职工到本地新开发的富阳古城旅游，时间从9月29日起到11月18日，费用每人150元。

的意思自治，压制市场主体的发育程度，进而影响社会整体利益的实现。因此，只有在法律上明确规定政府的干预范围，将政府干预范围进行必要的限定，才可能实现对政府权力的规范与控制。

4. 规范干预手段

有学者提出从行政角度将政府干预市场的行为方式分为制定规范性文件、监督检查、激励、许可、注册登记、认可、处罚、强制执行、指导、契约、预测、规划、听证、报警等。① 这种划分主要是从行政法角度进行界定，但是，现时的经济法，特别是宏观调控法中可以采取的手段更多。有学者将这种手段界定为间接化规则。② 例如，《价格法》规定国家应运用间接的宏观调控手段来对价格总水平进行调控，只有在特定情况下，才能采用直接限价、冻结市场的强制措施。此外还有，中央银行运用货币政策，财政税务部门运用财政政策都是一种间接引导市场主体生产经营的行为。特别是央行可以采取干预市场的三大法宝——法定存款准备金、再贴现率和公开市场业务来调节货币供应量，调整市场供求关系。香港特区政府在1998年8月采取公开市场业务的方式抵制了国际“金融大鳄”的冲击，在此次操作中，特区政府在公开市场上大量承接金融炒家的沽盘，买进股票和期货合约，来者不拒。经过两个星期的“世纪豪赌”，特区政府运用公开市场业务这种完全的经济手段干预市场，成功地守住了股市与汇市。实际上，无论政府是对市场采取何种手段进行干预都应当纳入法定的途径，③ 在事前通过法律明确授权的方式使得干预手段可以纳入法律的轨道，防止政府超出法定的区间行使干预权力。

5. 拟定干预责任

“盖无论何人，所为何事，皆自觉其有不可不守之常经，并知

---

① 吕忠梅、陈虹：《政府经济行为的法律规制》，载史际春、邓峰：《经济法学评论》中国法制出版社2002年版，第136~137页。

② 陈云良：《谨慎干预——经济法的现代新理念》，载《法商研究》2001年第3期。

③ 王学政：《政府依法干预市场的涵义》，载《工商管理研究》2000年第12期。

苟不守之，人之于我，轻将加以恶感，重且课以严罚，前者谓之义务，后者即谓之责任。是故义务者自守者也，责任者人加诸我者也，义务可自修之，至一言责任，则必有相对之个人或团体，始生意味，私人如，政府亦然。”① 马克思也曾说：“以真正的负责制来代替虚伪的负责制，因为这些勤务员经常是在公众监督之下进行工作的。” ②法治的目的之一，就是要确保责任与权力的对等，并建立权力与责任统一的原则。权力与责任统一的原则正体现了对公共权力的规定与控制。正如有学者所说，合理的惩罚责任机制，加大对干预者人性消极面的震慑和惩罚力度，应从因干预权的不当行使造成损害的民事救济程序机制、国家赔偿机制、对干预权的合法性审查机制、责任追究机制、以及相应的纠错机制等方面来完善。③

在现时的经济法中已经制定了一定数量的责任规则。例如，《证券法》第 227 条规定，国务院证券监督管理机构或者国务院授权的部门，对直接负责的主管人员和其他直接责任人员，依法给予行政处分。以及第 228 条规定，证券监督管理机构的工作人员和发行审核委员会的组成人员，不履行本法规定的职责，滥用职权、玩忽职守，利用职务便利牟取不正当利益，或者泄露所知悉的有关单位和个人的商业秘密的，依法追究法律责任。《反不正当竞争法》第 31 条规定，监督检查不正当竞争行为的国家机关工作人员滥用职权、玩忽职守，构成犯罪的，依法追究刑事责任；不构成犯罪的，给予行政处分。第 32 条规定，监督检查不正当竞争行为的国家机关工作人员徇私舞弊，对明知有违反本法规定构成犯罪的经营者故意包庇不使他受追诉的，依法追究刑事责任。这种规定体现了如果权力一旦越出合法的范围，法律科以其对应责任与惩罚机制是这种越位行使权力的对价。另一方面，任何权力都受到责任所制约

---

① 李妙根：《为政尚异论——章士钊文选》，上海远东出版社 1996 年版，第 136 页。

② 《马克思恩格斯选集》（第 2 卷），人民出版社 1972 年版，第 414 页。

③ 胡光志、靳文辉：《国家干预经济中政府失灵的人性解读及控制》，载《法学评论》2009 年第 6 期。

和控制，由此抵制公共权力的非法扩张与官员利用公权力膨胀个人的私欲，这种途径能够摆脱公共权力的无端与非法扩张，① 最终保证公共权力行使更加正当与合法。但是，现实的问题在于即便以上责任规则已经得到法律的明确规定，依然很少有相关职能部门与干预主体要为自己的不当干预行为负责任。而且，对于相应的直接责任人都是只规定了行政责任，对于该不正当、不合法的干预行为极大地影响社会经济的运行，对诸多个人利益造成了经济上的不利影响，没有规定相应的经济补（赔）偿机制。因此，本文认为对于责任机制的设定有必要引入相应的经济补偿或赔偿机制，从而增加不合法行为的可追责性。例如，就有学者提出，必须要在法律责任的基础上进行制度改革和创新，构建独立的经济法律责任体系，如角色责任、能力责任、公共责任、财产责任、组织责任和道德责任等。② 这都是在现有基础上进行深化的一种方向。

6. 相机择动的授权机制

传统社会的政府权力高度集中，不但不会影响到社会管理效率的实现，反而有利于政府内部运作效率的提高。但是，随着资本主义工业化进程的加快和商品经济的发展，政府管理的事务猛增，管理权限总量快速膨胀，如采用传统社会中政府的集权管理方式，势必造成管理事务的“梗阻”和管理权力的专制与腐败，并导致政府的低效运作。因此，必须要划定若干红线来限定政府权力，规范权力的行使。但是，这种限定不能走向极端。现代市场经济条件下，信息万变，经济情况随时发生较大规模的变化，特别类似于“金融海啸”等经济周期的出现，如果政府不能及时介入，将会使整体经济发生极大动荡，将会严重影响社会整体利益。但是，由于立法一般都是通过议会来实现，因此，需要一定的时间周期。然

① 沈荣华、侯焕春：《论行政强制执行中的行政责任》，载《江海学刊》2000 年第 6 期。

② 邓峰：《论经济法上的责任——公共责任与财务责任的融合》，载《中国人民大学学报》2003 年第 3 期。曹胜亮：《经济法责任的独立和独立的经济法责任》，2005 年华中师范大学经济法专业硕士论文。

而，经济情势并不能等待这种漫长的立法周期。一方面要限定政府权限，另一方面又要不影响经济运行，防止社会整体利益出现波动，笔者建议有必要在立法中采取一种相机择动的授权机制，① 给予政府在特定情势下自我扩张授权的权力，但是与此同时相配套的是，必须明确该权力扩张的时间与空间范围。

“现代社会要求现代国家既非全知全能，也不是简单的国退民进，而是国家的改造，是在重新界定和调整国家、市场、社会关系的基础上完成的现代国家的构建。”②正如之前所述，改造政府，限定政府权力，优化政府权力，把政府的权力划定在经济法的视域下，除了具备既定的法律意义之外，还要为社会整体利益敞开大门，为社会整体利益的实现留出足够的空间，以促成社会整体利益的实现。因此，可以说规范政府权力是从反面促成社会整体利益的实现。

第二节　促成利益均衡机制建构

如果说规范政府权力是从反面促成社会整体利益，那么，本节所论述的促成利益均衡的若干机制就是在探讨在现时的条件下，通过促成利益均衡，而达致社会整体利益的实现。在本节，将会详细讨论三种最为主要的促成利益均衡机制，包括社会中间层的发展，采取公共治理的方式以及程序保障的框架。这三者的关系可以理解为：社会中间层是在促成利益均衡方面发挥主体的作用，其角色在于是实现社会整体利益的关键承担者，作为补充政府管理和市场调节不足应运而生的一种新的社会治理模式——公共治理的兴起，一方面体现了政府改变市场干预模式，即政府顺应市场的趋势，引导

① 在经济学意义上，以上规则发端于米尔顿·弗里德曼为首的现代货币主义学派，并得到了美国联储局的支持，也成为众多国家处理货币决策的一般规则。参见［美］保罗·萨缪尔森、威廉·诺德豪斯：《经济学》（第十七版），萧琛主译，人民邮电出版社 2003 年版，第 595 页。

② 梁治平编：《国家、市场、社会：当代中国的法律与发展》，中国政法大学出版社 2006 年版，第 7 页。

社会自治模式的形成,① 强调公共事务多元主体的参与和合作。另一方面也表明公共利益治理由工具异化向价值本位回归,② 注重社会公平，利益均衡和改革发展成果共享，其角色在于是实现社会整体利益的关键举措；而最后的社会整体利益形成的程序保障机制则是从治理对象的角度出发，将社会整体利益至于公共治理视角之下，经由社会整体利益表达机制——社会整体利益参与机制——社会整体利益协调与申诉机制——公益诉讼机制等环环紧紧扣的保障和救济途径，确保实现包括政府利益、公共利益、集团利益和个人利益在内的各种利益的协调统一。③ 其角色在于是为实现社会整体利益提供关键保障机制。由此可见，三者是共融互补的，同在经济法的框架之内共同促成利益均衡，进而实现社会整体利益和谐发展。

一、促进社会中间层的发展

本书论述社会整体利益，更多是借鉴“市民社会—政治国家”的二分法来完成的。因此，当论述促成利益均衡的机制时，现有的市民社会组织形态也就显得格外重要了。正如有学者指出的，在政府公权力面前，个人显得太渺小、太单薄。若没有代表自己利益和反映自己意愿的社会中介组织的存在，个体的力量无法与以国家为后盾的政府权力来抗衡，对政府权力的侵害也就无能为力，自身利益的诉求就可能无法实现，就可能会导致政府权力的滥用。④ 本书认为，社会中间层的兴起不但有对抗政府权力干预的作用，而且在经济法价值目标——社会整体利益的实现中还是重要的实施主体与

---

① 贾西津：《中国公民社会发育的第三条路径》，载《中国行政管理》2003 年第 3 期。

② 栾晓峰、李涛：《转变公共治理主体结构，促进和谐社会的构建》，载《新视野》2006 年第 5 期。

③ 赖瀚蔚：《公共治理食鱼虾的公益诉讼》，载《中山大学学报（社会科学版）》2008 年第 4 期。

④ 刘飞轮、袁亚飞：《浅析市民社会在限制政府权力中的作用》，载《延安大学学报（社会科学版）》，2007 第 5 期。

利益承担主体。正如之前论述所指出的，现时社会中间层的发展与经济法学对其关注并不成为正比。经济法学自20世纪80年代初在我国兴起以来，“国家干预说”一直占据主流，对第三部门的研究始终处于漠视状态。① 实际上是有很多学者关注社会中间层的发展，但其研究多集中于社会中间层是一种“市民社会”的表达与实现形式而已。这种研究其实质不过是把“黑格尔——哈贝马斯”的理论框架转至中国现实下的一种延伸，而具体的社会中间层在实现社会整体利益上发挥的作用并没有得到详细的论述。这种应然层面的讨论并不能代替社会转型时期社会中间层的实然状态。本部分将从社会中间层存在的缺位与越位问题着手来讨论社会中间层在应然角度应当处于怎样的结构与框架之中以及社会中间层是如何实现社会整体利益的。

（一）社会中间层缺位与越位的原因探析

在现时的研究中，与黑格尔的市民社会理论以及萨拉蒙的第三部门理论相对应的名词包括了非政府组织，非营利组织，社会中间层，民间组织等几个概念。而这几个概念的内涵外延并非一致。非政府组织，非营利组织多见于政治学和社会学的论述中。② 社会中间层主要在杨紫煊教授主编的经济法教材里面使用。③ 其实王全兴教授撰写《经济法基础理论专题研究》一书也对社会中间层作了深入的考究。从广义上讲，社会中间层是指政府和营利的企业之外的一切社会民间组织，它在外延上包括社团、民办非企业单位、国有事业单位、人民团体、其他组织（含单位内部的、以企业形式登记的、未登记的社团等）。较为流行的是美国约翰—霍普金斯大学的莱斯特·萨拉蒙教授（Salomon，1999）提出的所

① 王全兴：《经济法基础理论专题研究》，中国检察出版社2002年版，第500页。

② 代表性的学术成果包括：王名、刘国翰、何建宇：《中国社团改革——从政府选择到社会选择》，社会科学文献出版社2001年版，以及王名：《非营利组织管理概论》，中国人民大学出版社2002年版。

③ 杨紫烜主编：《经济法》（第三版），高等教育出版社、北京大学出版社2008年版，第117~118页。

谓五特征法，即具有以下五个特征的组织可以界定为社会中间层：（1）组织性；（2）非政府性；（3）非营利性；（4）自治性；（5）志愿性。也有学者将中国民间组织的发展主要分为五种类型：一是原来就具有行政性质和职能的民间社会组织，如工会、妇联、共青团等；二是由政府职能部门转化为民间社会组织，如纺织行业总会、轻工业总会等；三是政府支持的社会组织，如各种行业协会，学会等；四是民间自发形成的社会组织，如立足民间需要而兴起的一些民间组织，青岛船东协会、温州服装商会等；五是尚未登记但仍活跃于社会上的各种民间组织，如各种同学会、同乡会等。

以上分类可以看出至少两到三类组织是与经济活动不会产生直接勾连关系的，而杨紫煊教授则将中介评估组织等纳入社会中间层之中。① 可见，各方对几个概念的经典论述存在较大差异。本文主要借鉴杨紫煊教授对社会中间层的界定与归纳，并认为：民间组织的发展状况与社会中间层的发展状况存在过多的交叉与融合。而其发展的状况可以用民间组织的发展状况进行评估。从数字上看，中国的民间组织呈现出较快的发展状况，详见表4。②

表4

年份	社会团体	民办非企业	基金会
2005	171150	147637	975
2006	191946	161303	1144
2007	211661	173915	1340

由此可见，现时的社会中间层已经具备了一定规模，能够承担一定的实现社会整体利益的功能。在经济法领域，学者认为，社会

① 杨紫煊主编：《经济法》（第三版），高等教育出版社、北京大学出版社2008年版，第118页。

② 表4数据出自民政部网站。

中间层有四个特征：中介性、公共性、民间性、专业性。① 其具有三项职能：一是辅助职能，辅助政府干预市场服务，辅助市场交易与竞争服务；二是干预与制约职能，体现对市场的干预与对政府的制约；三是协调职能。协调单个市场主体之间、市场主体利益集团之间、市场主体与政府主体之间的关系。② 由此可见，社会中间层理应对社会整体利益的实施具有相当重要的作用。但是实际情况是如何的呢？通过对事实的归纳，至少发现存在两种情况值得研究：

（1）社会中间层错位，成为“二政府”。1996 年正式提出的社会中间层双重管理体制，在当时可以说是中国政府加强对民间组织宏观登记和微观业务管理相结合的较为成熟的制度形式。登记管理机关负责组织的登记审批，指导检查监督组织的各项活动，依法查处违法违纪行为；业务管理机关承担组织的申请登记、对外交往以及活动开展等。双重管理体制将组织的成立、管理、运行以及最后的解体都纳入了政府管理体系。这种管理体制造成的后果是：一方面合法登记的社会中间层往往不是半官半民组织就是已经落入政府严密的掌控之中。越来越多的社会中间层不能通过合法通道进行登记注册而选择其他的生存方式。比如到工商部门以企业或个体工商户身份登记注册。由于制度上的限制，许多的民间组织游离于体制之外，其组织上、人事上、活动上的独立性和自主性都较强。但是，因为缺乏“合法”身份，在现实中时常遇到“合法性困境”的难题。种种限制使“结社自由”这一原是公民所拥有的宪法所保护的权利变成了由政府批准的“特权”，通过政府规定的方式来取得合法身份的民间组织已被抹上了浓重的“政府选择”的色彩。因此，在中国，由于双重管理体制的存在，真正的中间层常常由于找不到合适的主管单位而被排斥于合法的体制之外。这种做法使我国的第三部门在法律的初始权利设定上就丧失了西方发达国家那样

① 杨紫烜主编：《经济法》（第三版），高等教育出版社、北京大学出版社 2008 年版，第 117~118 页。

② 杨紫烜主编：《经济法》（第三版），高等教育出版社、北京大学出版社 2008 年版，第 118 页。

的独立性，使第三部门成了第一部门的法律附属物。①

相关调查显示，目前全国性行业协会全都是基于行政手段而组建的。原国家经贸委直管的 15 家行业协会有 9 家是由其直管的国家工业局直接转制而来。青岛有 53.5% 的社团仍由党政领导干部兼任其领导职务。② 最为典型的例子是工会。工会作为职工自愿结合的群众组织，应当是职工利益的代表者，积极发挥《劳动法》赋予的职能，在“劳、资、政”三方构成的劳动关系协调机制中处于积极作用，扮演三者之间的桥梁。但在我国现阶段，工会的应有地位没有得到落实，仅作为企业福利机构而存在，领导成员事实上受企业行政的控制和委派。更为重要的是，在劳动法的框架下，集体合同的签订是需要工会参与的。但是现实的情况是大多工会缺位，无法成为谈判一方当事人，承担其维护劳动者合法权益，并向企业积极争取改善劳动待遇的角色。

（2）社会中间层越位，走向垄断的极端。苏永钦教授早就指出，由于社会中间层毕竟只代表和维护某些特殊群体的共同利益，它的行为也天然接近于联合行为，内在地蕴含着不正当竞争、垄断风险，对社会具有无意或有意的破坏性。③ 社会中间层成为行业垄断的主导者已经在中国出现。从应然层面，行业协会的价格自律行为必须根据《反不正当竞争法》、《制止牟取暴利的暂行规定》、《价格法》、《关于制止低价倾销行为的规定》等法律法规。以反不正当竞争法为例，其明确表示反对低价倾销行为，并要求企业的市场定价不应低于本企业成本。并且不能构成暴利和低价倾销。而在现实中，行业协会组织的“价格自律”，往往超出了行业自律职能的法定限度，形成价格同盟或价格“卡特尔”行为。例如，2004 年，上海黄金饰品行业协会日前出台了全国首个金饰品行业的自律

---

① 刘大洪、李华振：《政府失灵语境下的第三部门的研究》，载《法学评论》2005 年第 6 期。

② 翟鸿祥：《行业协会发展理论与实践》，经济科学出版社 2003 年版，第 238 页。

③ 苏永钦：《经济法的挑战》，台湾五南图书出版公司 1985 年版，第 18 页。

办法，不仅规定会员单位的金价要以协会制定的中间价为基准，上下浮动不超过3%，而且要求非会员单位也须遵守，违反者将受到处罚。再如，2007年7月，世界方便面协会中国分会召开价格协调会议，参会企业的方便面产品的全国市场覆盖率达95%，分会负责人在会后接受媒体采访时公布了涨价消息。但是，要明确这种价格“卡特尔”无论是中国还是在外国都属于本身违法的严重垄断行为。《反垄断法》第13条规定，禁止具有竞争关系的经营者达成固定或者变更商品价格的垄断协议。而美国《谢尔曼法》同样严禁这种垄断协议。

为什么在应然理论层面发展良好的社会中间层在现实中出现如此严重的问题呢？首先，当然与政府的过度干预有关，政府的过度干预使得市民社会的状态一直未能得以完善，进而直接影响社会中间层在现有的条件下发挥作用的余地。正如之前所述，国家借助双重管理体制对社会中间层进行强力控制，造成经过登记的社会中间层几乎不存在独立性可言。朱健刚教授将之称为“前公民社会状态”。① 本书认为，更为重要的是在现时社会条件下，社会中间层虽然可以发挥着面对其成员的组织作用，然而这种作用却逆向形成了反抗社会整体利益的效果。这实质上是个人利益与国家利益出现了不可调和的矛盾的端倪，这需要从整体上进行全面的利害主体建构才可以得以解决的。

（二）社会中间层主体路径的依据

尽管之前已经论述，社会中间层在现实生活中存在种种尴尬与窘境。但是，从应然层面上来看，社会中间层具有毋庸置疑的正当性。

1. 经济学依据

根据萨缪尔森的定义，公共产品就是所有成员集体享有的集体消费品，社会全体成员可以同时享用该产品；而每个人对该产品的消费都不会减少其他社会成员对该产品的消费。或者说“公共产

---

① 朱健刚：《草根NGO与中国公民社会的成长》，载《开放时代》2004年第6期。

品是这样一些产品，无论每个人是否愿意购买它们，它们带来好处不可分割地散布到整个社区里。① 准公共物品则是介于公共产品与私人产品之间的，在消费方面具有较大程度外部性的一类公共物品。而社会中间层就是提供这种准公共产品的，其功能具有双向性，一定程度上弥补了政府未能完全弥补的"市场缺陷"和市场未能弥补的"政府缺陷"。正如有学者所言，社会中间层具有关注社会问题、表达和综合特殊群体的利益、沟通政府和社会关系的功能。② 向社会部分群体提供准公共产品就是其存在的经济学依据。

2. 政治学依据

国家与社会的界限并不是凝固不变的，在不同的社会环境之下，不同的历史时期，原来处于国家范畴之内的实体与关系可能转移到国家的界限之外，而进入社会的范畴。③ 政府与社会中间层的关系实质是国家与社会的关系。有学者指出，政府和社会中间层合作治理社会问题是第三域（Third Realm）的"去国家化"，它预示了一种政治创新——新型的协商式的国家与社会关系——它可能影响未来第三部门和整体社会变迁的方向。④ 社会中间层起到了沟通市场与政府的桥梁作用，以便政府在尊重市场主体独立性、经济性的前提下，集中力量、有的放矢、科学决策。⑤

3. 法学依据

"公共领域"是指的介于国家和社会之间的，公民自主地参与社会公共事务的地方。按照哈贝马斯的定义，公共领域是人类赖以

---

① ［美］萨缪尔森、诺德豪斯：《经济学》（第十八版），萧琛译，人民邮电出版社 2008 年版，第 571 页。

② 康晓光：《转型时期的中国社团》，1999 年，载 http：//www. cydf. org. /gb/conference/speech/paper-c/。

③ 唐士其：《国家与社会的关系》，北京大学出版社 1998 年版，第 191~192 页。

④ 朱又红：《第三部门的社会创新》，载 http：//www. cydf. org. /gb/conference/speech/paper-c/。

⑤ ［美］乔万尼·萨托利：《民主新论》，冯克利、阎克文译，东方出版社 1993 年版，第 282 页。

存在的社会的一部分，是存在公共需求、公共媒介和公共价值的社会空间，是其中拥有自主的独立人格和主权意识的公民对于社会公共事务的积极参与和影响，是一个社会公共领域得以拓展的基石，而各种形式的民间组织则被认为是“公共领域载体的机制化”。①其核心在于拥有自主的独立人格和主权意识的公民及其对社会公共事务的积极参与。换言之，自由和独立的人格并具有主权意识和公共参与意识的公民，是民间组织得以存在和发展的基石。正如有学者所说，社会中间层主体就是这样一个位于法律之外的子系统，它的自我规制正好可以避免国家的过分介入，借助其本身专业知识、信息、经验和判断，能有效地执行国家政策，降低规制成本。②

从以上传统论述可以看出，社会中间层利益主体地位是在于促成独立于政府——市场之外的利益主体群，使政府与市场主体之间能够在一个可以互通勾连的机制之下进行对话与利益博弈。社会中间层的出现，就是为了保障个人利益得以最大化，也是社会整体利益得到实现的最优选择。③并充当政府和大众之间、企业和公民之间、企业和政府之间的中介。④ 根植于民主政治与市场经济两大基石之上的经济法，以社会整体利益为本位，以克服市场失灵、政府失灵为导向，以社会中间层主体为路径，最具构建政府与市场的和

---

① 哈贝马斯定义公民社会为：“无论如何，‘公民社会’的核心机制是由非国家和非经济组织在自愿基础上组成的。这样的组织包括教会、文化团体和学会，还包括了独立的传媒、运动和娱乐协会、辩论俱乐部、市民论坛和市民协会，此外还包括职业团体、政治党派、工会和其他组织等。”哈贝马斯：《公共领域的结构转型》，曹卫东等译，学林出版社1999年版，第23页。

② Gunther Teubner, *The "State" of Private Net Works : The Emerging Legal Regime of Polycor Poratism in Germany*, B. Y. U. L. Rev. 1993. 533.

③ 卢现祥：《西方新制度经济学》，中国发展出版社2003年版，第56页。

④ 高兵桃：《我国民间组织面临的法律困境及制度重构》，载《云南行政学院学报》2009年第5期。

谐关系的合理性。① 以上即为社会中间层在经济法框架内存在的正当性。

(三)社会中间层与政府及市场的利益博弈

(1)社会中间层主体与政府之间的关系定位。② 社会中间层主体与政府的关系可以概括为是公共资源在该两者之间的配置关系。这种关系有学者形象地将其描述为"挤入"与"挤出"。③挤入是指社会中间层可以提供为政府提供一定的竞争激励，使得政府提供公共物品时存在竞争，从而促使政府能够改进公共产品的服务质量，提升对公民需求的满足度。而挤出则是指两者在公共资源配置方面包括资源配置领域、影响力及财力方面构成排斥与竞争。

(2)社会中间层主体与市场主体之间的关系博弈。经济法学界将两种的关系归纳为一般民事关系、市场规制关系、宏观控制关系。④ 但是，笔者认为，对此关系有必要进行进一步的细化分析：

首先，社会中间层对市场主体起到上传信息的作用。⑤ 社会中间层可以作为政府和市场主体之间的桥梁和纽带，向政府传递市场主体的信息，反映市场主体的需求，为政府吸纳市场主体的需求提供一套可供实现的机制。一种典型例子就是，社会中间层通过制定企业行业规章制度，扮演行业利益的代言人和政府政策信息的传递者的双重角色，在政府和企业之间发挥桥梁和纽带的作用。

其次，社会中间层对市场主体起到内部自律的作用。从现时的运作中可以看到，社会中间层开始承接了部分微观管理职能，以管

---

① 王全兴：《经济法基础理论专题研究》，中国检察出版社 2002 年版，第 53~54 页。

② 李佳萱：《经济法视野中的社会中间层主体》，载《前沿》2005 年第 7 期。

③ 王全兴、管斌：《社会中间层主体研究》，载漆多俊主编：《经济法论丛》，中国方正出版社 1999 年版，第 75 页。

④ 杨紫烜主编：《经济法》(第三版)，高等教育出版社、北京大学出版社 2008 年版，第 117~118 页。

⑤ 王小平、高兵斌：《民间组织与村寨治理》，载《学会》2009 年第 1 期。

理主体的角色对市场主体的运行提供鉴证、评估、监督等服务，从而净化了市场，维护了正常的经济秩序。例如，注册会计师就对企业的账目有审核职能，对其提供的账目报表具有诚信义务，不做假账。还有的社会中间层采取破除政府对信息的垄断，将其自身发展成为信息中介机构，为社会提供信息服务，如美国就有著名的盈利性信息服务机构邓白氏信用服务社、信用卡公司、标准普尔等信用评估机构。

通过以上两个方面的论述可以看出，在应然状态下，社会中间层理应发挥着既独立于政府，也独立于市场主体的作用，其目标具体而明确的指向社会整体利益。而社会中间层除了具有协调整体利益与个人利益之间关系的特别功效外，特别需要提出的是，其通过大量的组成成员的利益表达让个人利益在一种公共视野上形成部分群体现实的社会需求，以此实现社会整体利益，这也体现了社会中间层在优化资源配置的过程中的具有政府和市场无可比拟的优越性。这将在后文进行详细论述。

（四）促进社会中间层发展的制度构建

应然层面的理论探讨不能代替实证层面的制度建构。现时的实然状况是社会中间层无法发挥应有作用以及社会中间层成为其成员实现个人利益损害社会整体利益的手段两种不利情况。如何排除这两种不利的情况呢？本书认为可采取以下几种方法：

（1）排除政府的不正当干预，放松对社会中间层的管制。正如之前所述，政府的不正当干预现时对社会整体利益的实现构建较大的影响。这种观点同样适用于社会中间层的发展领域。由此，排除政府的不正当干预，放松对社会中间层的管制就成为了必要。

（2）突出社会中间层的共利维护性。通过具体经济法机制促进社会中间层能够发挥其共利维护性的作用，明确社会中间层上传信息的功能，促进其能够向政府争取利益的机制。

（3）规范社会中间层自律规则。正如之前所述，有部分市场主体以社会中间层名义进行价格“卡特尔”，这实质是社会中间层不自律，利用自身的地位来开展垄断行为所致。因此，有必要通过经济法界定社会中间层自律的范围与形式，将其进行全面的管制。

二、公共治理

自20世纪90年代后，“治理”理论风靡西方世界，成为西方学界最流行的理论之一。公共治理相对于政治管理而言，是一种全新的潮流与思维，它高举“善治”的旗帜，扬弃了传统的政府对社会公共事务的垄断和强制性质，打破了政府是国家唯一的管理主体和权力中心的惯性思维，强调政府与非政府组织、企业、公民等多元主体之间的平等对话、民主协商、互动合作以增进和实现公共利益。将其引入经济法价值目标的实现过程中，其目的是为了将经济法的价值目标——社会整体利益的实现提供一种新的分析框架，并为其提供全新的治理范式。

（一）公共治理的理论内涵

“治理”内涵的界定是一个多角度、多层次的论辩过程，其中，最具代表性和权威性的定义当推全球治理委员会（Commission on Global Governance）对于治理的界定，“治理是公共的或者私人的机构和个人管理其公共事物的诸多方式的总和。它是使相互冲突的或不同的利益得以调和并且采取联合行动的持续的过程”。① 它既包括正式的制度安排也包括非正式的制度安排。② 世界银行则定义为“是在管理一国经济和社会资源中行使权力的方式”。③ 而公共治理正是在以上的定义背景下展开的。所谓公共治理是指作为元治理作用的政府与非政府组织、企业、公民等多元主体形成互动性的治理网络，以共同参与、平等对话、民主协商、互动合作的方式来应对和处理社会公共事务，以期实现社会和谐发展和公共利益最大化的一种管理模式和过程。

在治理概念基础上形成的公共治理理论包括以下几个方面的

---

① Commission on Global Governance. Our Global Neighbourhood [M]. Oxford: Oxford University Press, 1995, p. 2.

② 史美强、蔡武轩：《网络状化社会与治理概念初讨》，载《中国行政评论》2000年第1期，第62~65页。

③ 朱德米：《网络状公共治理：合作与共治》，载《华中师范大学学报（人文社会科学版）》2004年第3期。

内容：

1. 治理主体

公共治理主体不是单一的一个主体，而是一个以政府为主体，多种公私机构并存的管理机构体系，这些机构是与治理需求和满足存在直接或间接利益关系的个人和组织的利益相关者。① 这种利益相关者既可以包括政府等公共机构，也可以是私人机构，还可以是公共机构与私人机构的合作组织。其中政府在这个体系中是起元治理作用的，但是政府与其他主体之间不再是“老子与儿子”的关系，即命令—服从关系，而是一种新型的“兄弟”合作互助关系，大家在人格上都是平等的。在中国，可以包括各级政府、各种上述定义的社会中间层，这种社会中间层的外延还可以扩大到居委会、行业组织等具有一定行政色彩的组织，还可能包括参与治理与以及社会生活的公民个人。② 因此，有学者作出定义，在中国的环境下，公民是治理者、政治领导是协调者、公共管理人员是帮助者。③

2. 治理的客体

一般认为，公共治理的客体是社会公共事务。但是，有必要进行进一步的细分，还可分为政治性公共事务、经济性公共事务和社会性公共事务等。因为公共治理不仅是一个经济形塑过程，也是一个政治、社会、文化形塑过程。

3. 治理的手段

公共治理尤其强调社会公众对行政事务治理过程的参与和监督政府放松对行政事务的控制，激励和引导更多的社会自治和责任分担，尤其是强调行政区域性的社区自治、功能性的行政行业自治、利益性的行政社团自治 非功利性的行政服务等。公共治理更强调

① ［英］格里·斯托克：《作为理论的治理：五个论点》，华夏风译，载《国际社会科学》1999 年第 1 期。

② 这种论述与韦伯的观点已经较为相近。参见［德］马克斯·韦伯：《经济与社会》（上卷），林荣远译，商务印书馆 1997 年版，第 121 页。

③ ［以色列］埃瑞·维戈达：《从回应到协作：治理公民与未来的公共行政》，孙晓莉译，载《国家行政学院学报》2003 年第 5 期，第 4 页。

采取非强制性方式来推行政策，正如奥斯本和盖布勒在《改革政府：企业精神如何改革着公营部门》一书中分析的那样，政府实现公共服务的方式将是掌舵，而不是划桨，权力核心将从一元走向多元①，多元竞争的资源配置方式被不断引入公共物品和公共服务的提供与生产中。

4. 治理的目标

目标主要是强调政治国家与公民社会之间的合作、政府组织与非政府组织之间的合作、公共机构与私人机构之间的合作，以此促进多元治理主体之间的平等对话、民主协商、有效互动、共同合作，在满足各参与主体利益的同时，以期实现社会和谐发展和公共利益最大化。

（二）公共治理和经济法的内在契合性

1. 两者产生的背景相同

两者产生的背景均为利益失衡和制度失范。从利益观的视角对经济法的产生进行审视，我们不难窥视，经济法的产生缘于双重失灵而导致的个体利益与社会整体利益的失衡，它其实也可视为是社会强势群体和弱势群体之间的利益失衡，从表面形式来看，这种失衡体现为市场与政府之间的失衡，但从理论根源上讲，则是一个制度失范问题，即可归结为权力和权利之间的配置失范问题。民法以个人为本位，追求个体利益最大化，行政法以国家为本位，追求国家利益最大化，而作为具有客观存在性和合理性的社会整体利益则处于制度规范的真空。所以，经济法的一个基本命题就是从制度规范的视角对权力和权利进行合理的配置，使二者能相互渗透，有机融合。这其中至关重要的一点就是要对权力和权利进行社会化的洗礼，使其深深的打上社会化的烙印，赋予权力和权利一定的社会化内涵，使得权力和权利的行使必须承担一定社会责任和义务；而公共治理理论从宏观的视域进行分析，我们同样不难发现，其产生的背景也为利益失衡和制度失范。公共治理理论的产生缘于政府是社

① ［美］戴维·奥斯本、特德·盖不勒：《改革政府——企业家精神如何改革着公营部门》，上海译文出版社 1996 年版，第 78、105 页。

会公共事务管理的唯一权力中心，政府在社会事务管理过程中，承担着裁判员和运动员的双重角色，因此，政府在没有制度约束的情况下，堂而皇之的披上维护社会整体利益的外衣，干起了侵犯个人利益的勾当，使原本属于社会公众的，为公众所共享的公共利益同公众本身产生了对立。公共利益的工具异化造成了对个人利益的侵害，进而导致个人利益与公共利益之间的失衡，这种失衡的深层次原因在于约束和监督政府行为的法律制度失范。公共治理制度就是在这种情形下由政府一元治理转型而来，其本质在于政府在社会公共事务方面让渡一部分权力给公民社会，让公民社会和政府一起共同治理社会公共事务，通过“共治”来遏制公共权力的扩张和违规运行，避免双重失灵（市场失灵和政府失灵）进而促进社会整体利益最大化。

2. 两者的历史使命耦合

两者都致力于在满足各参与主体利益的同时，以期实现社会和谐发展和公共利益最大化。作为政治法和民法之补充和必然结果的经济法从产生之日起就承担起民法和行政法无法承担的克服和弥补双重失灵（市场失灵和政府失灵）进而采取双重干预（干预市场和干预政府）的双重历史使命，与强调单向权利维护的民法和行政法不同，经济法以社会整体利益为本位，既侧重于社会整体利益的保护，又要兼顾市场个体权利的保护，实现社会利益和个体利益的最大协调和平衡；而作为补充政府管理和市场调节不足应运而生的公共治理理论产生的直接动因同样是为了应对市场和国家协调的失败，通过作为元治理作用的政府与非政府组织、企业、公民等多元主体形成互动性的治理网络，建构一种新的政府——社会——市场三位框架下的多元治理模式，克服市场功能性缺陷与政府的机制性缺陷以及功能性缺陷，调和不同利益，实现社会公共利益最大化。

3. 两者作用的领域和作用方式相近

市场与国家是近代社会经济发展的两大动力机制，共生于人类社会的生产、分配、交换和消费活动中，其中，市场是经济发长的原生机制，国家是维护社会经济生产得以正常进行的外生机制。经济法要做的就是在社会经济运行的系统中，使市场和国家机制各行其是，各尽所长，并在相互配合的基础上相得益彰。市场机制和国家机制是一对矛盾体，二者既对立又统一。市场强调平等、自治的契约精神和竞争的理念，以个人为本位 ，以权利为核心运转；而国家着重强制性和暴力色彩，以国家为本位，以权力为核心运转。它们有着不同的范畴和理念，以至于民法、行政法等往往只顾其一，不顾其二。经济法则在市场和国家这对矛盾体相互博弈过程中起着润滑剂的作用，并力图找到两者的最佳契合点，即现实两者的动态和谐，兼顾市场与国家二者的协调与平衡。① 正如金泽良雄所云：经济法“她像一位和平的天使，一支手握着崇尚自由却柔弱哀怨的市民社会，另一支手握着强悍却孤立的政治国家，让它们和平共处，携手走向美好的未来”②。在全球化和信息化冲击下的现代人类事务，无论单纯的依赖个人自治和市场自治，还是依靠单一的政府治理，对实现社会公共利益都有其不足之处，因而体现多元利益需求的互动性的治理网络的产生便成为必然，而且客观上也要求这些多元利益需求的互动性的治理网络在治理公共事务，实现社会公共利益的过程中各得其所、各尽所能、民主协商、共同合作，因而，公共治理便成为克服和弥补双重失灵的一种新型的社会公共事务管理模式，深受人们的热捧。愈来愈多的人热衷于以治理机制对付市场和国家协调的失败，主张用治理替代统治③来处理社会公共事务，最终促成社会和谐发展和社会公共利益的最大化。可见公共治理理论与经济法在处理社会公共事务，实现社会公共利益目标的内在精神追求上采取的作用方式与作用领域有着不谋而合、异曲同工之妙。

（三）公共治理理论引入经济法的积极意义和理论边界

公共治理与社会整体利益存在的勾连关系表现为：公共治理实

---

① 曹胜亮：《经济法》，华中科技大学出版社 2009 年版，第 26~27 页。

② ［日］金泽良雄：《经济法概论》，甘肃人民出版社 1995 年版，第 128 页。

③ ［英］鲍勃·杰索普：《治理的兴起及其失败的风险》，载俞可平：《治理与善治》，社会科学文献出版社 2000 年版，第 71 页。

质上是政府让渡部分权力给公民社会，联合政府——市场——公民社会等具有多元利益需求的互动性的治理网络，通过“共治”的网络合作管理模式，促成社会整体利益的实现。其提供了两种层面上思维性资源，一是实现主体上的多元化，二是干预手段上的柔化。

首先，传统的公共管理中，政府是唯一的管理主体，公民只能被动地接受来自于政府单向度的管理和服务。但是在后现代主义的视野中，现代社会存在着“权力去中心化”的趋势。① 这种后现代视点是提示学者，在一种后现代结构的社会中，单一权力核心主体已经不再适用于整个社会的管理模式。按照福柯的话语，即应当将社会管制模式从“圆形监狱”② 转换为“环形监狱”，使社会上的多种主体都能纳入公共治理之中，实现权力多中心化，权力来源的多元化，使得各种力量都能够参与社会的管理活动。在多权力中心的总体框架下，其更强调的是包括公民以及社会中间层在内的各种中心都纳入社会事务中，使社会事务真正变成个人事务，实现两者的统一。

其次，公共治理强调公民的民主参与，使其在公共服务的种类、规模和生产上具有发言权，同时要求政府在提供公共服务的整个过程——服务需求的收集到服务结果的反馈中与公民的充分互动。也就是说，公共服务与公共治理决策民主化的内在一致性。③在公共服务的过程中运行公共治理过程的互动化将有利于公共服务的提供效率，同时有利于公共服务分配结果的反馈，进而有利于促进公共服务的分配实现最大程度的公平。由此可见，无论是决策民主化，还是治理过程参与性都是干预手段上柔化的体现。原来的包括经济法在内的法律部门一般遵循的“命令——服从”模式，并

① ［法］米歇尔·福柯：《性经验史》，余碧平译，上海人民出版社2005年版，第74页。

② ［法］米歇尔·福柯：《规训与惩罚》，刘北成等译，三联书店2003年版，第152页。

③ 吴新星、蒋慧：《公共服务的公共治理视角》，载《重庆工学院学报》2009年第2期。

不能在人们的心中产生足够的信赖力量，使之信服法律的规定。而将公共治理引入经济法价值目标的实现中，就是利用干预方法上的柔化吸引了更多的主体参与其中公共事务，通过协商一致的方法使主体的行为更趋理性，使政府的干预在获得更大的正当性以及更坚实的民意基础，为社会整体利益的实现提供一条可供理解的进路。

公共治理理论能够弥补传统国家——市场分析框架的不足，对我国经济法治理现象的变迁具有强大的解释力和指导性。它正推动经济法主体的多元化和合作治理体系的形成，推动经济法调整规范的软硬兼施，推动经济法治变革的民主化，推动经济法在实现社会公共利益的过程中建立社会主义和谐社会。① 然而，作为一种并非本土产生的新型社会治理范式，我们不能直接照搬套用于经济法，应明确认识到在理论引介与现实观照的过程中，无疑存在一个适用范围和理论边界的问题，否则，会造成水土不服，适得其反的效果。

（1）从中西方文化渊源的比对来看，西方资本主义国家的文化传统是建立在个人本位的基础上，重视个人的自由权利而对国家则抱有根深蒂固的不信任，认有政府是必要的恶。因而奉行对国家的权力严格限制的观念，把自由、机会均等、参与合作、个人独创精神被奉为立国之本。在这样一种文化传统下发展起来的公共治理理论其精髓和灵魂体现为个人主义为基础的契约合作；而我国的文化传统则是建立在“官本位”基础之上，奉行国家利益至上，因而，没有限制国家权力的习惯和观念，国家对社会经济进行干预是理所当然的事情。通过中西方文化渊源的比对，我们不难发现，我国传统文化渊源与产生于西方文化传统基础之上的公共治理理论所要求的文化土壤相差甚远，虽然，我国经历了三十余年改革开放的洗礼，但臣民意识在一定程度上仍然影响着人们对公共事务的参与，营造平等参与、民主协商、共同合作的环境氛围，还尚需时

① 张永忠：《和谐社会视域下经济法的公共治理之道——我国经济法治现象变迁的理论解释》，载经济法网，http：//www. cel. cn/print. asp？ a_ id=11633，于2011年11月17日访问。

日。因此，把公共治理理论移植于我国转轨经济法，应谨慎选择，有鉴别地吸取其合理之处。

（2）从中西方经济法产生的经济根源来看，西方经济法产生之前，实行的是自由竞争的资本主义经济体制，排斥国家对市场的干预。自由竞争引起生产集中，进而形成垄断，垄断回过头来又妨碍自由竞争，严重破坏了资本主义市场经济秩序。垄断产生于市场经济，市场经济体制自身没有能力解决它，需要从市场之外寻找一种救济的药方，于是国家介入社会经济生活，对社会经济生活进行调节和管理。正是市场经济自身的发展，要求国家干预，才产生为国家干预开路的西方资本主义国家的经济法，中国经济法产生之前，实行的是国家高度集权的计划经济体制，排斥市场对资源的基础性调节作用。经济的运作主要依靠政府运用行政权来维持，经济主体按政府的指令性计划行事，企业是政府的附属物，从根本上消除了市场机制发挥作用的可能。通过中国 30 多年的实践来看，高度集权的计划经济体制也有诸多弊端，如官僚主义、管理成本高、效率低下、权利寻租、公共产品供应不足、过度干预等说明国家并非万能，政府也会失灵。正是意识到国家管理经济的缺陷，中国才开始对高度集权的计划经济体制进行了市场化趋向的经济改革，于是，以限制国家对经济过度干预为价值取向的经济法才得以产生。通过中西方经济法产生的经济根源的比对，我们不难发现，西方经济法产生的经济根源与公共治理理论的社会基础及实现途径相契合，我们甚至可以说，它们两者之间的生成基础具有同一性。然而，公共治理理论所要求的社会基础及实现途径与我国经济法产生的经济根源不相自洽。在当代中国，市场经济正处于日趋完善阶段，一个自主的、健全的、与国家形成适度平衡的互动合作的公民社会的完全确立，还有相当长的一段路程。因此，我们不能过分的仰仗产生于西方语境下的公共治理理论，更不能作亦步亦趋、东施效颦式的引介、跟随与复制。

（3）治理理论本身具有无法克服的局限性和意识形态存在的危险性。正如政府和市场都有可能存在失灵的情况，非政府组织也有其自身的局限性。这主要表现为：非政府组织治理社会公共事务的能力要受其构成人员的素质、知识水平、理性结构以及责任心等因素的制约；非政府组织也存在像政府在配置资源时可能出现的行政化、官僚化和滥用权力的情形；此外，非政府组织治理的社会公共事务具体表现为某一行业、某一领域的问题和利益，这与政府站在社会整体利益的高度介入社会公共事务相比，相形见拙。另外，在全球化的语境下的产生于西方国家的治理理论还存在意识形态的危险性。1989 年世界银行为发展中国家设计的一整套“良好治理”的框架，实际上反映了西方发达国家的治国理念，与发展中国家的社会、历史、文化背景不同。而世界银行为推行“良好治理”的框架，以所谓的“公道、正义、自由、司法独立、尊重人权、廉洁高效”等为基准，在资金扶持、贫困开发、环境整治、技术引进、文化保护等方面，要求发展中国家进行“良好治理”式的变化，而实际上是将西方的“民主模式”强加于人的一种委婉的方式。在此需要指出的是：治理理论欲作为一种“科学”理论范式，就必须摆脱意识形态的背景和属性。①

三、社会整体利益形成的程序保障机制

有学者定义，社会整体利益的整合是指在社会成员个体利益产生冲突进而彼此协调的过程中，通过国家特定的商议博弈机制，各个体利益一方面彼此协调妥协，在利益的退让与获取之间达成一致，另一方面，在成员之间复杂的联系之上抽象出作为整体性的共性的利益指向，两方面结合，形成共同的整体性的利益诉求的过程。② 本书认为，以上论述着重在立法层面对利益整合的重现，其意义在于通过立法条文与法律规则平衡利益。但是，要实现社会整体利益，促进经济利益与社会利益的平衡，社会整体利益与个人利益的平衡，必须在划定整合的具体过程中提供一整套的规则和机

① 聂平平、王章华：《公共治理的基本逻辑与有限性分析》，载《江西社会科学》2006 年第 12 期。

② 冯果、万江：《社会整体利益的代表与形成机制探究》，载《当代法学》2004 年第 3 期。

制，提供一系列的程序予以保障，方有可能实现各种利益关系的整合与均衡。因此，下文将会就这种利益总体表达、参与、协调机制进行全面的展开论述，最后讨论在利益冲突最为激烈时可能采取的保护社会整体利益的手法——公益诉讼的意义。

（一）利益表达机制

美国著名政治学家阿尔蒙德在《比较政治学：体系、过程和政策》一书中，将某个集团或个人“提出要求的过程称为利益表达”。① 详言之，利益表达是指各阶层社会成员通过一定的渠道和方式向政府和非政府组织等机构提出利益诉求，并要求得到满足的过程。民意反映渠道和利益表达机制是实现利益均衡的关键抑或前提条件。② 计划经济时代高度一体化的经济生活以及政治话语，个人乃至各个团体的利益诉求被大大地压制，加之传统体制内的利益表达渠道如信访、人大、政协、工会等经常会出现机构较少、口径狭窄，梗阻不畅，意见表达偏差③等现象，导致民众意见很难进入政府决策过程，也就无法形成体现公益的决策。而到了改革开放之后，特别近 10 年的社会转型，个人利益多样化，利益矛盾复杂化，利益表达多元化，利益表达方式更趋于多样化，并呈现出两种态势：

（1）利益表达主要通过公共媒体而非正式的法律构造途径来完成。在过去的 20 年里，政府与民众的日常性沟通渠道，主要表现为行政首长接待日、市长热线，政府电子邮箱等民主对话和协商制度，而近 10 年来，信息技术高速发展，新媒体不断进入大众视

---

① 贾品荣：《应畅通公共利益表达机制》，载《中国经济时报》2007 年 8 月 10 日。

② 汪玉凯、黎映桃：《当代中国社会的利益失衡与均衡》，载《国家行政学院学报》2006 年第 3 期。

③ 日本学者指出：每经过一个层次，信息失真率为 10%~15%；上级向直接下属所传递的信息平均只有 20%~25%被正确理解；下属向直接上级反映的信息被正确理解的比例不超过 10%。美国加利福尼亚州立大学的研究表明：只有 20%~25%的来自领导层的信息被下级知道并正确理解，从下到上反馈的信息的沟通率不超过 10%。

野，从单纯文字的博客到类似于土豆、优酷这样的视频分享网络，再到最近的微博。越来越多的利益诉求、公共事件不再是通过原本法定的途径去维护与表达了。例如，由于建嵘研究员发起随手拍解救流浪儿童事件。① 这种趋势实质上是反映了现行的法律结构无法容纳各种利益诉求，法律在面向利益表达时显得尤为无力。

（2）利益表达的非理性趋势。这种非理性表达的主体从体制外向体制内延伸；方式从忍耐转向暴戾；指向从无目标转向针对基层政府。② 在社会利益表达机制不健全的情况下，弱势群体会越来越多地诉诸过激的方式来反映他们的利益诉求。我国群体性事件数量从 1994 年的 1 万多起上升到 2004 年的 74000 多起，增加了 6 倍多；参与人数从 1994 年的 73 万人次上升到 2004 年的 376 万人次，增加了 4 倍多。③ 这使得利益表达的非理性表达对现行法律冲击越发增加。

以上论述只是针对现时利益表达一般意义上的论述。当情况转换到经济法领域时，同样存在以上两种情况。④ 因此，本书建议，健全利益表达机制可以从以下几个方面着手：

（1）与时俱进，用法律制度吸纳现时的新媒体方式进行利益表达的方法。现时众多的政府部门已经将“微博”纳入其广搜民情、广听民意、广集民智，扩大民众参与度一种途径与渠道。尤其是注重与普通民众，弱势群体之间的对话和沟通，切实了解、关心

---

① 基于一次通过微博帮助失踪儿童杨伟鑫的母亲寻找孩子的经历，中国社科院教授于建嵘 1 月 25 日在新浪微博开通“随手拍照解救乞讨儿童”，建议广大网友见到乞讨儿童随手拍照并上传至微博，倡导以微博之力解救全国乞讨儿童。于建嵘的这一举动得到了公安部打拐办主任陈士渠和众多公安微博客的关注和支持。

② 马长山：《公共舆论与和谐社会的法治秩序》，载《浙江社会科学》2006 年第 5 期。

③ 贾品荣：《应畅通公共利益表达机制》，载《中国经济时报》2007 年 8 月 10 日。

④ 马长山：《公共舆论与和谐社会的法治秩序》，载《浙江社会科学》2006 年第 5 期。

和解决他们的实际问题，并在政策制定上能够充分考虑他们的利益要求。① 比如，东莞市第一人民法院就采取微博的方式，直播执行情况，取得了良好的社会效果。但是，这些都是需要采取法律的方式来将这些好的做法吸纳入其中。也就是说，构建我国新型的利益均衡机制，需要对体制外的利益表达方式进行规范化导向和制度化推介。

（2）引导理性的利益表达。由于缺乏理性的表达方式，不断出现了暴力抗法，甚至不惜以生命为赌注抗法的事件。为了防止这种事件的不断发生，应当积极引导理性的利益表达机制，② 以免这种情况对社会整体利益造成负面的影响。构建新型的利益均衡机制，既要消除弱势群体表达无门和表达无用的窘境，又要防止弱势群体表达失范和政府无原则的迁就；既要注意因时因地积极沟通和合理引导，又要注重对弱势群体利益予以正本清源的依法保护。③

（3）促进利益团体的集体形成机制。这与之前所述的社会中间层存在密切的联系。例如，王利明教授建议在修改《证券法》时，可以模仿消费者权益保护协会模式，专门成立了一个“投资者权益保护协会”。该机构属于民间性的非营利机构，其主要职责就是为权益受到损害的投资者提供法律咨询、法律援助以及接受受害投资者赋予的诉讼实施权，代表其提起诉讼。成立这种组织，一方面可以帮助解决当前各类证券市场主体之间所产生的各种纠纷和矛盾，使上市公司、证券公司与投资者之间发生的民事争议不必成为影响社会稳定的因素；另一方面还可以及时反馈证券市场的各种信息，帮助政府监管部门监控二级市场中的各种违法违规行为，从

---

① 杨清涛等著：《和谐之道——社会转型期人民内部利益矛盾解析》，人民出版社 2009 年版，第 290 页。

② 陈发桂：《我国基层维稳运行机制的理性化建构探析》，载《长白学刊》2010 年第 5 期。

③ 汪玉凯、黎映桃：《当代中国社会的利益失衡与均衡》，载《国家行政学院学报》2006 年第 3 期。

而保障证券市场健康有序地发展。① 这就是借助社会中间层的力量将群体的利益表达进行归纳与提升表达。

(二) 利益参与分配机制

利益参与分配机制是在利益表达的基础上展开的，是利益表达行为的继续和深度延伸。这意味着利益的表达要完成对利益均衡以及社会整体利益的实现，必然要有各种利益主体参与到具体的分配过程和机制之中，方可能做到实现利益的均衡。在现时的一般立法过程中，立法者通常会邀请各种利益集团参与立法来实现利益参与分配机制。但这种参与主要体现在经济法的立法时期，而并非体现在经济法整体运行过程之中。而运行之中的利益参与分配，很可能才是实现社会整体利益最为主要的环节和过程。因此，对于利益参与分配机制则更多是在具体的经济运行中来探讨要达到构建目标。在笔者看来，必须要注意以下几个方面的问题：

1. 干预决策的听证化

在现时进行干预决策的行政程序中，已经设置了听证程序。例如《保险法》第 153 条规定，保险监督管理机构根据履行监督管理职责的需要，可以与保险公司董事、监事和高级管理人员进行监督管理谈话，要求其就公司的业务活动和风险管理的重大事项作出说明。《银行业监督管理法》第 35 条规定，银行业监督管理机构根据履行职责的需要，可以与银行业金融机构董事、高级管理人员进行监督管理谈话，要求银行业金融机构董事、高级管理人员就银行业金融机构的业务活动和风险管理的重大事项作出说明。尤其是《反垄断法》第 43 条规定，被调查的经营者、利害关系人有权陈述意见。反垄断执法机构应当对被调查的经营者、利害关系人提出的事实、理由和证据进行核实。但是，听证制度应当实现常态化。例如，在现时银行破产均由银监会决定是否可以破产。然而，在破产过程中，其可能涉及的是众多的债权人与债务人的利益，更为重要的是个人储户利益。如果按照现时由银监会单独决定的话，可能

① 王利明：《证券法中民事责任及其实现机制》，载《人民法院报》2001 年 4 月 26 日。

会导致债权人以及储户的利益受损，进而引发银行金融行业的波动，乃至整个社会的不稳定。因此，在现有的法律框架下，完全可以导入决定破产的听证制度，使得债权人，尤其是小储户可以直接参与决定破产的听证程序，使得利益分配诉求真正进入经济法规范之中。

2. 利益参与对等化

按照奥尔森的集体行动理论，利益集团、利益群体之间是存在着不同的利益力量地位的。在参与利益均衡博弈的时候，很有可能就是占有经济优势地位，或其他优势地位的利益集团取得比处于劣势地位且人员较多的利益集团具有更大的优势。① 岳彩申教授把之称为利益的不对称，这种不对称除了市场自身缺陷之外，更主要的原因在于制度安排不合理，它包括两种情形：一是国家提供了不恰当的制度，二是国家不恰当的提供了制度。比如，我国证券上市制度中，曾经只允许国有企业上市，而不允许民营企业上市，从而导致国有企业与民营企业利益参与的不对称。由此，为了防止在进行利益参与时，一方利益被压制，诉求被掩盖，有必要在规范具体经济运行制度时设立程序性的利益参与分配机制，为保护双方利益提供平等的对话平台，促成双方在固定的地位上进行自由竞争。

3. 利益分配实质正义化

在市场经济条件下，通过市场这只看不见的手来完成社会利益的分配，我们谓为第一次分配，第一次分配解决的是分配效率问题，这种分配模式对事实上的分配不公视而不见。如此以往，不可避免的导致了强者恒强，弱者愈弱，社会财富两极分化，社会利益矛盾由此渗入而激化，最终形成难以化解的利益冲突。也就是说，市场中的利益分配模式无法解决利益公平正义分配问题，利益分配实质正义化有待于政府的宏观调控，我们谓为第二次分配，或曰再分配。这时，政府应该动用税收杠杆、强制性社会保险、社会福利政策、财政转移支付等手段来解决社会利益分配不公问题，尤

① ［美］奥尔森：《国家的兴衰探源——经济增长、滞胀与社会僵化》，吕应中译，商务印书馆 1999 年版，第 2 页。

其是要加大对弱势群体的扶持力度，实施大力度广范围的政策倾斜，最大限度的实现或接近实质正义化的利益分配。由此，有必要在规范具体经济运行制度时设立实质正义化的分配机制来化解因利益分配失衡而形成利益冲突，促进社会长久和谐。

“为了正义而斗争，在许多情形下都是为了消除一种法律上的或为习惯所赞同的不平等安排而展开的，因为这种不平等安排既没有实施上的基础也缺乏理性。”① 罗尔斯的分配正义理论正尝试修正这种不平等状况。其方法并不是要根除不平等的天赋，而是通过其“最大的均等自由原则”（principle of grearest equal liberty）以及“差异原则”（difference principle）对收益和责任的分配方案进行重新安排。其对社会的关注点，由谋求最大多数人的最大利益转向关爱社会境况最差者，这正是正义立场的重大转变，使正义日益合乎自身的本体。②

（三）利益协调机制

正如之前所述，达到利益的和谐与协调必须处理好经济利益与社会利益之间的均衡关系，必须处理好社会整体利益与个人利益之间的平衡协调关系，从而实现利益的包容性增长，但是，各种利益进入经济法的运行中时，如何把这些利益关系转化为经济法本身所指向的社会整体利益的实现呢？在第四章讨论化解社会整体利益与个人利益的冲突时，已经说明了在理想的、无成本的市场状态下，方可能实现个人利益自动转化为社会整体利益的求解。因此，本部分将重点探讨在现实的框架下如何完成个体利益向社会整体利益转化的问题。在考虑转型中国的时空条件之余，最为主要是进行价值序列的排列。在第一章已经提供了法学领域在整个法的价值体系中，存在秩序、效率、自由、正义四个价值组成，而在具体经济法运行的法律实践中，必须要因地制宜，与时俱进的处理四者之间的

① ［美］博登海默：《法理学——法律哲学与法律方法》，中国政法大学出版社1999年版，第291页。

② 王全兴主编：《经济法前沿问题研究》，中国检察出版社2004年版，第135页。

关系。实际上，处理其中的利益关系问题也正是处理其中的价值序列问题。与此同时，价值主次的判断不是一成不变的。在价值构成元素的指向并不契合时，完全依照单一的价值很难作出取舍，而应该结合不同时空条件作出改变。这部分将在下一章进行详细论述。

（四）公益诉讼机制

当利益协调机制不能解决类似公营公司以垄断方式侵犯消费者权益的公益纠纷时，我们不能因为公益保护制度缺失而坐视旁观，我们应该呼唤经济法制度的变革，建构公益诉讼机制。其实，公益诉讼早在古罗马时期就已存在，只不过在20世纪初才引起人们的广泛关注。随着高科技的迅猛发展，人们的生产、生活日益社会化，社会公害问题也日益凸显出来，为了维护社会公共利益，公益诉讼会被不断重视并被法律化。这种诉讼在本质上是为了化解利益失衡矛盾，促成利益的均衡与和谐。

相对于私益诉讼，公益诉讼是指有关组织和个人依据法律的规定，对违反法律而给国家、社会公共利益造成了事实上损害或潜在损害的行为，向法院起诉，由法院追究违法者法律责任的诉讼活动。① 也有学者定义，公益诉讼制度是指任何组织和个人都可以根据法律法规的授权，对违反法律、侵犯国家利益和社会公共利益的行为，有权向法院起诉，由法院追究违法者法律责任的行为规范。② 当前在理性经济人理念指导下，个体私欲膨胀侵犯公益以及政府违法或不当的行政行为侵害公益的事情时有发生而又缺失相应的法律救济，采取公益诉讼可能是遏制公益受损较为有效的举措。

由于“经济法的调整对象是具有社会性的经济关系，即直接涉及或影响社会或公众重大利益的经济关系”。③ 由此可见，经济法调整的重要客体不再是一国一人的单体利益，而是具有整个社会

---

① 颜运秋：《公益诉讼理念研究》，中国检察出版社2002年版，第58~59页。

② 苏家成、明军：《公益诉讼制度初探》，载《法律适用》2000年第10期。

③ 王源扩：《法律部门划分理论再探讨》，载《安徽大学法学评论》（第1卷），安徽大学出版社2001年版，第115页。

意义上的重大经济利益与社会利益。如果不允许公益诉讼就可能出现这样一种状态，私人权利可以通过司法来进行保障，而涉及整个社会层面的重大经济与社会利益却无人代表，无人追责，无人被负责的怪圈。① 有学者归纳，中国目前的公益诉讼至少包括下列三种类型，第一种是他益形式的公益诉讼，原告起诉，完全是为了公共利益。第二种是自益形式的公益诉讼。第三种是法律援助形式的公益诉讼。② 因此，将第一种公益诉讼的模式引介于经济法是完全有必要的。

---

① 韩志红：《经济法调整机制研究》，中国检察出版社 2005 年版，第 1~5 页。

② 林莉红：《公益诉讼与公益法的实践、制度和价值》，载《法学研究》2006 年第 6 期，第 149 页。

第六章　重构后的经济法价值目标实现理路对和谐社会的回应

第四章是在宏观理论框架层面讨论经济法价值目标实现理路取向，指出要重构社会整体利益的实现理路必须正确处理经济利益与社会利益之间的关系，正确处理社会整体利益与个人利益之间的关系，从而实现利益的包容性增长。而第五章则是在具体制度层面上进行全面的展开，论述在现时转型中国的大环境下，重构后的经济法价值目标实现理路是规范政府权力，促成利益均衡机制。那么，这种整体框架是如何与转型中国的社会现实产生勾连关系的呢？其作用与意义何在？这需要回到主流的政治话语中寻求可供参考的资源与导向。在当前的主流政治话语中，构建“和谐社会”可能是转型中国所指向的一个最为重要的目标。在本书看来，“和谐社会”实际就是建构一个在利益上均衡和谐，社会整体利益得到最大实现的社会。经济法价值目标——社会整体利益与和谐社会内在的利益和谐具有直接的勾连关系：社会整体利益的实现一方面需要扩大整个社会的利益总量，使得整个社会处于不断进步之中，为利益和谐提供最为基础的物质条件，使得利益和谐是在不断上升的利益总量中达成。另一方面更为重要的是，利益和谐事关利益分配与协调机制。这是因为，即便是在奴隶社会中，都不可能由个人或单个团体占有全部社会利益。而在现今的转型中国，利益高度分化，在尊重社会主体利益的大背景之下，如何做到更加公平正义地，通过符合全体利益相关者意愿的方法与程序进行利益分配也就变得尤为重要。特别由此产生的意义就是在利益协调、利益均衡的机制应当在更为深厚与宽广的层面上进行展开，而且能够面对不同维度上的利益分歧，不同层面上的利益冲突。而以上两者同时也是实现社会整体利益中必须经历、必须要求作出的。由此可见，社会整体利益与和谐社会中的利益和谐要素是存在内在的统一性的。

因此，本章将首先论述在利益论视野下的和谐社会问题，陈述何为和谐社会，在利益论视野下如何建构和谐社会。然后进一步指出，和谐社会的提出，是针对现时转型中国的大环境下，利益不和谐，存在着激烈的利益矛盾与冲突，不能够很好地实现社会整体利益这样的背景下提出的，并从主体层面进行利益冲突的分类。这种类型化的分类是为了对横向抽象的利益结构，从纵向的角度进行具体细化的划分，其更深层次的目的在于转换一种视角，把横向抽象的利益结构的实现理路——规范政府权力，促成利益均衡机制，分解为市场机制——协商妥协——冲突控制——最大群体收益——支付补贴等解决利益冲突的方法。这种分解实质是从三个方面对重构后的经济法价值目标的实现理路——规范政府权力，促成利益均衡机制进行详细解读，即从市场、社会中间组织、政府三个角度更深层地理解重构后的经济法价值目标实现理路——规范政府权力，促成利益均衡机制的科学内涵，其最终的目的是为重构后的经济法价值目标实现理路——规范政府权力，促成利益均衡机制是如何与和谐社会的价值诉求齿接做铺垫。

在此基础上，进一步阐述重构后的经济法价值目标实现理路——规范政府权力，促成利益均衡机制对和谐社会的利好意义。

第一节　利益论视野下的和谐社会

一、和谐社会的基本理论

按照一般政治论述，社会主义和谐社会应当是民主法治、公平正义、诚信友爱、充满活力、安定有序，人与自然和谐相处的社会。而从利益论角度来看，其实质是指在面对现有的强烈利益冲突与矛盾时，必须通过以上要求，借助以上措施，达到社会整体利益的实现，使得利益均衡的可能性得以完成，从而保证公民个人利益以及社会整体利益可以和谐。因此，本节将借助利益论的视角来论证和谐社会的核心要求和关键点是构建和谐社会中的实现理路。

1. 利益和谐的基本界定方式。作为人类社会的普适价值追求，也是一个现代市场经济国家的社会制度管理模式，民主与法治可能是达成利益和谐最为基础的界定方式与进行利益交流的基本途径。按照和谐社会的要求，必须是民主得到充分发挥，依法治国基本内容得到切实落实，各方面积极因素得到充分调动。民主法治要求社会首先应当从整体上保护民主，尊重公民的民主权利（参与公共事务的权利）与人格财产权（处断私人事务的权利），尊重公众对政治事务、社会生活的知情权，参与权，自由表达权，民主监督权。同时民主要与法治相结合，使民主可以运行在法治的框架之内，整个社会的权力与权利都服从法律的权威。以法治为例，正如之前所述的依法干预，实质就是在法律的框架背景之下，完成对政府掌控过度利益的一种合理重构，这使得社会主体的利益得以在一种宽松环境下实现。

2. 利益和谐的价值追求。公平正义是人类追求美好生活的永恒主题。① 在促进发展的同时，把维护社会公平放到更加突出的位置。如果说在改革开放初期，应当追求“效率优先，兼顾公平”的话，那么，在今天，公平正义的地位可能就不止是“兼顾”了。② 公平正义，就是社会各方面的利益关系得到妥善协调，人民内部矛盾和其他社会矛盾得到正确处理，社会公平和正义得到切实维护和实现。③ 具体而言，公平正义需要的是社会各方面利益得到关注，人民内部矛盾的正确处理，社会公平和正义得到切实维护和实现。这是针对现时的社会转型期中，原来社会利益格局发生了激烈的变化，利益对抗和冲突不断地上演，利益关系不再呈现稳定和谐的态势，而是呈现出多元冲突、对抗的局面。换言之，就是一种

---

① 常修泽：《和谐社会的价值，特征和构建思路》，载《人民日报》，2005 年 3 月 18 日。

② 胡锦涛：《在省部级主要领导干部提高构建社会主义和谐社会能力专题研讨班上的讲话》，载《人民日报》2005 年 6 月 27 日。

③ 胡锦涛：《在省部级主要领导干部提高构建社会主义和谐社会能力专题研讨班上的讲话》，载《人民日报》2005 年 6 月 27 日。

利益均衡在强烈的社会转型中被打破，而新的利益均衡并没有完成的“空档期”，进而出现了利益的不均衡状态。公平正义的提出，正是希望通过这种在人类历史上永恒的命题中，寻找到道德资源与方法资源，以实现在新的历史条件下利益均衡状态。这种利益均衡状态不但表现为收入分配的公平，而且表现为人们在社会经济生活中地位的机会公平以及整个社会规则的公平，更重要是在分配体系中，保证社会各方利益都得到基本的尊重。

3. 利益和谐的基本要求。利益和谐不是建立在尔虞我诈的基础上，因为互相欺诈，实施投机主义只能带来互相之间的不信任。不用说实现利益均衡，就是利益之间的融合与交流都不可能实现。这就要求在利益和谐的背景之下，整个社会应当是互帮互助，诚实守信、全体人民平等友爱，融洽相处。总体而言，就是要做到诚信友爱。在制度经济学中，用沉淀成本概念来阐析诚信的重要性。沉淀成本是指在资产市场不完全条件下，一级资产市场上购买价格与二级市场上资产再出售价格的差额。①“发现可以赚钱和寻找到成功的团队生产的试错过程是一种专门化的投资活动……如果一种生产要去拥有一定准租金，则这种要素现期的收益应该比任何最佳替代收益都要高……即准租金代表资源现期收益把此资源用于其他地方所获最佳收益之间的差额，假如它被裁留或扣除，投入品的所有者也不会从现期使用抽走他的资源。”② 即资产所有者在企业组织、团队协作投入较多的资产后，即便有可替代性的使用途径，当这种替用性使用所产生的收益在现期甚至在远期都不足弥补其原来的收益时，所有者是不会抽走资源，解散组织的。在交易中，如何双方除了在进行最为基础的合同交易之外，还会对对方投入一定的沉淀成本，如果沉淀成本过高，则交易双方不会轻易放弃未来的交易，因为，放弃交易将得不偿失。这就是一锤子交易跟长期交易伙伴关

① 汤吉军：《沉淀成本与政府管制政策》，载《产经评论》2010 年第 2 期。

② ［冰岛］思拉恩·埃格特森：《经济行为与制度》，吴经邦等译，商务印书馆 2004 年版，第 150 页。

系之间的差别。长期交易伙伴关系更为注重诚信，更加注重自己的名誉与交易记录。这种关注是可以帮助双方降低交易成本，从而可以有更多的资源投入实质交易之中。由此可见，诚信制度不但是一种社会道德的要求，同时也是市场经济条件下，最为基础的交易规则，也是减轻双方负担的一种有效途径。而现代信用制度是市场经济主体制度的支柱，就以道德为支撑，以法律为准则，以和谐互通有无的产权制度作为制度基础。

4. 利益和谐的物质基础。触发利益和谐的基本要求，需要的是在物质基础上实现利益的最大化，实现利益主体主动地创造利益，实现利益总量的提升。有学者认为，使一个社会有活力有两个途径，一是发展生产力，这是社会最为基础，也是最为革命的因素；二是推进市场化改革，为社会活力提供制度支撑。① 另有学者归纳，社会发展活力的构成包括社会个体活力和集合活力两个层面，个体能力指的是人能动性、积极性和创造性的充分发挥，集合活力是指全社会的向心力、凝聚力。而社会活动的源泉在于人们对自身利益的追求。② 因此，使整个社会充满活力可能是使得利益总量提升的基础保证。社会进步的创造能力应当得到尊重，创造动力得到支持，创造才能得到发挥，成果才能得到肯定。而这种动力机制必须尊重劳动、尊重知识、尊重人才、尊重创造，使一切有利于社会进步的创造得到尊重，创造活动得到支持，创造才能得到发挥，创造成果才能得到认可。

5. 利益和谐的社会环境。实现利益和谐是建立在一个基础社会环境中。可以想象，一个充满战乱与激荡的社会，不用说利益和谐，就是实现利益目标的最大化，都是不可能实现。因此，和谐社会必须是建立在一个稳定有序的社会制度环境中。或者说，只有在维持了基本稳定的社会环境才得以为利益最大化实现提供条件，为

---

① 常修泽：《和谐社会的价值，特征和构建思路》，载《人民日报》2005 年 3 月 18 日。

② 中共中央党校经济部教研部课题组：《试论社会主义和谐社会的构建》，载《光明日报》2005 年 3 月 18 日。

利益和谐制造基础的制度基础。按照一般论述，安定有序主要内容包括社会组织机制健全，社会管理完善、社会秩序良好，人民群众安居乐业，社会资源安定团结。稳定有序发展是社会主义和谐社会的标志性特征。没有社会的稳定就没有经济的发展和社会的进步。这是几十年社会主义革命和建设的经验总结，也是邓小平反复强调“稳定压倒一切”的重要原因。从最原则的角度上看，秩序是指自然界和人类社会发展和变化的规律性现象。而和谐社会的秩序是一种有序的社会状况。社会关系的稳定性、社会结构的有序性、事物运行的规范性、事物发展的程序性、事件的可预测性等是这种有序社会状态的内在含义。社会的和谐必须要有运行良好的社会秩序。社会主义谐社会所需要的秩序是建立在现代社会的稳定之上，即在现代的市场经济和民主政治的条件下，把稳定理解为过程中的平衡，并通过持续不断的调整来维持新的平衡。政治领域的有序主要表现为权力授受和权力运行代表人民的意愿，符合民主程序，权力监督制约完备有效。经济领域的有序主要表现为企业、市场、政府的功能定位正确，行为方式符合法律法规和市场规则。思想文化领域的有序主要表现为正确处理指导思想一元化和思想文化发展多样性的关系，形成全国人民共同奋斗的思想基础。社会生活领域的有序主要表现为坚持共同的社会主义道德规范和价值观念，以及在此前提下的个人自由。①以上即是社会有序的主要体现方面。

6. 利益和谐的延伸。从狭义上看，利益和谐应当只需要在人与人的利益框架内实现和谐。但是现实情况要求这种认识必须扩展。因为，人与人之间的问题早已经超出了当代人之间，其越来越多地呈现为当代人与后代人之间的矛盾，这就是可持续发展问题最为基础的问题面向。在从应然角度上看，和谐社会应该是生产发展、生活富足、生态良好的理想社会状态。这种社会状态应当是人与自然和谐相处与发展的。和谐社会是不可能建立资源结构耗尽和环境恶化的基础上。因此，构建和谐社会必须大力发展循环经济，

---

① 虞云耀：《社会主义和谐社会的基本特征》，载韩雪主编：《从多元到和谐——和谐社会的构建》，中央编译出版社 2006 年版，第 22 页。

建设资源节约型社会，环境友好型社会，就是要统筹人与自然和谐发展，处理好经济建设，人口增长与资源利用，生态环境保护的关系，建设资源节约型、环境友好型社会，实现经济建设质量效益相统一，经济发展与人口环境相协调。

二、和谐社会的利益论分析

和谐是针对不和谐而言的。构建和谐社会的过程就是社会面临着种种不和谐因素，正视各种不和谐因素，并通过提出各种协调利益的机制，将不和谐的利益冲突转化为和谐的利益均衡的变迁过程。正如第四章所述，在马克思主义的利益论框架中，整个转型中国存在各种利益冲突，而各种利益冲突促成了利益不和谐。要构建和谐社会，必须将利益冲突化解，并进行转换，最终达成社会整体利益的共融。因此，对于上文提及的和谐社会的要求可以从利益论的角度作出以下的解读。

1. 提升利益总量

其中和谐社会内容中的充满活力体现的就是做大利益总量，推动总量增加。邓小平多次强调发展生产力才是解决其他问题的根本，他曾指出：社会主义的第一任务是发展社会生产力，从根本上说，我们手头东西多了，我们在处理各种矛盾和问题时就立于主动地位。① 比如落实政策问题，就业问题，上山下乡知识青年回城市问题，这些都是社会政治问题，主要应是从经济角度去解决，经济不发展，这些问题永远不能解决。②从这种观点出发，提升利益总量的增加是构建和谐社会最为基础的物质条件。那么，如何提升利益总量呢？从经济学的角度上看，经济资源、生活资源都是外在于人本身而存在的。只要通过人的体力劳动与智力劳动，才能够转化为符合人的要求的各种生产、生活资料。从此观点出发，资料的多少，利益总量的大小都取决于人的劳动，而人的劳动强度都取决于人对利益诉求的积极程度。也就是说，是由人的活力程度来决定

① 《邓小平文选》（第3卷），人民出版社1993年版，第63页。
② 《邓小平文选》（第3卷），人民出版社1993年版，第195页。

的。而进一步讲，在宏观整体层面，一个社会充满活力，实质体现在这个社会有一种奖励勤奋，奖励积极创新进取的文化氛围，以及与之配套的激励制度，使得人本身可以从自己的劳动与智力创造中获取回报，补偿其在进行劳动与智力创造中付出成本。① 也就是说，使得利益主体得以生成。按照一般的理解，利益主体，是指“在一定社会关系下从事生产活动或其他社会活动，以便直接或间接地追求自身社会需要满足的人（个体或群体）”。② 因此，和谐社会的构建正是基于利益总量的重要性。把提升利益总量置于重要地位，将能够促进利益总量提升，并且能够促进利益主体产生的“充满活力”纳入其中机制，正是抓住了构建和谐社会，解决利益冲突问题最为基础的物质条件。

2. 利益价值判断

公平正义抑或安定有序都体现着一种价值判断。在第一章已经详细论述了整体法律意义上存在秩序、公平、正义、效率四大价值。而和谐社会的基本要求实质是将这四大价值纳入其中，更是明确提出秩序、公平、正义三大价值。这证明决策层已经意识到和谐社会的构建离不开最基础的价值判断，而这种价值应当是能够在和谐社会中共存与融洽共处的。第四章已经指出，进行利益判断时，可以采取价值判断的利益平衡方法。在此，本书认为，在构建和谐社会中，依然可能会遇到各种利益的价值冲突以及由价值冲突背后引申出的利益冲突。因此，在进行价值判断时必须考量以下几个方面的变量：

（1）特定时空的社会生活条件。正如吉尔兹所说，法律是一种地方性知识。同样，社会条件是一种地方性的内容，在从社会宏观整体上进行价值判断，必须考虑到这个社会的特定时空生活条件，进行利益冲突的判断，进行整体利益平衡的。例如，在构建和

---

① 这种观点可以很好地解释为何中国古代无法产生激励知识生产的制度生成。参见［美］安守廉：《窃书为雅罪》，李琛译，法律出版社 2010 年版，第 14~23 页。

② 王光伟：《利益论》，人民出版社 2001 年版，第 50 页。

谐社会中，特别是现时基尼系数不断升高的情况下，效率的考量可能要让位于公平的考量。正如罗尔斯指出：“一个社会，无论效益多高，多大，如果它缺乏公平，则我们不会认为它就比效益较差但较公平的社会更理想。”① 按照这种观点，现时构建服务性政府正是说明政府财政资源已经逐步退出竞争领域，而为了公平的需要，将更多的资源投入社会服务建设中，投入社会保障体系的建设中。

（2）价值序列或利益层次。问题的关键是如何确定据以判断序列及层次的标准。德国学者克莱认为，应当以利益之质与量作为标准。申言之，最优先次序的价值必须是量最广，而且也是质最高的。所谓量最广，是指受益人的数量最多，尽可能地使最大多数人能均沾福利；同时，基于国家扶助弱者之立场，也必须考虑受益者的重要特性，诸如职业、收入、年龄及地位。所谓质最高，是以对受益人生活需要的强度而定的，凡是对满足受益人生活愈需要的，即与生活需要紧密性愈强的，即是质最高的价值标准。② 利益发生冲突很大程度是由不同价值谁为优先的问题形成的。例如，现时拆迁、征地矛盾尖锐的条件下，诸多地方政府为了“维稳”这种秩序价值的政治考量，对受损的公民个人采取了打击报复，阻止其通过正常的法律途径获取正义的处理。就是体现出不同的利益——政治利益与个人财产利益之间的矛盾，而这种利益的矛盾直接转换为秩序与正义之间的矛盾而存在。因此，按照以上的原理，必须采取进行正确的利益排序，将正义置于秩序之前，以此保护公民个人的财产权利不受损害。

（3）价值准则的多元化。价值判断既可以基于效率，也可以基于公平；既可以基于道德、伦理，也可以基于一种占据主导地位的社会正义感；还可以基于人类对环境生态良好的诉求。③ 价值准

---

① ［美］罗尔斯：《正义论》，谢廷光译，译文出版社 1991 年版，第 95~96 页。

② 陈新民：《德国公法学基础理论》（上册），山东人民出版社 2001 年版，第 182~183 页。

③ ［美］史蒂文斯：《集体选择经济学》，杨晓维等译，上海三联书店、上海人民出版社 1999 年版，第 385 页。

则的多元化要求的是进行价值判断即便有以上两个基础准则，但是不应当排除价值准则存在多元化，每个人的价值准则可以是多元的。回到法学领域，法律部门之间的价值准则也都可以是多元。例如，民法追求的就是形式公平，要求所有参与民事法律关系的参加者都是处于同一起跑线上的公平，在基础人格设定上是一致的、均质的。而经济法追求的实质公平主要指对社会弱势群体利益的关注，① 并表现出对经济弱者具体人格的特殊倾向性保护，利用社会财富的目标再分配和对社会上处于不利地位的人予以一定补偿或救济，帮助经济弱者恢复因财产、收入和天赋、能力不平等所导致经济机会的不平等，强调以形式的不平等达到实质的平等。② 这两种基础的公平观正是体现了法律部门之间的价值准则多元。

3. 利益实现进路

利益并不能够自我实现的，其既需要主体的活动，也需要主体按照一套规则来促成利益的实现。建构和谐社会的利益总体时，其实体现需要一系列的机制来促成利益的生成。在和谐社会的主要内容中，民主法治、诚信友爱既是促成利益实现的进路，也是解决利益冲突的举措。

先说法治。最经典的法治论述来自于亚里士多德，其认为，法治是“已成立的法律获得普遍的服从，而大家所服从的法律又应该本身是制定得良好的法律”。在现代社会，法治是维持社会秩序的重要手段。第一，法治能有效地预防纠纷的发生。法治的功能在于可以降低纠纷发生的概率，从而使实际发生的纠纷在总量和冲突烈度上控制在社会可以承受的范围之内。也就是说，法治其实提供了一个预防纠纷的框架。在这种框架之下，每个人都能够预见自己的行为所产生社会效果，知悉其行为是否会触犯其他人的利益，如果产生利益冲突应当如何解决。这样的一种框架模式实质是把利益

---

① 李卓：《利益语境下经济法的价值分析》，载《当代法学》2006 年第 3 期。

② 史际春、邓峰：《经济法总论》，法律出版社 1998 年版，第 154～155 页。

冲突控制在一个各方可以接受的总体框架之内，尽量降低利益冲突的烈度，使利益冲突不至于导致社会的动荡。特别是转型中国的大背景之下，各种利益冲突与矛盾激增，法治以其强制力和威慑力预防和消除各种不安定因素的产生和发展，缓和矛盾增长趋势，防止利益冲突对个人利益造成的毁灭性影响，防止利益冲突扩散到更大范围，以至于影响社会整体利益。第二，法治能有效地解决纠纷，直接充当利益冲突化解机制。法治提供的一整套理念与制度为利益冲突提供化解机制。例如，法治本身包含的司法正义，使得当事人可以在司法裁判这种高度仪式化的过程中，减轻双方的利益冲突以及对抗意义，将冲突化解在具体的程序运转之中。

再说诚信。之前已经论述了诚信是现代信用制度的基础所在。这主要体现在促成利益的生成上。除此以外，在解决利益冲突上也是有所体现的。这种观点在反不正当竞争法中体现的最为明确。对于不正当竞争行为，《保护工业产权的巴黎公约》就规定了“凡在工商业事务中违反诚实的习惯做法的竞争行为”，《发展中国家商标商号与不正当竞争行为示范法》则规定为“违反工业或商业事务中诚实做法的任何竞争行为”。而在不同国家，例如比利时、卢森堡采取了违背“诚实交易惯例”，西班牙、瑞士采取了违反“诚信原则”来界定。因此，学者认为，反不正当竞争法将“诚实信用”“善良风俗”等一般条款引入，作为“正当”与“不正当”的评判标准，确立了竞争的道德准则，引入了法律的道德原则，从而保障了竞争行为的道德底线。① 由此可见，法律是通过直接将诚信原则引入法律条款的方式，将其作为利益冲突的判断与处断标准来确立。

正如之前所述，诚信的作用在于提高交易双方的制度预期与行为预期。以消费者权益保护法为例，在一个交易中，具备较高信誉的经营者而言，已经与消费者建立非常密切的交易关系，互相之间具备足够的信任关系，期待的是与消费者长期的、多次交易，而不

① 谢晓尧:《竞争秩序的道德解读》，法律出版社 2005 年版，第 10~11 页。

会作出不合理的信息说明，或者货不对板的行为来违背诚信原则。对于一个已经与消费者产生良好联系的经营者，为了维护其自身的信誉必然不会侵犯交易相对方的权利。因此，双方即便只是披露较少的产品信息，对方依然会基于信任进行购买。这使得整个社会的交易成本大大降低，使得和谐社会变得更为平滑与顺畅。

4. 利益和谐指向

在和谐社会的指向下，构建和谐已经超出了简单的人与人之间的和谐，其具有人与自然和谐，人内部的关系和谐两方面。而前者其实是体现了第四章所述的经济利益与社会利益矛盾的反面，而后者则是社会整体利益与个人利益矛盾的反面。在可持续发展观念下，和谐社会要求的是实现代内和谐和代际和谐。① 可持续发展观的核心理性是健康的经济发展应建立在生态可持续能力、社会公正和人民积极参与自身发展决策的基础上。可持续发展的追求目标是既要使人类的各种需要得到满足，个人得到充分发展；又要保护资源和生态环境，不对后代人的生存和发展构成威胁。② 在可持续的利益追求中通过对当前发展的合理调节与限制，保存和创造未来的发展空间与发展条件，既满足当代人的需要，又不对后代满足需要的能力构成危害，最终实现个体长远利益的最大化。③

第二节 重构后的经济法价值目标实现理路对和谐社会的齿接与利好

"共同的利益不是仅仅作为一种'普遍的东西'存在于观念之中，而且首先是作为彼此分工的个人之间的相互依存关系存在于现

---

① 李卓：《利益语境下经济法的价值分析》，载《当代法学》2006 年第 3 期。

② 单飞跃：《经济法理念与范畴解析》，中国检察出版社 2002 年版，第 259 页。

③ 蒋安：《经济法理论研究新视点》，中国检察出版社 2002 年版，第 32 页。

实之中的。"① 利益的存在会使利益主体之间产生利益差别和对立。实质上，只要有人存在，只要是社会总体的利益数量不足以支持所有人的需要，就会存在主体之间利益差别和对立，只是在不同的社会中，利益冲突的激烈度与强度不同而已，利益冲突的表达和行使方式不同而已。现时和谐社会的提出，主要是为了回应转型中国在高度浓缩的时空条件下产生的高对抗性的利益矛盾与冲突。构建和谐社会是一个巨大的系统工程，单凭经济法，或者单凭法律本身都不足以构建和谐社会。但是，如果在法律中占据重要地位的经济法都无法达成社会整体利益，无法实现其价值目标实现理路的重构，必然不利于和谐社会的建构。在和谐社会的整体要求之下，经济法价值目标实现理路的重构对现实社会的意义所在必须是促成现时的利益矛盾转化为利益和谐。正如之前所述，重构后的经济法价值目标实现理路是规范政府权力，促成利益均衡。那么，本节将重点讨论此理路是如何对构建和谐社会的产生实际影响，是如何促成利益和谐的。

一、重构后经济法价值目标实现理路对和谐社会的齿接

（一）马克思主义利益论基础

马克思主义的经典作家对利益问题进行详细的分析，本书归纳其观点如下：

1. 利益问题是认识社会现象的关键所在

历史唯物主义认为："不是人们的意识决定人们的存在，相反，是人们的社会存在决定人们的意识。"② 这种论述提出在社会发展过程中，人们的社会关系的实质是人们之间的利益关系，上层建筑是一定的利益关系的表现，复杂的社会生活，实际上是一幅各种利益相互联系、相互作用、相互矛盾、相互斗争的错综复杂、多姿多态的图景。由此可见，对于一切社会现象（包括社会意识），只有运用利益观点来分析和研究，才能得到正确的认识和科学的说

① 《马克思恩格斯全集》（第3卷），人民出版社1960年版，第37页。

② 《马克思恩格斯选集》（第2卷），人民出版社1995年版，第32页。

明；对于任何社会建设，只有对各方面利益进行系统的、综合的表达和协调，才能实现社会稳定、进步与和谐发展。

2. 追求利益是人类一切社会活动与社会关系构建的动因

马克思认为："人们奋斗所争取的一切，都同他们的利益有关。"①即使"在宗教狂热的背后，每次都隐藏有实实在在的现世利益"②经典作家的观点是在谈论，人的逐利活动都有赖于人对利益的追求与期望利益来实现自身的满足，正是因为追求利益使得利益的矛盾与冲突成为可能。因此，解决利益矛盾与冲突也要从利益关系着手进行。

3. 利益纠纷是社会矛盾与冲突产生的物质根源

在此论点下进行展开，经典作家首先指明矛盾与冲突来自人与人之间的利益争夺，这是矛盾和冲突产生的物质根源。

4. 利益关系发展不平衡规律

所谓利益关系发展不平衡规律是指在不同利益主体使用同一尺度进行利益交换时必然产生分化，其发展必然是不平衡的。马克思经典作家已经意识到利益存在的实在性与先在性。也就是说，利益冲突在现有的现时情况与逻辑框架系统内是可以完全存在的，或者为现实的利益冲突必要的理论框架支持的。在此基础上，利益冲突在理论上是可以被感知的，而且一直存在于人类社会之中的。

（二）实现理路的重构转换利益矛盾为利益和谐

1. 马克思主义利益问题的现实维度：利益矛盾

本身不成为问题的利益矛盾对于转型期的中国却是最大的问题。这是因为利益冲突高集中、高强度的呈现，进而可能造成社会整体利益受损，和谐社会的建构受到影响。那么，最关键的是要调整利益关系、化解利益矛盾，将利益矛盾转换为利益和谐。之前是在横向抽象层面论及社会利益与经济利益，社会整体利益与个人利益的矛盾，为了更详细更清楚地阐述重构后的经济法价值目标实现理路与和谐社会价值诉求的齿接，我们在这里转换一种视角，即把

① 《马克思恩格斯全集》（第1卷），人民出版社1956年版，第82页。
② 《马克思恩格斯全集》（第2卷），人民出版社1965年版，第526页。

横向角度抽象描述的当下转型中国既存的社会矛盾与冲突从纵向的角度（依利益主体的角度）进行具体详细的划分。

（1）平等主体之间的利益冲突。这体现为在社会中享有平等利益，平等地位的主体之间利益冲突。这种利益冲突具有直接对抗性，双方都为自己的切身利益而采取手段，使得冲突对抗可发性较高，而且一般体现为一方侵犯另一方的权利。这种冲突在传统意义上一般与社会整体无涉，因为其只发生在双方之间。这种利益冲突与民法上的侵权具有高度的相似性。但是，当时空环境转换到现代社会，特别是网络社会时就可能具备社会整体意义了。这种情况最好的体现是在反不正当竞争法领域。发源于传统民事侵权法的反不正当竞争法，其利益冲突的主体实质就是两个或多个平等主体之间，例如，商业诽谤行为是一方经营者损害另一方经营者的商誉，商业仿冒行为是一方经营者搭其他经营者的“便车”，掠夺其他经营者的竞争优势与知识产品。以上情况与一般民事侵权无异。但是，这种矛盾冲突并不停留在双方，而是进行扩散至其他人员，特别是消费者因此受损。商业诽谤将造成消费者对经营者的品质信誉产生不良影响，进而不再购买该经营者的产品与服务；商业仿冒则直接侵犯了消费者的意思自治，使得消费者的利益受损。以上矛盾在转型中国商业社会中极为正常的、且普遍存在的一种形式而已。

（2）不平等主体之间的利益冲突。这种不平等主体之间的利益冲突表现为：第一，在传统民法的视野中，除了国家政府之外都是平等主体之间的关系。但是当研究视野转换到现代社会中，则可以轻易发现现代社会存在诸多地位、利益、力量不平等的主体。这种主体之间的冲突主要是地位优势方企图攫取超额利益，企图继续维持不合理的竞争地位，而损害其他利益相对方的利益。例如，之前所述的多个经营者组成价格卡特尔，维持价格竞争优势地位，掠夺消费者的利益；经营者向江河超量排污，造成其他江河附近居民财产与身体健康受损，等等。第二，政府与市场主体之间的利益冲突。正如之前诺思所述，政府一方面有可能是个人权利的保护者——如果没有国家，那么个人权利就没有办法得到有效的界定、保护与实施；而另一方面是，又可能成为个人权利的限制者与侵害者。① 特别是在中国强计划经济的路径依赖下，政府很多时候会谋取自身利益，侵害公民个人利益。例如，政府在进行干预时，违反法律规定，超出法律授予干预的范围、手段进行干预，造成市场主体的利益受损；有时即便政府干预并未违法，甚至是依法干预，而且在目的上是为了防止“市场失灵”，但由于政府信息不充分或者其他诸多原因，出台了不合理的干预政策，同样可能造成市场主体的利益受损。那么，在这种情况下政府利益与市场主体利益就产生了直接的冲突与矛盾，造成了政府干预失灵，使政府站到了侵害市场主体利益的对立面。如果把以上的论述与第四章归纳的横向利益相结合，就可以看到现时的利益冲突呈现着纵横交错的图景：

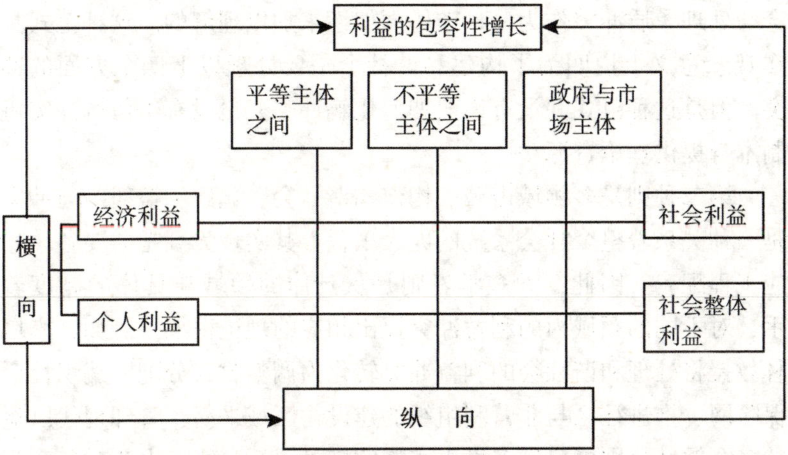

通过上图可以看出，在现有的利益结构条件下，已经形成了一个在纵横方面都应该得以平衡的利益模式。在这种利益模式之下，必须实现对不同维度以及不同层次上的利益平衡。

2. 马克思主义利益理论的理想旨归：利益和谐

① ［美］道格拉斯·C. 诺思：《经济史中的结构与变迁》，陈郁、罗华平译，上海三联书店 1991 年版，第 33~34 页。

在转型中国背景下，无论是出现横向（种类）意义上的利益冲突还是纵向（主体）意义上的利益冲突与矛盾都有可能造成社会的动荡，直接影响社会整体利益的实现，影响和谐社会的建构。从马克思主义利益理论来看，经典作家指出社会存在诸多利益矛盾只是第一步，真正重要的是将利益冲突转化为利益和谐。如何化解利益冲突，实现利益和谐呢？在之前处理横向利益冲突时，已经有了一定的论述，即采取根据不同的时空条件进行价值判断的方法进行价值排序，从而实现利益的排列与分配意义。现时存在两种范式对纵向意义上的利益矛盾进行化解：

第一种可以称之为主体点拨式。有学者认为，构建和谐社会应当处理好四对基本关系，包括人与自然的关系，人与人的关系，人与事的关系，事与事的关系。① 这种分析框架实质是把构建和谐社会与处理矛盾冲突作为一种整体框架性来加以理解的。这种范式只在观念意义上说明为了构建和谐社会是要处理以上四个方面的冲突。但是这种范式并没有说明如何化解冲突，也没有给协调冲突机制本身提供理论资源。

第二种则是多领域击破。构建和谐社会、化解利益纠纷与冲突是一种关系着整个社会系统的庞大工程，其实现无疑是需要各个相应工程配套。因此，大多学者则是从具体的领域与具体的制度着手，对不同的领域内的利益冲突提出相应的理论框架。例如，李培林教授将处理和谐社会的利益冲突转化为调整收入分配、编织社会保险网、推进社区与非营利组织的建设，区域平衡，管理现代风险的多个领域分别提出诸多可供实施的措施。② 这种范式针对各个领域与各个利益冲突的关键点展开理论阐述，具有现实意义。但是，有缺乏一种可能抽取与提炼，解决利益矛盾与冲突的框架的可能性。

但就以上两种范式的问题，本书认为第一种范式过于宏观，没

① 王尚辉主编：《社会和谐发展论》，社会科学文献出版社 2007 年版，第 229~233 页。

② 李培林：《和谐社会十讲》，中华书局 2009 年版。

有说明利益冲突协调与化解的具体方法，只社会认知的层面提供了一些方向性的建议。第二种虽在微观层面上作出足够多的理论贡献，却不能提供更深层次意义上的框架性认识。针对以上两种情况，本书认为将提供一种类似于中观的框架，以解决利益冲突，这种中观的框架是建立在经济法价值目标实现理路基础之上，为了更好地与和谐社会价值诉求相齿接，把重构后的经济法价值目标实现理路进行分解细化的结果。即把重构后的经济法价值目标实现理路——规范政府权力，促成利益均衡机制，从市场、社会中间组织、政府三个角度，分解细化为市场机制—协商妥协—冲突控制—最大群体收益—支付补贴等解决利益冲突的方法。

（1）市场机制。与政府宏观调控不同，市场机制是双方当事人根据自身对交易品的估价与评价来拟定相关交易品的交易价格，配置资源实现价值规律的机制。因此，在市场机制下双方达到的合意与交换是能够使双方主观利益最大化。根据目前不同经济利益群体的动态特征，把市场机制引入经济利益分配，并通过竞争法则重新调整和组合经济利益主体之间的相互关系，是能够促进群体和个人之间正当经济利益实现的。①

（2）协商妥协。各种不同的利益通过协商妥协达到平衡是一种常见模式。② 各方进行协商妥协应该遵守以下规则：听取不同的意愿和主张的虚心精神；认真考虑不同的意愿和主张的理性精神；在努力说服别人的同时，也准备接纳别人的部分意见，修正自己的意见的宽容精神；对已经达成的妥协全面遵守的诚信精神。为了实现社会整体利益，就必须明确不可能由单一主体占有社会全部资源，也不可能由单一主体控制社会全部资源。因此，在进行日常交往中，主体之间必须进行协商妥协，让渡部分自身利益，尊重对方利益，在双方都可以接受的情况下达成一致。这是缔约中极为常见

① 夏杰长、李勇坚：《中国社会各阶层的经济利益分配机制》，载《求索》2001 年第 4 期。

② 徐前权：《法学视角中和谐社会的本质》，载《长江大学学报（社会科学版）》2007 年第 6 期。

的过程。在处理事关社会重大利益冲突时，更加需要各方发挥协商妥协精神。哈贝马斯认为，在完全世俗化的社会中，法治国若不实现民主，将难以维持。①其主张的民主是通过公共领域的政治意见与议会政治意志的互动来实现的。在公共领域中，公民可以适用交往理论、行使交往权利平等地进行交流，理性地进行沟通。这种民主源于交往理性的商谈原则。公民或议员在协商求同存异而不失其个性，在沟通中存异求同而力求达成共识。最为重要的是商谈程序合理性和理性的可接受性。② 由此可见，在一个利益分化的社会中，多元的价值追求本属正常。要使各方达成一致，需要的是互相包容，对互相保有的价值与利益的尊重，并在交往理性中实现利益与理念的共处，进行互相的协商与妥协。只有这样，方可保证社会整体利益不至于受到损害，也只有这样，才能保证其有实现的可能。

（3）将利益冲突控制在一个可接受的范围之内。正如之前所述，在达到共产主义社会之前，利益矛盾与冲突都会存在。在人类历史长河中，利益矛盾在实践中不断产生和暴露，社会秩序各方面的内容在逐步解决矛盾的过程中不断发展、不断进步、不断完善。③ 因此，社会存在利益冲突并不是可怕的问题，或者说，必须正视利益冲突。但是，要做到的是必须将利益冲突控制在一个各方可以接受的范围之内，使得利益冲突一方面不至于在当事人双方之间发生激化，一方面不会向社会扩散，进而影响社会的稳定与和谐。

（4）最大群体受益。为最大多数的人谋福利是马克思主义的一个基本观点。其早在《共产党宣言》中就明确指出："无产阶级的运动是绝大多数人的，为绝大多数人谋经济利益的运动。"④ 新

---

① ［德］哈贝马斯：《在事实与规范之间——关于法律和民主法治国的商谈理论》，童世骏译，载生活·读书·新知三联书店2003年版，第6页。

② 高鸿钧等著：《商谈法哲学与民主法治国——〈在事实与规范之间〉阅读》，清华大学出版社2007年版，第9页。

③ 谢志平：《论利益·权利·权力及其关系》，载《湖南大学学报》1999年第1期。

④ 朱镕基：《政府工作报告》，载《人民日报》2002年3月19日。

社会就是保证一切社会成员有富足的和一天比一天充裕的物质生活。① 毛泽东认为，必须给人民看得见的物质经济利益。② 邓小平同志也曾提出要为全体人民的物质经济利益奋斗。③ 在处理利益冲突与矛盾时，必须保证最大群体从中得益。而不是个别群体攫取整个社会资源，否则只会造成社会整体利益受损。

（5）支付补贴。在传统的经济学对于环境污染一般采取庇古税的方法进行惩罚。庇古税按照污染物的排放量或经济活动的危害来确定纳税义务，所以，是一种从量税。庇古税的单位税额应该根据一项经济活动的边际社会成本等于边际效益的均衡点来确定，这时对污染排放的税率就处于最佳水平。而征收的税款则主要用于补贴因为环境污染受损的公民个人。也就是说，庇古税产生了一种类似于财政转移支付的形式，一方面不禁止市场主体的行为，但是，另一方面要求其向受其行为影响的其他市场主体进行补偿。只是中间加多了政府征收这一中间环节而已。这种思维同样可以适用于处理纵向利益冲突上。按照卡拉布雷西的论述，保护个人权利可以采取财产规则与责任规则两种方法。第一种方法是在权利界定清晰的情况下，某个要想从权利人那里取得这一权利的人，必须同卖方自愿交易，以卖方同意的权利价格购得这一权利。第二种方法则是当产权交易成本较为昂贵的时候，则可以采取之后支付赔偿的方式实现。④ 也就是说，特别是不平等主体之间可以采取有采取禁止行为或加害行为的自由，但是，其必须要在之前给予受其损害的其他主体足够的、及时的赔偿或补偿，以换取其他主体对其行为的许可，这样使得双方的利益冲突可以化解在损害出现之前。

本书定义的重构的经济法价值目标的实现理路是规范政府权力，促成利益均衡机制。因此，综合纵横维度的的利益整合模式，利益协调方法可以归纳为：

---

① 《马克思恩格斯选集》（第1卷），人民出版社1972年版，第262页。

② 《马克思恩格斯全集》（第3卷），人民出版社1982年版，第322页。

③ 《毛泽东著作选读》（下），人民出版社1991年版，第568页。

④ ［美］唐纳德·A. 威特曼：《法律经济分析文献精选》，苏力等译，法律出版社2006年版，第3、4页。

重构后的经济法价值目标实现理路

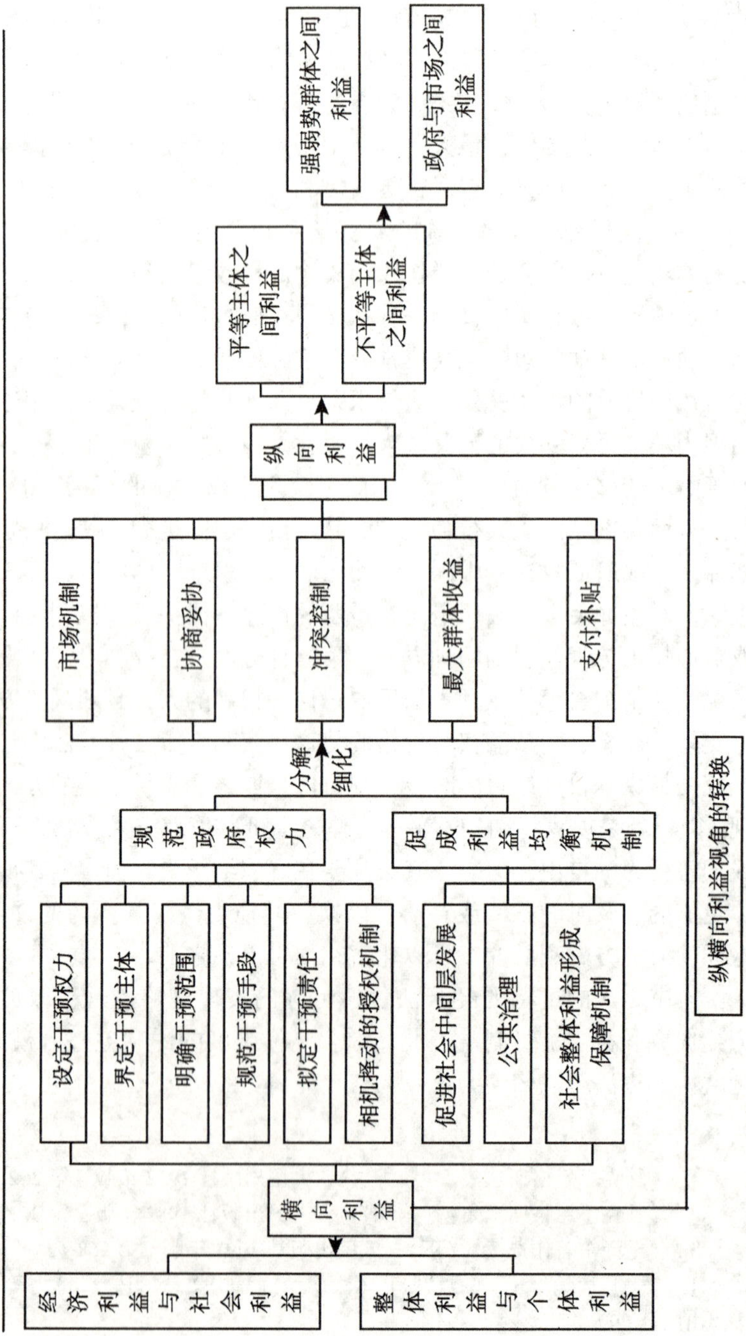

从上图可知，经济法价值目标——社会整体利益的实现理路，从横向抽象的利益结构（种类）视角来看，我们可以清晰地把之界定为规范政府权力，促成利益均衡机制；从纵向利益主体的视角来看，透过分解细化的利益冲突化解路径，我们同样可以清晰地把之界定为规范政府权力，促成利益均衡机制。近年来经济法学界已经形成了一种共识，经济法价值目标——社会整体利益的实现理路，无论是与科学发展观还是和谐社会的构建都存在着紧密的联系。① 这种理路与和谐社会价值诉求的齿接，是经济法对构建和谐社会的一种极为重要的体现。

二、重构的经济法价值目标实现理路对和谐社会的利好

上面已从纵横两种利益视角对经济法价值目标实现理路进行了详细全面的分析，使我们清晰地看到了重构后的经济法价值目标实现理路与和谐社会的价值诉求产生了很好齿接，使得和谐社会的构建取得了足够多的利好。进一步的推导就是，由于经济法为了回应转型中国的社会现实，所以，进行了自我价值实现理路上的革命与更新，这种重构与革新对社会转型产生了更为明确与实际的导入意义，对和谐社会的构建产生了增益意义。也就是说，重构后的社会整体利益实现理路对和谐社会的价值诉求产生了直接的作用，为和谐社会的构建提供了一种制度框架与模版，为和谐社会价值诉求的实现提供了足够多的制度资源，为和谐社会的构建提供增益，产生利好。

1. 价值排序使得各种冲突利益得以互融

实现社会整体利益必须要进行各种价值之间的价值排序，并且要根据不同的时空条件变换排序规则与价值次序。为了实现以上价值目标，经济法在立法与法律运行中，必须要考虑时空条件对不同部门法价值排序影响。先以公平为例，在经济法研究中占有重要地位的“需要国家干预说”将公平表述为：（1）竞争公

---

① 漆彤、漆多俊：《科学发展观：当代中国经济法良法观之核心》，载《法学评论》2006年第6期。

平，即确保市场主体法律地位平等和强调市场主体竞争机会均等；（2）分配公平，即对资源成果的分享公平，并以按劳分配作为我国目前最主要的分配标准；（3）正当的差别待遇，即社会资源要根据人的具体情况作具体分配，要给予社会上处于不利地位的人一定的补偿或救济。① 这就要求经济法在实现公平时，在进行社会利益分配时，要能够保证每个人都能够在经济普遍增长与社会日益繁荣中获得公平的分配。因此，这体现在不同的立法时，对利益分配进行一定程度的选择与重构就显得特别有必要。回到经济法本身，就是要求我们从不同方面进行切入和理解公平的含义。

一方面，不同的部门法对自身目标的界定本身就体现了对不同价值的排序问题。例如，《银行业监督管理法》第 1 条就规定了："为了加强对银行业的监督管理，规范监督管理行为，防范和化解银行业风险，保护存款人和其他客户的合法权益，促进银行业健康发展，制定本法。"而《反垄断法》第 1 条则规定："为了预防和制止垄断行为，保护市场公平竞争，提高经济运行效率，维护消费者利益和社会公共利益，促进社会主义市场经济健康发展，制定本法。"从以上两者的表述就可以看出，《银行业监督管理法》对银行经营行为的管制，其首先指向的目标是"防范和化解银行业风险"。这种对风险的防御与应对，正是体现了该法对经济秩序的重视与理解，也就是说，该法对秩序的维护是置于该法最为重要的地位，其优位于"保护存款人和其他客户的合法权益，促进银行业健康发展"，即在《银行业监督管理法》中秩序价值优位于公平与效率价值。当然这不是说后两者的价值维护在法律体系中不重要，而是指由于不同法律具有不同的取向、立法目标以及自身的制度构建，其对价值的维护应当有先后次序的，如果"胡子眉毛一把抓"，反而可能不得要领，成为其"不能承受之重"。同样，这种论述也可以适用于《反垄断法》。《反垄断法》则是将"保护市场

① 李昌麒、鲁篱：《中国经济法现代化的若干思考》，载《法学研究》1999 年第 3 期。

公平竞争”置于首位，也就是说，公平在反垄断立法中处于优位，这就是将制止竞争不足的目标指向了公平之上，使得公平成为《反垄断法》优先考虑的价值序位。

另一方面，重构后的实现理路也为判断以上价值之间的排序提供了一种思考其互相关系的基础。在本书看来，各个价值判断本身，包括安定、有序、公平、正义之间是存在较多勾连的。例如，正义按照卡拉布雷西的定义，其实质上就是公民对自身的情况受到同样对待的一种简单的价值直觉的评价。① 其认为，如果一个人受到违背道德法典的人的伤害，却得不到补偿，或者如果有人违背道德法典并且受到被伤害却又无辜一方补偿，那么就会让批评者和共同体认为是不公平的。如果我们认为错误或者不道德的行动未受惩罚，并且与对这种行动的可能的受害者的补偿问题没有什么关系。这就是其定义的不正义。在这一论点的指引下，可以看出，无论是实质公平的正义观还是形式公平的正义观，都会存在制度的评价与偏好。因此，公平正义能否实现直接决定了社会安定有序是否能够实现。回到经济法的具体制度中，我们不难发现，回应不同的时空条件以及方法与具体制度构建上是一致的。因此，经济法价值目标实现理路的重构正是适应了这种变化，使得整个社会整体利益的价值判断对和谐社会的构建产生了直接的意义。

2. 重构后的实现理路对和谐社会价值诉求的实现有其自身价值

先说法治。依法规范政府权力，实质就是和谐社会最为重要的价值诉求，在上文已经提及，规范政府权力的方法，实质是把政府权力纳入了法律权威的轨道之中，使得法律权威得以实现，正义本身得到伸张。另外还有公益诉讼是法治力量得到实现的最好体现。② 法治的原理就是将社会纠纷与冲突纳入法律范畴通过司法程

---

① ［美］卡拉布雷西：《事故的成本》，毕竟悦、陈敏、宋小维译，北京大学出版社 2008 年版，第 156 页。

② 苏家成、明军：《公益诉讼制度初探》，载《法律适用》2000 年第 10 期。

序予以解决，并借助法律的特性，经常性地释放内摩擦力以保持社会的长久和谐。法律可诉性的基本要求则是将启动法律运行的权力交由人民行使，只有将诉权交还民众，法律才是相对独立的且自发的并能代表与维护更广大层面上的正义与利益的完备体系，才能有更强大的生命力与不断自我完善的潜力。① 当司法救济不再担当“社会正义的最后一道防线”时，那么，公民的个人权利的存在与实现就成为一纸空文。正如宪政经典作家汉密尔顿所言，司法部门为分立的三权中最弱的一个：行政部门不仅具有荣誉、地位的分配权，而且执掌社会的武力；立法部门不仅掌握财政，且制定公民权利义务准则。和前述两者相比，司法部门既无军权又无财权，不能支配社会的力量和财富，不能采取任何主动的行动，是最小危险的部门。② 现实情况同样如此。政府部门经常违反法律作出干预行为；处于地位优势的主体经常作出损害公民利益，损害社会整体利益的行为。因此，中立、被动地位的法院理应成为维护公民权益，维护社会整体利益，实现社会正义的最后一道防线。将维护社会整体利益的公益诉讼纳入经济法价值目标实现理路，不仅是实现社会整体利益的一种途径，也是和谐社会价值诉求得以实现的保障。如果在维护社会整体利益时，司法救济缺位，或者界限模糊且实际效果欠佳，而是把维护和谐社会利益的所有希望都寄托在政府与官员身上，这一方面会泯灭了走向完善司法制度的希望，更为重要的是将社会整体利益与公民利益的维护同样置于空转的地位。

再说民主。在经济法学者的眼里，“民主是一种社会管理体制，在该体制中社会成员大体上能直接或间接地参与或可以参与影响全体成员的决策”。③ 而对于民主诉求的内容，则是由政府——

---

① 武威：《论公益诉讼制度兼论我国公益制度的缺陷与完善》，载《岭南学刊》2009 年第 2 期。

② ［美］比克尔：《最小危险部门——政治法庭上的最高法院》，姚中秋译，北京大学出版社 2007 年版，第 28 页。

③ ［美］科恩：《论民主》，聂崇信、朱秀贤译，商务印书馆 1988 年版，第 10 页。

社会中间层——市场通过公共治理来实现。社会中间层的兴起使得民主的表达不单只停留在公民个人诉求转化为政治程序和政治过程。而且，公民组成了一个向其提供准公共产品的利益共同体，向社会表达和追求自身的权益与实现。这使得民主在社会的中观层面得到极大的扩展，使得民主成为一种公共利益的表达机制。同时，民主也是一种公共与社会的叙事立场，其能疏理利益、通达诉求，在不同层面使社会主体的利益得到表达与实现，使原本处于高度冲突的情绪在表达中归于平静与安全，使得高度冲突的利益可以得到协调与均衡。另外，民主也是对专制与集权的最有效克服与治理。① 由此可见，社会中间层的兴起是权力实质与民主精神相契合的结果，其改变了传统公共治理的模式，剔除了传统管制手段上的“命令—服从”模式，使其可以与管理者协商决策，参与管理决策过程，使公共决策能够获得更大的正当性，使得民主理念在权力运行的过程中得以体现。以消费者权益保护组织为例，经营者之间、经营者与消费者之间均存在根本的利益博弈，在这种博弈之间必然会产生两种成本：消费者的信息搜集成本以及经营者的信息发布成本。同时，经营者为了在竞争中取胜，会实施侵犯诚信经营原则的行为从而使得消费者与经营者之间产生争讼成本。传统的社会管制对此种情形的处理可能就是行政机关实施的行政处罚或者人民法院的民事裁决。但就整个社会的运行成本而言，无论何种方式都会导致社会成本的浪费。而且，这两种解决方式都带有强制性，在权威的国家机器或者强大的经营者面前，消费者都是处于弱势地位，都不能真正地保障其利益诉求的真实表达。消费者权益组织作为社会中间层，其介入使得消费者与经营者、政府之间获取平等对话的机会，在平等协商的基础上解决矛盾，实现利益的和谐，也会使得整个社会的交易成本大大降低。这个过程本身就是一种民主，即保障弱势群体能选择最符合自己利益诉求的利益表达机制，而使和谐社会变得更为平滑与顺畅。

---

① 单飞跃：《需要国家干预说的法哲学分析》，载《现代法学》2005 年第 2 期。

3. 扩大社会整体利益总量

社会创造力和活力的源泉根本在民众。在公民社会比较发达的欧洲国家，国家很注意与公民社会的互动，努力使普通民众成为和谐社会建设中的活力因子。此外，保持社会动力机制与利益协调机制的均衡，才能在充满活力的同时保持相对的稳定。为此，必须注重在两者之间保持一定程度的平衡，既建立和健全动力机制来保持社会活力，又通过利益协调机制维护社会的和谐与稳定。更为重要的是，必须注重人才的培育。因为，“人”是社会创造力各主体中最活跃的因素。因此，在处理利益分配时，必须要保证社会上最大的利益群体利益受到保障。这也是社会整体利益的实现理路的要求，同时也是和谐社会的内在含义。

4. 扩张利益和谐的视角范围

20 世纪 90 年代以来，中国开始进入工业化和城市化的加速扩张阶段，这一扩张阶段无不彰显着经济发展与环境保护之间的互动平衡关系。自然资源禀赋的差异影响着经济的发展，经济发展也会给环境带来一定的压力。而当发展经济所造成的环境压力超越了环境的承载能力时，环境的恶化就会进入一种不可逆转的状态。在发展的较低阶段，经济活动和环境污染水平都较低；到了快速增长阶段，资源的耗费超过再生能力，导致环境恶化；在更高的发展阶段上，人们的环境意识和政府的管理能力提高了，污染产业停止生产或被转移，发展带来的积累可以用来治理环境，于是环境开始改善。① 以上都反映了在和谐社会构建的背景下，必须要正确处理生态等社会利益因素。经济法价值目标实现理路环境保护因素，正如之前所述，一般采取生态补偿的方式来进行，这就是一种支付补贴的形态。按照学者的定义，狭义的生态补偿制度是指由人类的社会经济活动给生态系统和自然资源造成的破坏及对环境造成的污染的补偿、恢复、综合治理等一系列活动的总称；广义的生态补偿制度还包括对环境保护而丧失发展机会的区域内的居民进行的资金、技

---

① 蔡昉等著：《制度、趋同与人文发展》，中国人民大学出版社 2002 年版，第 197 页。

术、实物上的补偿、政策上的优惠以及增进环境保护意识、提高环保水平而进行科研、教育费用的支出。①《水污染防治法》（2008）第 7 条明确规定："国家通过财政转移支付等方式，建立健全对位于饮用水水源保护区区域和江河、湖泊、水库上游地区的水环境生态保护补偿机制。"另外，在《草原法》、《防沙治沙法》中也有关于生态补偿的规定。

① 吕忠梅：《超越与保守——可持续发展视野下的环境法创新》，法律出版社 2003 年版，第 355 页。

结　语

中国人民大学法学院刘文华教授在给其学生孔德周博士论文《系统经济法论》作序时写道：“经济法理论问题是一块难啃的骨头，又是经济法学中‘最清贫’的一个研究方向。”我感同身受，“清贫”的我，行文至此，也该回过头来，对这一难啃的选题作一简单的梳理、总结与反思，只有这样，才能更加理性地发现自己在写作过程中的得与失，为下一次的前行和进步积累经验，扫清迷思与困惑的障碍，更好地去探寻经济法价值目标实现理路的真谛。

本书是在转型中国语境下开场，以马克思主义利益论为分析工具，分析了经济法价值目标传统实现理路的困惑，阐明了经济法价值目标实现理路的诱因、基础及取向，在此基础上，提出了经济法价值目标实现理路的具体制度设计。最后，论述了重构后的经济法价值目标实现理路与和谐社会的价值诉求的齿接与利好。从表面看似乎达到了预期的研究目的，但是从作者的写作历程来看，越写到最后自己越感困惑，满目尽是未尽之处，更觉得自己知识的浅薄，颇有一种“不识庐山真面目，只缘身在此山中”的感触，越觉得经济法的博大精深、马克思主义原理的浩如苍穹。冥冥之中好像也比较理解兄弟部门法对经济法的责难和非议，这种理解也让我体悟了经济法兼容并蓄、博爱包容的价值真谛。在“混沌”中虽未探寻到理想的“秩序”和自洽的理路，但也许正是因为这种不完美才让我产生了对完美的执著追求，才有“路漫漫其修远矣，吾将上下而求索”的奋斗豪情。通过买书——看书——教书——写书的过程磨炼和不断试错的溺水洗礼，有意为之的量变和虔诚的付出成就了她（本文）的模样，虽然，她没有漂亮的身段（意指本文架构）和深刻的内涵，但她犹如我十月怀胎的孩子，我爱着她，她的出生不是我一人的成绩，而是，一个大家庭的结晶，有老师的付出、领导的关爱、家庭的支持、还有朋友的帮助。同时笔者深知在一个不成熟的学科进行科研创新，它是有风险的，难免遭人怀疑和责难，还可能会有流产消生的不幸危险。我要说的是，在一些基本方法和认知尚未得到学界广泛接受的条件下，一个睿智而又雄辩的经济法学家可能都无法说服一个法学理论的初学者，也许正因为这，我大胆地切换了传统的研究视角，突破性地把马克思主义利益理论移植到经济法的研究视域，把它作为一种方法论去证成在社会转型期中国经济法价值目标传统实现理路的困惑，以及在转型中国的维度上，"规范政府权力，促成利益均衡机制"这条重构后的理路能与和谐社会构建进行齿接，并产生利好。于是乎，我决定把经济法价值目标实现理路研究的回顾总结与反思展望，来构成本部分的主要内容。乃结束语。

一、对经济法价值目标实现理路研究的总结与回顾

结论一：经济法的价值目标为社会整体利益。

这里就要回答两个问题，第一，社会整体利益的客观存在性；第二，社会整体利益作为经济法的价值目标的合理性。从本文的证成环节来看，应该是自足自洽的。从价值界定的范式选择入手，按价值——法的价值——经济法的价值，这样一个逻辑顺序，得出经济法价值的内涵，在此基础上指出经济法的价值体系是由自由、秩序、效率、正义等既具备整体法秩序又具备严密逻辑架构的价值元素构成。尔后，对经济法价值、经济法价值目标以及经济法价值取向进行比对分析，指出其间关系——价值目标是基于一般法价值的逻辑基础而产生，是对一般法价值整合与优选的结果，为切入和研究主题作奏前准备；其次，对法的本位观进行探讨和思考，指出经济法以调整社会公共利益作为出发点，维护社会整体利益，以社会整体利益为本位。在明确经济法社会本位观后，社会本位的指向已转换为社会整体利益，也就是说，在社会的基础之上，社会整体利益作为经济法价值目标这一命题是其正常的逻辑推演结果。如果将社会作为一个整体，其存在着由其自身性质所决定的利益，在构建

一个以社会为主体的利益关系里面，最为重要的就是社会整体利益，即社会整体层面上的利益，这是对个人利益、国家利益的超越与反思，也是经济法得以存在与发展的要件之一。这部分从两个角度展开，首先从分析的前提：市民社会与政治国家的二元理论——分析的基础，形式理性的衰微与实质理性的兴起——分析的视角，社会化趋势三个不同方面证成社会整体利益的客观存在性；然后，从民法视域下社会整体利益与个人利益的矛盾关系——行政法视域下社会整体利益与国家利益的比对——经济法语境下实质正义和形式正义的博弈，即经济法语境下实质正义的回归三个不同的方面去证成社会整体利益作为经济法价值目标的合理性；最后深入论述了以马克思主义利益论为视角对转型期中国经济法价值目标实现理路研究的意义。引入马克思主义利益论基本框架，是为了阐述利益论对经济法价值目标研究的现实意义，为转型期我国经济法价值目标实现理路重构指引方向。

结论二：我国经济法价值目标传统实现理路在社会转型期出现了困惑。

为了证成这个结论，我们首先分析了我国经济法价值目标传统实现理路为市场失灵——政府干预。批判了主流经济法学把西方主要资本主义国家经济法产生的路径范式“市场失灵——政府干预”作为我国经济法理论逻辑起点的局限性，把西方国家成熟市场经济社会中的问题及西方经济法理论“旨在回答的问题虚构为中国自己发展进程中的问题”，这种“离乡背井”式研究遮蔽了中国自己的“真正问题”，无法为转轨改革提供有价值、有针对性的指导。这就为第三章社会转型和我国经济法价值目标传统实现理路的困惑的撰写埋下伏笔，作了铺垫。其次，分析现有的经济法价值目标的实现理路与转型中国的社会环境产生背离与张力，乃至造成了仍采用经济法价值目标的传统实现理路，无法实现经济法的价值目标——社会整体利益。也就是说，加入社会转型这一变量，经济法价值目标传统实现理路范式对经济法的价值目标社会正整体利益的维护出现了困惑与盲点。

结论三：重构后的经济法价值目标实现理路为：“规范政府权

力，促成利益均衡机制。”

按照一般的逻辑进路，接下来的任务是回到“转型中国”语境之下，在“中国”维度之上讨论我国经济法价值目标社会整体利益传统实现理路重构的问题，这样才能使经济法的本身成为一个可以适用，能够回应本土问题的法律部门。为此，首先从直接意义上阐述社会整体利益实现理路重构的诱因，这包括本土资源的社会症结、全球化的影响、现代化的要求、传统法律调控的困惑、经济法外围学科环境变化的影响五大因素，这使得经济法价值目标实现理路重构成为必要；重构并不是经济法本身能够完成的，必须借助特定的环境才可能实现。为此，本章第二节从经济利益环境、政治利益环境、法治利益环境三个方面详细地论述了经济法价值目标实现理路进行自我重构的基础。这使得经济法价值目标实现理路重构成为可能。最后，进一步阐析了转型期重构经济法价值目标实现理路的取向，以上三个方面只是从宏观的层面对经济法价值目标实现理路提出了一些建设性指导意见，还未涉足经济法价值目标实现理路加入社会转型这一变量后，到底如何铺设具体的制度架构，接下来作者以纵横两种利益视角为基本框架，把重构后经济法价值目标的实现理路探索性的设计为“规范政府权力，促成利益均衡机制”。从纵横两种利益视角来阐析经济法价值目标实现理路内容本身是一个有机统一的整体：规范政府权力要求现时掌握最多社会资源的政府打破原有计划经济“全能政府”的路径依赖，放松整个社会利益的过度强控制，以促使在政府之外有足够多的权利与利益内容，培育足够多的利益主体勃兴，这既是做大社会整体利益，也是在政府层面合理调整利益结构的结果。而对于利益均衡机制，则是在既有的利益总量条件下，通过利益均衡具体机制一方面扩大社会整体利益，另一方面也促成社会整体利益的均衡。同时，均衡机制本身也需要政府权力作为保证。两者相辅相成，相互作用，共同促进经济法的价值目标社会整体利益的实现。

结论四：“规范政府权力，促成利益均衡机制”能与和谐社会的价值诉求产生齿接与利好。

回归主流政治话语。论述重构后的经济法价值目标实现理路对和谐社会价值诉求的回应。首先论述在利益论视野下的和谐社会问题，陈述何为和谐社会，分析了和谐社会的价值诉求。然后进一步指出，和谐社会价值诉求的关键是：从利益冲突转向利益和谐。运用马克思主义利益理论入木三分的剖析了重构后的经济法价值目标实现理路：规范政府权力，促成利益均衡机制，能够很好地化解我国社会转型期出现的利益矛盾和利益冲突，实现社会主义和谐社会。最后，深入剖析了重构后的经济法价值目标实现理路对和谐社会价值诉求的齿接与利好。

二、对转型期经济法价值目标实现理路研究的反思

当然，由于本书涉及的学科领域较多，同时作者本人专业知识所限，本书只能在一定的学科范围内展开论述，而不能将理论发展到一个完整的、最终的框架。或者说本书更多的是提出一个问题，提供一种角度，引发理论界多一种思考，希望更多本土的学者能将马克思利益理论引入到经济法的研究中去。因此，本书至少在以下几个方面存在继续推进的可能：

第一，本文界定经济法价值目标——社会整体利益的论说相对薄弱。对经济法价值目标论说，应当是遵循从价值，再到价值目标，最后结合经济法本身而进行完善的。但是，价值目标这一概念就在中外的经典论述就汗牛充栋。而本书重点在于探求一系列具体制度的运行情况，而没有对这一形而上的概念进行全面的耙梳和更为全面详细的证成，使得理论证成的基础存在诸多薄弱之处。

第二，从宏观角度论说经济法价值目标实现理路现行的运作情况不够完整。论说现时的经济法价值目标传统实现理路加入社会转型这一变量可能出现问题，必须要指明其在运行过程中存在那些具体问题。而这种问题的论说必须是从整体上进行把握，即便具体个案能够反映出问题，但并不能从完整地描述制度运行的实情。这种实情的概括必须借助一定的数据统计口径与数据框架方能实现。而在现时的中国经济法学界也无法提供上述一个确定的框架，而本书也无法说明这一框架，而只能通过个别指标，个别数据的引入，说明某一问题从整体上存在问题，可能影响经济法价值目标实现理路

的运作，进而难以保障经济法价值目标社会整体利益的实现。

第三，如何更紧密、更自洽地把马克思主义利益论作为一种分析工具，来论说经济法价值目标传统实现理路在社会转型期不能胜任社会整体利益的实现，又如何自洽地运用马克思利益论来证成社会转型期经济法的价值目标实现理路应该设计为规范政府权力，促成利益均衡机制。又如何自洽地运用马克思利益论来证成重构后的实现理路能够促进社会整体利益的实现。虽然本文在两者的粘连度上取得了一定的创新和突破，但相恰互适性的证成，还需要进一步的挖潜和深究。

第四，对实现理路的整体建构需要进一步细化。本书认为，对经济法价值目标传统实现理路进行重构为了更好地实现社会整体利益。而这种利益的实现理路应当从纵横向两个利益视角进行具体建构。然而，这种利益理路的实现其实还是更多在理论上进行展开，而如何转化为具体的经济法制度甚至是经济法条文都需要结合具体的时空条件与制度运行背景。因此，这种实现理路的实践面向还是相对较薄弱，也需要进一步深入和细化。

参考文献

一、国内文献

（一）国内书著类

1. 李永成：《经济法人本主义论》，法律出版社2006年版。

2. 段藏、王玉梅、余松林：《国际商法》，华中科技大学出版社2010年版。

3. 陈业宏、曹胜亮：《新公司法要论》，华中科技大学出版社2009年版。

4. 李昌麒：《经济法理念研究》，法律出版社2009年版。

5. 白琳：《社会和谐的制度基础》，中央编译出版社2008年版。

6. 张守文：《经济法研究》，北京大学出版社2010年版。

7. 王人博，程燎原：《法治论》，山东人民出版社1998年版。

8. 邱本：《市场法治论》，中国检察出版社2002年版。

9. 郝云：《利益理论比较研究》，复旦大学出版社2007年版。

10. 张建文：《转型时期的国家所有权问题研究：面向公共所有权的思考》，法律出版社2008年版。

11. 洪远朋、卢志强，陈波：《社会利益关系演进论》，复旦大学出版社2006年版。

12. 马艳、周扬波：《劳资利益论》，复旦大学出版社2009年版。

13. 朱鸣雄：《整体利益论》，复旦大学出版社2006年版。

14. 刘光华：《经济法的分析实证基础》，中国人民大学出版社2008年版。

15. 张世明:《经济法学理论演变研究》,中国民主法制出版社2002年版。

16. 王伟光:《利益论》,人民出版社2001年版。

17. 管斌:《混沌与秩序》,北京大学出版社2010年版。

18. 刘哲昕:《系统经济法论》,北京大学出版社2006年版。

19. 章谦凡:《市场经济的法律调控》,中国法制出版社1998年版。

20. 王全兴:《经济法基础理论专题研究》,中国检察出版社2002年版。

21. 王伦光:《价值追求与和谐社会构建》,浙江大学出版社2006年版。

22. 陈嘉明:《现代性与后现代性十五讲》,北京大学出版社2006年版。

23. 杨清涛等:《和谐之道:社会转型期人民内部利益矛盾解析》,人民出版社2009年版。

24. 刘晓凯:《利益分化与政治稳定》,人民出版社2008年版。

25. 马英:《论法律的现代性》,吉林大学出版社2009年版。

26. 李林:《依法治国与和谐社会建设》,中国法制出版社2007年版。

27. 郭庆堂、王昭风、丁祖豪、唐明贵:《哲学通论》,中国社会科学出版社2008年版。

28. 时建中:《经济法基础论文献集要》,中国政法大学出版社2009年版。

29. 李龙:《人本法律观研究》,中国社会科学出版社2006年版。

30. 杜齐才:《价值与价值观念》,广东人民出版社1987年版。

31. 孙立平:《现代化与社会转型》,北京大学出版社2005年版。

32. 张玉堂:《利益论——关于利益冲突与协调问题的研究》,武汉大学出版社2001年版。

33. 付子堂:《法之理在法外》,法律出版社2003年版。

34. 沈宗灵：《现代西方法》，北京大学出版社 1992 年版。

35. 周枏：《罗马法原论》（上），商务印书馆 2002 年版。

36. 朱鸣雄：《整体利益论——关于国家为利益主体的利益关系研究》，复旦大学出版社 2006 年版。

37. 张晓明：《伟大的共谋——市场经济条件下的利益研究》，中国人民大学出版社 2002 年版。

38. 顾培东：《社会冲突与诉讼机制》，法律出版社 2004 年版。

39. 张文显：《法律基本范畴研究》，中国政法大学出版社 1998 年版。

40. 卓泽渊：《法的价值论》，法律出版社 1999 年版。

41. 漆多俊主编：《经济法论丛》（第 11 卷），中国方正出版社 2005 年版。

42. 李昌麟主编：《经济法论坛》，群众出版社 2003 年版。

43. 曹胜亮编著：《经济法》，华中科技大学出版社 2009 年版。

44. 邓正来：《中国法学向何处去》，商务印书馆 2006 年版。

45. 王吉胜：《中西著名思想命题要览》，辽宁教育出版社 1996 年版。

46. 张文显主编：《法理学》，法律出版社 1997 年版。

47. 段葳：《经济法的价值目标与人文理念》，华中师范大学 2005 年经济法学硕士论文。

48. 穆虹：《经济法价值研究》，山东大学出版社 2009 年版。

49. 张文显：《法学基本范畴研究》，中国政法大学出版社 1992 年版。

50. 刘军宁编：《市场逻辑与国家观念》，三联书店 1995 年版。

51. 杨春学：《经济人与社会秩序分析》，上海三联书店、上海人民出版社 1998 年版。

52. 史际春、邓峰：《经济法总论》，法律出版社 1998 年版。

53. 夏勇：《法理讲义——关于法律的道理与学问》，北京大学出版社 2010 年版。

54. 李道军：《法的应然与实然》，山东人民出版社 2001 年版。

55. 李宜琛：《民法总则》，台湾正中书局 1977 年版。

56. 《辞海》，上海辞书出版社 1999 年版。

57. 欧阳奚谷编：《法学通论》，上海会文堂编译社 1933 年版。

58. 李昌麒主编：《经济法学》，中国政法大学出版社 1999 年版。

59. 张明楷：《法益初论》，中国政法大学出版社 1999 年版。

60. 《史记·货殖列传》。

61. 郭道晖：《法理学精义》，湖南人民出版社 2005 年版。

62. 苗东升：《系统科学精要》，中国人民大学出版社 1998 年版。

63. 邱本：《自由竞争与秩序调控》，中国政法大学出版社 2001 年版。

64. 赵华：《论经济法社会本为原则的确立》，东北师范大学 2005 年政治学理论硕士论文。

65. 薛克鹏：《经济法的定义——社会公共利益论》，中国法制出版社 2003 年版。

66. 梁慧星：《民法总论》，法律出版社 1996 年版。

67. 张文显主编：《法理学》，高等教育出版社、北京大学出版社 2001 年版。

68. 何勤华，李秀清：《民法学论文精粹》，法律出版社 2003 年版。

69. 岳彩申：《经济法的形式理性》，法律出版社 2004 年版。

70. 漆多俊：《转变中的法律：以经济法为中心视角》，法律出版社 2007 年版。

71. 吴越：《经济宪法学导论：转型中国经济权利与权力的博弈》，法律出版社 2006 年版。

72. 李昌麒、刘瑞复：《经济法》，法律出版社 2004 年版。

73. 杨紫煊主编：《经济法》（第三版），高等教育出版社、北京大学出版社 2008 年版。

74. 张宏森等主编：《中国经济法原理》，上海社会科学院出版社 1989 年版。

75. 史际春：《探究经济和法互动的真谛》，法律出版社 2002

年版。

76. 陶和谦：《经济法理论学术论文集》，群众出版社 1985 年版。

77. 何勤华：《美国法律发达史》，上海人民出版社 1998 年版。

78. 漆多俊主编：《经济法》，高等教育出版社 2007 年版。

79. 刘瑞复主编：经济法学原理，北京大学出版社 2000 年版。

80. 漆多俊主编：《经济法学》，高等教育出版社 2003 年版。

81. 李昌麒主编：《经济法学》，中国政法大学出版社 2002 年版。

82. 史际春、邓峰主编：《经济法学评论》（第二卷），中国法制出版社 2002 年版。

83. 徐杰主编：《经济法论丛》（第一卷），法律出版社 2000 年版。

84. 符启林主编：《经济法学》，中国政法大学出版社 2005 年版。

85. 刘瑞复：《新经济法论》，中国政法大学出版社 1991 年版。

86. 沈宗灵主编：《法理学》，北京大学出版社 2000 年版。

87. 北京大学哲学系：《古希腊罗马哲学》，三联书店 1957 年版。

88. 陈兴良：《刑法的价值构造》，中国人民大学出版社 1998 年版。

89. 魏振瀛主编：《民法》，北京大学出版社、高等教育出版社 2000 年版。

90. 刘隆亨主编：《经济法概论》，北京大学出版社 2002 年版。

91. 徐强胜：《经济法和经济秩序的建构》，北京大学出版社 2008 年版。

92. 梁慧星：《从近代民商法到现代民商法》，中国法制出版社 2000 年版。

93. 薛幕桥：《社会主义经济问题研究》，人民出版社 1983 年版。

94. 毛德龙著：《中国经济法学研究的转型与转型期经济法研

究》，中国法制出版社 2010 年版。

95. 漆多俊主编：《经济法学》（第二版），武汉大学出版社 2008 年版。

96. 徐杰主编：《经济法论文》（第二版），法律出版社 2001 年版。

97. 吕忠梅，陈虹：《经济法原论》，法律出版社 2008 年版。

98. 张守文：《经济法研究》（第 1 卷），北京大学出版社 2002 年版。

99. 张守文、于雷：《市场经济与新经济法》，北京大学出版社 1993 年版。

100. 杨紫煊主编：《经济法》（第三版），高等教育出版社、北京大学出版社 2008 年版。

101. 金观涛、刘青峰：《兴盛与危机——论中国封建社会的超稳定结构》，湖南人民出版社 1984 年版。

102. 李景鹏：《中国政治发展的理论研究纲要》，黑龙江人民出版社 2000 年版。

103. 陶德麟：《社会稳定论》，山东人民出版社 1999 年版。

104. 刘德良：《网络时代的民商法理论与实践》，人民法院出版社 2008 年版。

105. 李培林：《另一只看不见的手》，社会科学文献出版社 2005 年版。

106. 景天魁：《社会发展的时空结构》，黑龙江人民出版社 2001 年版。

107. 康树华、王岱、冯树梁：《犯罪学大辞典》，甘肃人民出版社 1995 年版。

108. 唐德刚：《晚清七十年》，岳麓书社 1999 年版。

109. 兰久富：《社会转型时期的价值观念》，北京师范大学出版社 1999 年版。

110. 朱景文：《现代西方法社会学》，法律出版社 1994 年版。

111. 陶鑫良、袁真富：《知识产权法总论》，知识产权出版社 2005 年版。

112. 梁慧星:《从近代民商法到现代民商法》，中国法制出版社 2000 年版。

113. 费孝通:《乡土中国》，生活·读书·新知三联书店 1984 年版。

114. 韩雪:《从多元到和谐：和谐社会的构建》，中央编译出版社 2006 年版。

115. 杨炼:《立法过程中的利益衡量研究》，法律出版社 2010 年。

116. 张文显主编:《法理学》(第三版)，高等教育出版社、北京大学出版社 2007 年版。

117. 刘小枫:《现代性社会理论绪论》，上海三联书店 1998 年版。

118. 刘水林:《经济法基本范畴的整体主义解释》，厦门大学出版社 2006 年版。

110. 康晓光:《权力的转移——转型时期中国权力格局的变迁》，浙江人民出版社 1997 年版。

120. 王颖、折晓叶、孙炳耀:《社会中间层——改革与中国的社团组织》，中国发展出版社 1993 年版。

121. 中国青少年基金会、非营利组织研究委员会主编:《扩展中的公共空间——中国第三部门年鉴（2001）》，天津人民出版社 2002 年版。

122. 罗豪才等编:《软法与公共治理》，北京大学出版社 2006 年版。

123. 陈新民:《德国公法学基础理论》(上册)，山东人民出版社 2001 年版。

124. 梁治平:《法辩：中国法的过去、现在与未来》，中国政法大学出版社 2002 年版。

125. 沈宗灵:《现代西方法理学》，北京大学出版社 1992 年版。

126. 李昌麒主编:《中国经济法治的反思与前瞻》，法律出版社 2001 年版。

127. 黄仁宇：《万历十五年》，中华书局 2007 年版。

128. 何清涟：《经济学与人类关怀》，广东教育出版社 1998 年版。

129. 李妙根：《为政尚异论——章士钊文选》，上海远东出版社 1996 年版。

130. 梁治平编：《国家、市场、社会：当代中国的法律与发展》，中国政法大学出版社 2006 年版。

131. 王名、刘国翰、何建宇：《中国社团改革——从政府选择到社会选择》，社会科学文献出版社 2001 年版。

132. 王名：《非营利组织管理概论》，中国人民大学出版社 2002 年版。

133. 苏永钦：《经济法的挑战》，五南图书出版公司 1985 年版。

134. 卢现祥：《西方新制度经济学》，中国发展出版社 2003 年版。

135. 漆多俊主编：《经济法论丛》，中国方正出版社 1999 年版。

136. 颜运秋：《公益诉讼理念研究》，中国检察出版社 2002 年版。

137. 韩志红：《经济法调整机制研究》，中国检察出版社 2005 年版。

138. 安守廉：《窃书为雅罪》，李琛译，法律出版社 2010 年版。

139. 单飞跃：《经济法理念与范畴解析》，中国检察出版社 2002 年版。

140. 蒋安：《经济法理论研究新视点》，中国检察出版社 2002 年版。

141. 王尚辉主编：《社会和谐发展论》，社会科学文献出版社 2007 年版。

142. 李培林：《和谐社会十讲》，中华书局 2009 年版。

143. 谢晓尧：《竞争秩序的道德解读》，法律出版社 2005 年版。

144. 高鸿钧等著：《商谈法哲学与民主法治国——〈在事实与规范之间〉阅读》，清华大学出版社 2007 年版。

145. 蔡昉等著：《制度、趋同与人文发展》，中国人民大学出版社 2002 年版。

146. 吕忠梅：《超越与保守——可持续发展视野下的环境法创新》，法律出版社 2003 年版。

147. 李昌麒：《中国经济法治的反思与前瞻》，法律出版社 2001 年版。

148. 黄文艺：《中国法律发展的法哲学反思》，法律出版社 2010 年版。

149. 苏力：《法治及其本土资源》（修订版），中国政法大学出版社 2004 年版。

150. 翟鸿祥：《行业协会发展理论与实践》，经济科学出版社 2003 年版。

151. 唐士其：《国家与社会的关系》，北京大学出版社 1998 年版。

（二）马列文献类

1. 《马克思恩格斯全集》（第 1 卷），人民出版社 1956 年版。

2. 《马克思恩格斯全集》（第 21 卷），人民出版社 1956 年版。

3. 《马克思恩格斯全集》（第 2 卷），人民出版社 1957 年版。

4. 《马克思恩格斯全集》（第 3 卷），人民出版社 1960 年版。

5. 《马克思恩格斯全集》（第 2 卷），人民出版社 1965 年版。

6. 《马克思恩格斯选集》（第 1 卷），人民出版社 1972 年版。

7. 《马克思恩格斯选集》（第 2 卷），人民出版社 1972 年版。

8. 《马克思恩格斯选集》（第 3 卷），人民出版社 1972 年版。

9. 《马克思恩格斯选集》（第 4 卷），人民出版社 1972 年版。

10. 《马克思恩格斯全集》（第 23 卷），人民出版社 1972 年版。

11. 《马克思恩格斯全集》（第 4 卷），人民出版社 1974 年版。

12. 《马克思恩格斯全集》（第 3 卷），人民出版社 1982 年版。

13. 《马克思恩格斯全集》（第 40 卷），人民出版社 1982 年版。

14.《马克思恩格斯选集》(第1卷),人民出版社1995年版。
15.《马克思恩格斯选集》(第2卷),人民出版社1995年版。
16.《毛泽东著作选读》(下),人民出版社1991年版。
17.《邓小平文选》(第3卷),人民出版社1993年版。

(三)国内论文类

1. 邓社民、杨连专:《经济法价值论》,载《甘肃政法学院学报》1997年第1期。

2. 冯果、万江:《求经世之道 思济民之法——经济法之社会整体利益观诠释》,载《法学评论》2004年第3期。

3. 冯果:《经济法本质探微——经济法概念界定和制度构建的理性基础分析》,载《学习理论》2007年第2期。

4. 冯果:《社会变迁和经济法观念更新》,载《经济法学家》2004年。

5. 刘淑娟、何长松:《论经济法价值的经济价值》,载《湖南税务高等专科学校学报》2006年7月第4期。

6. 蒙启红:《论经济法价值取向的选择》,载《学术交流》2005年12月第12期。

7. 孙贵付、邓昊明:《经济法价值取向定位思考》,载《经济研究导刊》2007年第10期。

8. 金奂佶:《浅析经济法的价值》,载《科教文汇》2007年1月。

9. 丁建军:《浅析经济法的价值本质及其法律特征》,载《江西社会科学》2006年6月。

10. 许少波:《经济法的价值取向与可持续发展》,载《河南社会科学》2000年第2期。

11. 孟庆垒:《论经济法的价值体系》,载《泰山学院学报》2004年9月第5期。

12. 吴保宏:《试论经济法的价值》,载《广州大学学报(社会科学版)》2004年8月第8期。

13. 沈晓阳,刘力永:《个人本位与社会价值取向》,载《安徽师范大学学报》2000年2月第1期。

14. 刘钢明、潘虹：《经济法价值目标的反思与重构》，载《经济师》2005 年第 3 期。

15. 杨仕兵：《论政府失灵与经济法的价值取向》，载《财贸研究》2003 年 1 月。

16. 赵成瑜：《论经济法价值的新定位》，载《湖南社会科学》2003 年 4 月。

17. 李德顺：《价值论研究的现实意义》，载《学术探索》2009 年第 4 期。

18. 张昃昊：《论经济法价值生成的基础——一种原性的思考》，载《山东社会科学》2003 年第 4 期。

19. 李鉴修：《马克思主义利益理论视野中的和谐社会建设》，载《河北学刊》2008 年 9 月第 5 期。

20. 长浩：《近年来利益理论研究述评》，载《渤海大学学报（哲学社会科学版）》2004 年 9 月第 5 期。

21. 叶姗：《论经济法的公私融合性》，载《华南师范大学学报（社会科学版）》2008 年第 3 期。

22. 高灿、温志勇：《经济法与民法价值之比较》，载《南华大学学报（社会科学版）》2008 年 4 月第 2 期。

23. 陈恭健、蒋进：《试论经济法的价值功能》，载《中共福建省委党校学报》2003 年 2 月 10 日第 2 期。

24. 王保树：《论经济法的法益目标》，载《清华大学学报（哲学社会科学版）》2001 年第 5 期。

25. 陈云良：《回到中国——转轨经济法的存在及其价值》，载《法制与社会发展》2007 年第 6 期。

26. 李文涛：《经济法价值研究的误区研讨》，载《理论界》2006 年第 7 期。

27. 罗豪才：《和谐社会的公法构建》，载《中国法学》2004 年第 4 期。

28. 张英：《论经济法的基本价值取向》，载《法律科学》2004 年第 4 期。

29. 杨三正：《论经济法的人本主义理念》，载《云南社会科学》2004 年第 4 期。

30. 常健：《试论经济法的价值——从三维视角的再审视》，载《天津市政法管理干部学院学报》2004 年第 3 期。

31. 陈运华：《论经济法的人性基础》，载《河北法学》2002 年第 2 期。

32. 吕忠梅：《经济法的边缘》，载《法商研究》1995 年第 4 期。

33. 赵万一：《论民商法价值取向的异同及其对我国民商立法的影响》，载《法学论坛》2003 年第 6 期。

34. 薛克鹏：《论经济法的社会本位理念及其实现》，载《现代法学》2006 年第 6 期。

35. 吴凤君：《构建和谐社会与经济法的价值实现》，载《法制与社会》2006 年第 8 期。

36. 刘洲：《反思与发展；对经济法社会利益观的评析——兼论经济法的独立性》，载《四川师范大学学报（自然科学版）》2007 年第 1 期。

37. 何治中：《经济法价值与和谐社会的构建》，载《重庆文理学院学报》2007 年第 1 期。

38. 顾功耘：《略论经济法的理念、基本原则与和谐社会的构建》，载《法学》2007 年第 3 期。

39. 漆彤、漆多俊：《科学发展观：当代中国经济法良法观之核心》，载《法学评论》2006 年第 6 期。

40. 颜运秋：《论经济法的根本价值取向及其实现》，载《法商研究》1999 年第 4 期。

41. 李卓：《利益语境下经济法的价值分析》，载《当代法学》2006 年第 3 期。

42. 李平：《经济法的价值理念与可持续发展理论》，载《河南省政法管理干部学院学报》2004 年第 4 期。

43. 赵学清、雍灵：《对我国经济法价值定位的再思考》，载《西南民族大学学报人文社科版》2005 年第 12 期。

44. 甘强：《经济法与社会法的法本位界分——经济法与社会

法关系研究之视角》，载《理论界》2005 年第 5 期。

45. 秦守勤：《和谐社会中的经济法》，载《行政与法》2006 年第 12 期。

46. 孙崇凯：《论经济法利益分配与经济安全价值》，载《青海师范大学学报（哲学社会科学版）》2008 年第 3 期。

47. 董文军、曹盛：《经济法的利益观》，载《当代法学》2005 年第 1 期。

48. 余少祥：《什么是公共利益——西方法哲学中公共利益概念解析》，载《江淮论坛》2010 年第 3 期。

49. 刘云生：《道德祛魅与人性张扬：民法价值论纲》，载《西南民族大学学报》（人文社科版）2004 年第 3 期。

50. 于桂芝：《马克思世界历史视域下个人生存环境探析》，载《学习与探索》2010 年第 3 期。

51. 曾国安、洪丽：《收入分配不公问题的多维解读》，载《江汉论坛》2010 年第 6 期。

52. 宋宝安、王一：《利益均衡机制与社会安全——基于吉林省城乡居民社会安全感的研究》，载《学习与探索》2010 年第 3 期。

53. 崔艳红：《生态文明与科学发展——从“十七大”提出的生态文明理念解读中国的科学发展道路》，载《淮海工学院学报（社会科学版）》2008 年第 3 期。

54. 周旋：《法律社会化的内在途经探究——遵循市民社会的视角》，载《企业技术开发》2009 年第 8 期。

55. 白立强：《究竟是“社会国家化”还是“国家社会化”——从马克思“国家——社会”结构理论看当代中国“政治国家”与“市民社会”的关系》，载《理论探讨》2007 年第 2 期。

56. 罗豪才、袁曙宏、李文栋：《现代行政法的理论基础——行政机关与相对一方权利义务平衡》，载《中国法学》1993 年第 1 期。

57. 谭岳奇：《从形式正义到实质正义——现代国际私法的价值转换和发展取向思考》，载《法制与社会发展》1999 年第 3 期。

58. 江帆：《经济法实质正义及其实现机制》，载《环球法律评论》2007年第6期。

59. 刘英：《社会公共利益：经济法价值追求的现代取向》，载《商丘师范学院学报》2006年第6期。

60. 彭晓娟：《论经济法的价值》，载《天水行政学院学报》2008年第4期。

61. 欧阳明程：《整体利益：市场经济条件下经济法的主导价值取向》，载《法商研究》1997年第7期。

62. 汪渊智：《论民法与经济法的价值差异》，载《人民法院报》，http：//www. aspsky. net。

63. 郭文龙：《需要·价值·利益》，载《广西青年干部学院学报》2008年第5期。

64. 蒋悟真、李晟：《社会整体利益的法律维度》，载《法律科学》2005年第1期。

65. 李昌麒、陈治：《经济法的社会利益考辨》，载《现代法学》2005年第5期。

66. 岳彩申、杨青贵：《论经济法的不确定性的成因与功能——解释法律规范性的新视角》，载《法学评论》2010年第2期。

67. 孙百亮：《“治理”模式的内在缺陷与政府主导的多元治理模式的构建》，载《武汉理工大学学报》2010年第3期。

68. 漆多俊：《控权：通往法治之路的关键》，载《经济社会体制比较》2006年第3期。

69. 糜海燕：《我国社会转型的内涵把握及特征解析》，载《江南大学学报》2009年第1期。

70. 李岩：《民事法益的界定》，载《当代法学》2008年第3期。

71. 蔡炳福：《中国经济法学向何处去——论社会转型期经济法“人”本主义理念重塑的意义》，载《商场现代化》2009年3月（中旬刊）。

72. 朱崇实、李晓辉：《转轨经济法：一种渐进的制度变迁模式——给予经济法学三十年发展历程考察》，载《时代法学》2009年第2期。

73. 王伦刚：《市民社会的多样性与中国经济法学的选择》，载《现代法学》2008年第3期。

74. 吴兴民：《规则与权变：群体性事件及其处置中的政府责任》，载《学习与探索》2010年第3期。

75. 韩美群：《和谐范畴的多维解读》，载《湖北大学学报（哲学社会科学版）》2010年第3期。

76. 包美霞、易赛键：《马克思的自由与法律观》，载《学习与探索》2010年第3期。

77. 李友根：《社会整体利益代表机制研究——兼论公益诉讼的理论基础》，载《南京大学学报（哲学·人文科学·社会科学）》2002年第2期。

78. 史理：《马克思利益理论及当代价值》，载《湖北第二师范学院学报》2008年第6期。

79. 李慧娟：《历史和个人的双重构建》，载《学习与探索》2010年第3期。

80. 蔡翥：《马克思视域下的社会分层再解读——基于社会变迁的挑战与应对》，载《武汉理工大学学报》2010年第3期。

81. 王兆良：《从市民社会到唯物史观——马克思对黑格尔哲学的历史超越》，载《学习月刊》1999年第12期。

82. 王文勇：《林语堂论科学与人文》，载《厦门大学学报》2009年第4期。

83. 汤怡：《当代西方新自由主义的思想渊源探析》，载《武汉理工大学学报》2010年第3期。

84. 毛自鹏：《从人的本质理论看马克思主义与西方新旧人本主义的区别》，载《学术论坛》2010年第5期。

85. 谢宇：《认识中国的不平等》，载《社会》2010年第3期。

86. 余维祥：《马克思主义发展理论的当代阐释》，载《学术论坛》2010年第5期。

87. 王慧然：《理性主义与西方现代性危机》，载《学术交流》

2010年第6期。

88. 段虹，徐晓风：《马克思和谐发展思想及其当代价值》，载《求是学刊》2010年第3期。

89. 叶必丰：《控权论研究》，载《南京大学法律评论》1997年秋季刊。

90. 陈云良：《回到中国——转轨经济法的存在及其价值》，载《法制与社会发展》2007年第6期。

91. 陈云良：《转轨经济法学：西方范式与中国现实之抉择》，载《现代法学》2006年第3期。

92. 邱本：《经济法的存在价值及前景》，载人大复印资料《经济法学、劳动法学》2001年第6期。

93. 江平：《罗马法精神与当代中国立法》，载《中国法学》1995年第1期。

94. 吕忠梅：《论经济法的边缘》，载《法商研究》1995年第4期。

95. 齐丽虹：《国家经济安全与产业政策立法——加入WTO给中国产业带来的冲击与日本经验的启示》，载《云南财贸学院学报》2003年第4期。

96. 吴平魁：《论经济法价值的三重超越》，载《西安财经学院学报》2010年第3期。

97. 张守文：《论经济法的现代性》，载《中国法学》2000年第5期。

98. 彭勃、邵春霞：《改革后中国社会转型的政治逻辑》，载《浙江社会科学》2009年第9期。

99. 刘红臻、肖乾刚：《走向现代性中国经济法发展的过程与启示》，载《法制与社会发展》2003年第1期。

100. 彭真：《在全国第一次经济法制工作经验交流会上的讲话》，载《中国法制报》1982年9月24日。

101. 何平：《论民法与经济法价值定位的二元互补律》，载《山东法学》1999年第4期。

102. 戴辉：《利益群体的利益表达研究综述》，载《资讯通讯》2007年第7期。

103. 李永成：《市场失灵的中国经济法思考》，载《河南师范大学学报（哲学社会科学版）》2005年第3期。

104. 谢增毅：《论基本法的基本基础》，载《浙江学刊》2001年第5期。

105. 谢增毅：《论基本的社会性》，载《江海学刊》2003年第6期。

106. 蔡磊：《论经济法的效益》，载《学术探究》2002年第3期。

107. 罗泽胜：《民法和经济法的经济安全价值之比较》，载《渝西学院学报（社会科学版）》2004年12月第3卷第4期。

108. 单飞跃、刘思萱：《经济法安全理念的解析》，载《现代法学》2003年2月第25卷第1期。

109. 李昌麒、陈治：《经济法的社会利益考辨》，载《现代法学》2005年9月第27卷第5期。

110. 李佳勋：《经济法法益的法理探讨》，载《河南省政法管理干部学院学报》2006年第4期（总第97期）。

111. 江帆：《经济法实质正义及其实现机制》，载《环球法律评论》2007年第6期。

112. 吕忠梅、陈虹：《经济法：在可持续发展的拷问之下》，载《江汉论坛》2006年第2期。

113. 陈云良：《转轨经济法学：西方范式与中国现实之抉择》，载《现代法学》2006年第3期。

114. 胡家强、逄增森：《对我国经济法价值取向重新定位的思考》，载《郑州轻工业学院学报（社会科学版）》2008年第1期。

115. 孔豫湘：《和谐与发展——经济法的法哲学分析》，载《邵阳学院学报（社会科学版）》2005年8月第4卷第4期。

116. 刘英：《社会公共利益：经济法价值追求的现代取向》，载《商丘师范学院学报》2006年第6期。

117. 李昌庚：《再论转轨经济法学：一个务虚的伪命题——对〈时代法学〉2009年第1期相关观点的回应》，载《时代法学》

2009年第3期。

118. 唐孝东：《经济法与民商法价值比较阐析》，载《兰州学刊》2005年第1期。

119. 陈妮：《经济法追求的实质公平》，载《北京工业大学学报（社会科学报）》2008年第4期。

120. 王春娣：《论经济法的公平价值观》，载《江西社会科学》2001年第2期。

121. 尤晓娜：《论经济法的社会公共利益本位——基于经济法的“双重失灵”二元逻辑基础》，载《河北青年管理干部学院学报》2008年第1期。

122. 李昌麒、黄茂钦：《论经济法的时空性》，载《现代法学》2002年第5期。

123. 孔德周：《论中国经济法的价值取向——基于中国经济与社会发展中若干矛盾的分析》，载《改革与战略》2009年第12期。

124. 郭维真：《经济法价值实现的再思考》，载《福建政法管理干部学院学报》2008年第2期。

125. 刘艳、田伟斌：《经济法的主导价值理念：社会整体效益》，载《高等函授学报（哲学社会科学版）》2004年第2期。

126. 许少波：《经济法的价值取向与可持续发展》，载《河南社会科学》2000年第2期。

127. 侯学敏：《经济法、民商法公平观之比较》，载《前沿》2004年第6期。

128. 张霞：《对社会公共利益概念的质疑——社会公共利益作为一种法益的修正》，载《云南行政学院学报》2008年第3期。

129. 李鹏：《对经济法基石范畴与价值追求的反思》，载《甘肃联合大学学报（社会科学版）》2009年第4期。

130. 单飞跃、李莉：《语境中的经济法——关于经济法的话语体系》，载《南京大学学报》2005年第3期。

131. 吴平魁：《中国经济法的规范演进与价值变化》，载《西安财经学院学报》2004年第1期。

132. 黄子凯：《现代经济法产生的民商法基础》，载《浙江学刊》2001年第4期。

133. 卢以品:《社会整体利益至上——对经济法正义性问题的探讨》,载《学术论坛》2001年第2期。

134. 刘广明:《论民法与经济法的共存与互动——基于法律与利益关系》,载《河北青年管理干部学院学报》2008年第1期。

135. 周小明:《论经济法在全面建设小康社会中的作用——从经济法视角解读十七大报告》,载《前沿》2008年第5期。

136. 李德顺:《价值与人的价值的辨析》,载《法律社会科学》1994年第6期。

137. 李昌麒、薛克鹏:《论经济法的精神》,载《重庆大学学报》(增刊)2002年8月。

138. 朱霁:《增量利益关系说与经济法的完善》,载《湖南工程学院学报》2010年第3期。

139. 张力:《从反射利益到基本权利》,载《改革与战略》2007年第12期。

140. 曹险峰:《在权利与法益之间——对侵权行为客体的解读》,载《当代法学》2005年第4期。

141. 王毅平、闫文秀:《以利益关系的协调促进社会和谐》,载《理论学刊》2007年第12期。

142. 郑友德等:《论反不正当竞争法的保护对象——兼评"公平竞争权"》,载《知识产权》2008年第5期。

143. 张民安等:《我国〈侵权责任法〉对他人民事权益的保护》,载《暨南学报(哲学社会科学版)》2010年第3期。

144. 温世扬:《略论侵权保护的民事权益》,载《河南政法管理干部学院学报》2011年第1期。

145. 北京市高级人民法院(2007)高民终级字第309号民事判决书。

146. 东莞市中级人民法院(2005)东法民一终字第1608号民事判决书。

147. 舒洪水、张晶:《近现代法益理论的发展及其功能化解读》,载《中国刑事法杂志》2010年第9期。

148. 甘强：《经济法与社会法的法本位界分——经济法与社会法关系研究的视角》，载《理论界》2007 年第 5 期。

149. 朱镕基：《政府工作报告》，载《人民日报》2002 年 3 月 19 日。

150. 李友根：《社会整体利益代表机制研究——兼论公益诉讼的理论基础》，载《南京大学学报（哲学人文社科版）》2002 年第 2 期。

151. 刘水林：《经济法的基本方法论探讨》，载《中南民族大学学报（人文社会科学版）》2005 年第 2 期。

152. 薛克鹏：《经济法的实质正义及其实现》，载《北方法学》2008 年第 1 期。

153. 江帆：《经济法实质正义及其实现机制》，载《环球法学评论》2007 年第 6 期。

154. 孙笑侠：《论法律与社会利益》，载《中国法学》1995 年第 4 期。

155. 王宏波：《论社会发展的协调范畴及其意义》，载《中国社会科学》1994 年第 1 期。

156. 刘红臻、肖乾刚：《走向现代性中国经济法发展的过程与启示》，载《法制与社会发展》2003 年第 1 期。

157. 王建民：《经济秩序的变迁——对四种经济秩序的社会学分析》，载《天津社会科学》2010 年第 4 期。

158. 王保树：《论经济法的法益目标》，载《清华大学学报》（哲学社会科学）2001 年第 5 期。

159. 王保树、邱本：《经济法与社会公共性论纲》，载《法律科学》2000 年第 3 期。

160. 刘文华、王长河：《经济法的本质：协调主义及其经济学基础》，载《法学杂志》2000 年第 3 期。

161. 朱沛智、胡兰玲：《论经济法之基本原则》，载《兰州大学学报（社会科学版）》2004 年第 2 期。

162. 朱苏力：《从法学著述引证看中国法学——中国法学研究现状考察之二》，载《中国法学》2003 年第 2 期。

163. 邓正来：《中国法学向何处去（中）——建构“中国法律理想图景”时代的论纲》，载《政法论坛》2005 年第 2 期。

164. 李琳、何红丽：《经济转型中政府角色重塑研究现代》，载《商贸工业》2008 年第 8 期。

165. 魏杰、董进：《改革开放后中国经济波动背后的政府因素分析》，载《中央财经大学学报》2006 年第 6 期。

166. 陈健：《经济转型中的政府转型年》，载《上海行政学院学报》2010 年第 3 期。

167. 尹鸿伟：《告别“收费政府”还有多远》，载《南风窗》2007 年第 11 期。

168. 周天勇：《高增长为何没有带来高就业》，载《山东经济战略研究》2006 第 6 期。

169. 白静：《从“经济建设型政府”转向“公共服务型政府”》，载《行政与法》2006 年第 2 期。

170. 吕忠梅：《论独立的中国经济法》，载《法商研究》1997 年第 4 期。

171. 高晋康、王伦刚：《中国经济法的经济根基——从“十一五规划”谈起》，载《现代法学》2007 年第 1 期。

172. 陈云良：《转轨经济法学：西方范式与中国现实之抉择》，载《现代法学》2006 年第 3 期。

173. 朱崇实、李晓辉：《转轨经济法：一种渐进的制度变迁模式——基于经济法学三十年发展历程考察》，载《时代法学》2009 年第 1 期。

174. 张守文：《论经济法的现代性》，载《中国法学》2000 年第 5 期。

175. 蒋悟真、李晟：《社会整体利益的法律维度——经济法基石范畴解读》，载《法律科学》2005 年第 1 期。

176. 马丽平：《论经济法的本质特征——社会整体利益》，载《财经政法资讯》2001 年第 6 期。

177. 陈云良：《回到中国——转轨经济法的存在及其价值》，载《法制与社会发展》2007 年第 6 期。

178. 刘光华：《如何正确解读转轨经济法？——兼作我的立场阐述与观点》，载《时代法学》2009 年第 1 期。

179. 李永成：《经济法的中国性问题分析》，载《现代法学》2009 年第 2 期。

180. 蒋悟真、李晟：《社会整体利益的法律维度——经济法基石范畴解读》，载《法律科学》2005 年第 1 期。

181. 胡光志、靳文辉：《国家干预经济中“政府失灵”的人性解读及控制》，载《法学评论》2009 年第 6 期。

182. 曹祺林：《马克思利益理论及其当代诠释》，载《武汉工业学院学报》2005 年第 4 期。

183. 李钢：《论社会转型的本质与意义》，载《求实》2001 年第 1 期。

184. 戚功：《社会转型、社会治理、社会回应机制链》，载《西南师范大学学报（人文社会科学版）》2006 年第 6 期。

185. 李培林：《另一只看不见的手：社会结构转型》，载《中国社会科学》1992 年第 5 期。

186. 王永进、邬泽天：《我国当前社会转型的主要特征》，载《社会科学家》2004 年第 6 期。

187. 蔡拓：《可持续发展的历史向度与当代中国社会转型》，载《文史哲》2000 年第 5 期。

188. 郭良婧：《论我国当前社会转型期的价值冲突》，载《河南大学学报（社会科学版）》2004 年第 2 期。

189. 叶澜：《试论当代中国学校文化建设》，载《教育发展研究》2006 年第 15 期。

190. 孙立平：《构建和谐，走出失衡》，载《发展论坛》2005 年第 9 期。

191. 王明霞、王羽飞：《和谐社会视野下弱势群体问题探析》，载《安徽工业大学学报（社会科学版）》2010 年第 3 期。

192. 陈少英：《和谐社会与弱势群体的财税法保护》，载《法学》2007 年第 3 期。

193. 夏挺松、卢祖洵、彭绩：《我国看病难、看病贵问题的成因及对策分析》，载《中国社会医学杂志》2011 年第 3 期。

194. 付子堂：《对利益问题的法律解释》，载《法学家》2001 年第 2 期。

195. 王锡锌：《拆迁变法：变迁、变法与社会参与》，载《行政管理改革》2010 年第 9 期。

196. 刘长：《在宜黄，反思拆迁制度》，载《民主与法制》2011 年第 1 期。

197. 张德峰：《从民商法到经济法：市场经济伦理与法律的同步演进》，载《法学评论》2009 年第 3 期。

198. 梁小民：《革命尚未成功——〈读中国改革三十年〉》，载《读书》2008 年第 11 期。

199. 邱本：《商土中国及其法治建设》，载《法制与社会发展》2004 年第 4 期。

200. 马长山：《多元和谐秩序建构中的法律功能及其实现》，载《学习与探索》2007 年第 2 期。

201. 陈槟城：《论建设和谐社会利益均衡机制的法治化选择》，载《理论研究》2005 年第 2 期。

202. 庞玉珍：《中国社会结构变迁与新型整合机制的建构》，载《社会科学战线》1999 年第 3 期。

203. 苗连营：《社会失衡的宪政根源与宪政建设的功能定位》，载《河南省政法管理干部学院学报》2011 年第 3 期。

204. 刘进：《关注中国经济法的本土资源》，载《社会科学》2001 年第 4 期。

205. 徐国栋：《市民社会与市民法》，载《法学研究》1994 年第 4 期。

206. 徐国栋：《论市民——兼论公民》，载《政治与法律》2002 年第 4 期。

207. 王卫国：《论经济法与现代经济法制》，载《1999 年司法部部属院校经济法本科教学改革研讨会论文》。

208. 陈乃新：《经济法是增量利益生产和分配法》，载《法商研究》2000 年第 2 期。

209. 谢晓尧：《政府干预与压制型立法：成因和绩效》，载《广东社会科学》2004 年第 2 期。

210. 周林彬：《中国法律经济学研究中的非法学化问题》，载《法学评论》2007 年第 1 期。

211. 王卓君：《和谐社会与构建服务型政府》，载《中国行政管理》2008 年第 1 期。

212. 张康之：《关于服务型政府的几点原则性构想》，载《上海城市管理职业技术学院学报》2007 年第 4 期。

213. 单飞跃：《公共经济法：经济法的本质解释——兼与李曙光〈经济法词义解释与理论研究的重心〉一文商榷》，载《政法论坛》2006 年第 2 期。

214. 李丽辉：《试论软法的理论生成及其应用》，载《国外社会科学》2010 年第 2 期。

215. 侣连涛、薛发如：《法利益平衡价值的法理研究》，载《昆明师范高等专科学校学报》2005 年第 2 期。

216. 江国华：《论立法价值》，载《法学评论》2005 年第 6 期。

217. 冯果、万江：《求经世之道、思济民之法——经济法之社会整体利益观诠释》，载《法学评论》2004 年第 3 期。

218. 陈云良、张德峰：《国家调节权的产生及其根源》，载《政法论坛》2004 年第 3 期。

219. 徐锋：《基本公共服务应均等化》，载《广州日报》2006 年 11 月 13 日。

220. 丛中笑：《经济法公平观在当代中国的现实阐释——以基本公共服务均等化为对象的解读》，载《当代法学》2009 年第 4 期。

221. 刘尚希、杨元杰、张询：《基本公共服务均等化与公共财政制度》，载《经济研究参考》2008 年第 3 期。

222. 童之伟：《国家权力和公民权利对立统一关系论纲》，载《中国法学》1995 年第 2 期。

223. 蔡荣鑫：《包容性增长理念的形成及其政策内涵》，载

《经济学家》2009年第1期。

224. 王利清：《中国不平等的消解有赖于共享式增长》，载《前沿》2009年第3期。

225. 陆岷峰、张惠：《包容性增长的内涵辨析及现实要点》，载《江南论坛》2010年第11期。

226. 岳彬：《包容性增长的时代价值与实践取向》，载《安徽师范大学学报（人文社会科学版）》，2010年第11期。

227. 李培才：《从政府干预的历史演变看政府干预的法治化与程序化》，载《河南省政法管理干部学院学报》2004年第1期。

228. 胡光志、靳文辉：《国家干预经济中政府失灵的人性解读及控制》，载《法学评论》2009年第6期。

229. 刘元春：《论路径依赖分析框架》，载《教学与研究》1999年第1期。

230. 刘飞轮、袁亚飞：《浅析市民社会在限制政府权力中的作用》，载《延安大学学报（社会科学版）》2007年第5期。

231. 李昌麒、王怀勇：《政府干预市场的边界——以和谐产业发展的法治要求为例》，载《政治与法律》2006年第4期。

232. 应飞虎：《需要干预经济关系论》，载《中国法学》2001年第2期。

233. 王安平、李智：《限制政治权力的途径分析》，载《政治与法律》2006年第4期。

234. 曾锋辉：《论转型时期政府权力的有限与有效》，载《南昌大学学报（人文社会科学版）》2002年第4期。

235. 陈云良：《谨慎干预——经济法的现代新理念》，载《法商研究》2001年第3期。

236. 董延林、王秉春：《经济法与政府干预经济的法治》，载《学习与探索》2003年第9期。

237. 陈宗璋：《均衡干预的法律机制问题研究》，载《南都学坛（人文社会科学学报）》2003年第1期。

238. 王学政：《政府依法干预市场的涵义》，载《工商管理研究》2000年第12期。

239. 胡光志、靳文辉：《国家干预经济中政府失灵的人性解读及控制》，载《法学评论》2009年第6期。

240. 沈荣华、侯焕春：《论行政强制执行中的行政责任》，载《江海学刊》2000年第6期。

241. 邓峰：《论经济法上的责任——公共责任与财务责任的融合》，载《中国人民大学学报》2003年第3期。

242. 贾西津：《中国公民社会发育的第三条路径》，载《中国行政管理》2003年第3期。

243. 栾晓峰，李涛：《转变公共治理主体结构，促进和谐社会的构建》，载《新视野》2006年第5期。

244. 赖瀚蔚：《公共治理食鱼虾的公益诉讼》，载《中山大学学报（社会科学版）》2008年第4期。

245. 刘飞轮、袁亚飞：《浅析市民社会在限制政府权力中的作用》，载《延安大学学报（社会科学版）》2007年第5期。

246. 刘大洪、李华振：《政府失灵语境下的第三部门的研究》，载《法学评论》2005年第6期。

247. 朱健刚：《草根NGO与中国公民社会的成长》，载《开放时代》2004年第6期。

248. 高兵桃：《我国民间组织面临的法律困境及制度重构》，载《云南行政学院学报》2009年第5期。

249. 李佳萱：《经济法视野中的社会中间层主体》，载《前沿》2005年第7期。

250. 王小平、高兵斌：《民间组织与村寨治理》，载《学会》2009年第1期。

251. 史美强、蔡武轩：《网络状化社会与治理概念初探》，载《中国行政评论》2000年第1期。

252. 朱德米：《网络状公共治理：合作与共治》，载《华中师范大学学报（人文社会科学版）》2004年第3期。

253. 吴新星、蒋慧：《公共服务的公共治理视角》，载《重庆工学院学报》2009年第2期。

254. 冯果、万江：《社会整体利益的代表与形成机制探究》，载《当代法学》2004 年第 3 期。

255. 马长山：《公共舆论与和谐社会的法治秩序》，载《浙江社会科学》2006 年第 5 期。

256. 陈发桂：《我国基层维稳运行机制的理性化建构探析》，载《长白学刊》2010 年第 5 期。

257. 王利明：《证券法中民事责任及其实现机制》，载《人民法院报》2001 年 4 月 26 日。

258. 苏家成、明军：《公益诉讼制度初探》，载《法律适用》2000 年第 10 期。

259. 林莉红：《公益诉讼与公益法的实践、制度和价值》，载《法学研究》2006 年第 6 期。

260. 常修泽：《和谐社会的价值，特征和构建思路》，载《人民日报》2005 年 3 月 18 日。

261. 胡锦涛：《在省部级主要领导干部提高构建社会主义和谐社会能力专题研讨班上的讲话》，载《人民日报》2005 年 6 月 27 日。

262. 汤吉军：《沉淀成本与政府管制政策》，载《产经评论》2010 年第 2 期。

263. 常修泽：《和谐社会的价值，特征和构建思路》，载《人民日报》2005 年 3 月 18 日。

264. 中共中央党校经济部教研部课题组：《试论社会主义和谐社会的构建》，载《光明日报》2005 年 3 月 18 日。

265. 李卓：《利益语境下经济法的价值分析》，载《当代法学》2006 年第 3 期。

266. 夏杰长、李勇坚：《中国社会各阶层的经济利益分配机制》，载《求索》2001 年第 4 期。

267. 漆彤、漆多俊：《科学发展观：当代中国经济法良法观之核心》，载《法学评论》2006 年第 6 期。

268. 李昌麒、鲁篱：《中国经济法现代化的若干思考》，载《法学研究》1999 年第 3 期。

269. 麻宝斌：《整体利益与公共悖论》，载《江苏社会科学》

2002年第1期。

270. 武威：《论公益诉讼制度兼论我国公益制度的缺陷与完善》，载《岭南学刊》2009年第2期。

271. 薛克鹏：《论经济法的社会本位理念及其实现》，载《现代法学》2006年第6期。

272. 孙立平：《社会转型：发展社会学的新议题》，载《社会学研究》2005年第1期。

273. 单飞跃：《需要国家干预说的法哲学分析》，载《现代法学》2005年第2期。

274. 谢志平：《论利益·权利·权力及其关系》，载《湖南大学学报》1999年第1期。

275. 徐前权：《法学视角中和谐社会的本质》，载《长江大学学报》（社会科学版）2007年第6期。

（四）国内电子资料

1. 樊启荣：《社会法的范畴及体系的展开——简论社会保障法的概念和体系》，载中国私法网。

2. 符启林：《论政府与市场的关系》，载《经济法网》。

3. 程宝山、周志明：《论经济法的平衡理念》，载经济法网。

4. 刘水林：《矫正贫富分化的经济法思考》，载经济法网。

5. 陈会平：《论经济法的本质及其发展趋势》，载经济法网。

6. 《第十七届全国经济法理论研讨会综述》，载经济法网2010年4月29日发布。

7. 符启林、罗晋京：《论社会公共利益和经济法》，载经济法网。

8. 张秋华、顾佳：《从利益本位入手看经济法独立部门法地位》，载经济法网。

9. 张永忠：《和谐社会视域下经济法的公共治理之道——我国经济法治现象变迁的理论解释》，载经济法网。

10. 郭富青：《从经济法的本位、本质看其权益结构》，载北大信息网。

11. 岳彩申：《论经济法形式理性的优先性》，载经济法网。

12 冯果：《宪法秩序下的经济法法权结构探究》，载武汉大学经济法网站。

13. 吕忠梅、廖华：《论社会利益及其法律调控》，载经济法网。

14. 黄欣：《科学发展观与宏观调控法关系研究》，载经济法网。

15. 赵万一：《论民法的伦理性价值》，载经济法网。

16. 朱又红：《第三部门的社会创新》，http//www. cydf. org. /gb/conference/speech/paper-c/。

17. 康晓光：《转型时期的中国社团》，http：//www. cydf. org. /gb/conference/speech/paper-c/。

二、中文翻译文献

1. ［英］洛克：《政府论》，叶启芳、瞿菊农译，商务印书馆 1997 年版。

2. ［法］孟德斯鸠：《论法的精神》，张雁深译，商务印书馆 1982 年版。

3. ［英］哈耶克：《自由秩序原理》，邓正来译，三联书店 1997 年版。

4. ［法］卢梭：《社会契约论》，何兆武译，商务印书馆 1979 年版。

5. ［英］罗素：《西方哲学史》，马元德译，商务印书馆 1997 年版。

6. ［美］约翰·罗尔斯：《正义论》，何怀宏等译，中国社会科学出版社 1988 年版。

7. ［美］伯纳德·施瓦茨：《美国法律史》，王军等译，中国政法大学出版社 1989 年版。

8. ［英］霍布豪斯：《自由主义》，朱曾汶译，商务印书馆 1996 年版。

9. ［德］黑格尔：《法哲学原理》，范扬、张企泰译，商务印书馆 1961 年版。

10. ［美］E. 博登海默：《法理学：法律哲学和法律方法》，邓正来译，中国政法大学出版社 1999 年版。

11. ［美］科塞：《社会冲突的功能》，孙立平等译，华夏出版社 1989 年版。

12. ［德］汉斯·贝恩德·舍费尔、克劳斯·奥特：《民法的经济分析》，江青云、杜涛译，法律出版社 2009 年版。

13. ［美］约翰·麦·赞恩著：《法律的故事》，刘昕等译，江苏人民出版社 1998 年版。

14. ［美］理查德·A. 波斯纳：《法律的经济分析》，蒋兆康等译，中国大百科全书出版社 1997 年版。

15. ［美］伯尔曼：《法律与宗教》，梁治平译，中国政法大学出版社 2003 年版。

16. ［日］南博方：《日本行政法》，杨建顺、周作彩译，中国人民大学出版社 1998 年版。

17. ［美］罗伯特·考特、托马斯·尤伦：《法和经济学》，张军等译，三联书店、上海人民出版社 1994 年版。

18. ［美］乔纳森·特纳：《现代西方社会学理论》，范伟达译，天津人民出版社 1998 年版。

19. ［日］丹宗昭信、厚谷襄儿：《现代经济法入门》，谢次昌译，群众出版社 1985 年版。

20. ［德］拉德布鲁赫：《法学导论》，米健等译，中国大百科全书出版社 1997 年版。

21. ［美］路易斯·亨金：《宪政与权利》，郑戈等译，三联书店 1996 年版。

22. ［法］卢梭：《社会契约论》，何兆武译，商务印书馆 1994 年版。

23. ［美］彼得·斯坦等：《西方社会的法律价值》，王献平译，中国人民公安大学出版社 1990 年版。

24. ［美］约翰·罗尔斯：《作为公平的正义》，姚大志译，上海三联书店 2003 年版。

25. ［美］诺内特·塞尔兹尼克：《转变中的法律与社会》，张志铭译，中国政法大学出版社 1994 年版。

26. ［美］罗斯科·庞德：《通过法律的社会控制：法律的任务》，沈宗灵译，商务印书馆 1984 年版。

27. ［美］米尔顿，弗里德曼，《资本主义与自由》，商务印书馆 1986 年版。

28. ［美］罗伯特·考特和托马斯·尤伦，《法和经济学》，三联出版社 1994 年版。

29. ［德］马克斯·韦伯：《经济与社会》，林荣远译，商务印书馆 1997 年版。

30. ［德］马克斯·韦伯：《论经济与社会中的法律》，张乃根译，中国大百科全书出版社 1998 年版。

31. ［美］库恩：《科学革命的结构》，金吾伦、胡新和译，北京大学出版社 2003 年版。

32. ［法］霍尔巴赫：《自然的体系》（上卷），管士宾译，商务印书馆 1999 年版。

33. ［法］罗素：《宗教与科学》，徐弈春、林国夫译，商务印书馆 1982 年版。

34. ［英］哈耶克：《致命的自负》，冯克利等译，中国社会科学出版社 2000 年版。

35. ［英］哈特：《法律的概念》，张文显等译，中国大百科全书出版社 1996 年版。

36. ［英］麦考密克、［奥］魏因贝格尔：《制度法论》，周叶谦译，中国政法大学出版社 1994 年版。

37. ［古希腊］亚里士多德：《政治学》，吴寿彭译，商务印书馆 1965 年版。

38. ［美］约翰·罗尔斯：《正义论》，何怀宏、何包钢、廖申白译，中国社会科学出版社 1988 年版。

39. ［德］黑格尔：《法哲学原理》，范扬、张企泰译，商务印书馆 1961 年版。

40. ［德］哈贝马斯：《公共领域的结构转型》，曹卫东等译，学林出版社 1999 年版。

41. ［美］博登海默：《法理学、法哲学和法律方法》，邓正来译，中国政法大学出版社 1999 年版。

42. ［美］汉密尔顿等：《联邦党人文集》，程逢如等译，商务印书馆 1980 年版。

43. ［古罗马］盖尤斯：《法学阶梯》，黄风译，中国政法大学出版社 1996 年版。

44. ［日］渡部乔一：《日本的经济法（上）》，载《外部经济与管理》1979 年第 5 期。

45. ［美］保罗·萨缪尔森、威廉·诺德豪斯：《经济学》（第 16 版）中译本，华夏出版社 1999 年版。

46. ［英］休谟著：《人性论》，关文运译，商务印书馆 1980 年版。

47. ［德］维利·斯坦尼斯罗·克劳斯：《社会市场经济》，张仲福译，重庆出版社 1995 年版。

48. ［法］德萨米：《公有法典》，黄建华、姜亚洲译，商务印书馆 1982 年版。

49. ［德］拉德布鲁赫：《法学导论》，米健等译，中国大百科全书出版社 1997 年版。

50. ［美］凯恩斯：《就业、利息与货币通论》，高鸿业译，商务印书馆 1983 年版。

51. ［英］哈耶克：《法律、立法和自由》，邓正来主译，中国大百科全书出版社 2000 年版。

52. ［美］曼纽尔·卡斯特：《网络社会的崛起》，夏铸九等译，社会科学文献出版社 2001 年版。

53. ［法］米歇尔·福柯著：《规训与惩罚》（第 3 版），刘北成、杨远婴译，生活·读书·新知三联书店 2007 年版。

54. ［美］诺斯等著：《西方世界的兴起》，厉以平等译，华夏出版社 1999 年版。

55. ［美］乔尔·莫基尔著：《雅典娜的礼物——知识经济的历史起源》，段异兵等译，科学出版社 2011 年版。

56. ［美］亨廷顿：《变化社会中的政治秩序》，上海译文出版社 1987 年版。

57. ［美］托夫勒：《权力的转移》，吴迎春等译，中信出版社 2006 年版。

58. ［美］斯科奇姆著：《创新与激励》，刘勇等译，格致出版社、上海人民出版社 2010 年版。

59. ［美］安守廉：《窃书为雅罪》，李琛译，法律出版社 2010 年版。

60. ［美］丹尼尔·贝尔：《资本主义文化矛盾》，赵一凡等译，生活·读书·新知三联书店 1989 年版。

61. ［德］魏德士：《法理学》，丁小春等译，法律出版社 2003 年版。

62. ［英］拉尔夫·达仁道夫：《现代社会冲突》，林荣远译，中国社会科学出版社 2000 年版。

63. ［英］罗杰·科特威尔：《法律社会学导论》，潘大松等译，华夏出版社 1989 年版。

64. ［美］查尔斯·霍顿·库利：《人类本性与社会秩序》，包凡一等译，华夏出版社 1989 年版。

65. ［德］柯武刚、史漫飞：《制度经济学——社会秩序与公共政策》，韩朝华译，商务印书馆 2000 年版。

66. ［英］威尔逊：《美味欺诈》，周继岚译，生活·读书·新知三联书店 2010 年版。

67. ［美］吉尔茨著：《地方性知识：事实与法律的比较透视》，邓正来译，载梁治平编著：《法律的文化解释》，北京三联书店 1994 年版。

68. ［美］哈罗德·J. 伯尔曼：《法律与革命——西方法律传统的形成》，贺卫方等译，中国大百科全书出版社 1993 年版。

69. ［美］劳伦斯·莱斯格：《代码：塑造网络空间的法律》，李旭等译，中信出版社 2004 年版。

70. ［美］詹姆斯·M. 布坎南、戈登·塔洛克：《同意的计算：立宪民主的逻辑基础》，陈光金译，中国社会科学出版社 2000 年版。

71. ［美］乔·M. 史蒂文斯:《集体选择经济学》，杨晓维等译，上海三联书店 2003 年版。

72. ［美］阿罗:《社会选择与个人价值》，丁建峰译，四川人民出版社 1987 年版。

73. ［美］本杰明·N. 卡多佐:《法律的成长、法律科学的悖论》，董炯等译，中国法制出版社 2002 年版。

74. ［美］德布拉吉·瑞:《发展经济学》，陶然等译，北京大学出版社 2002 年版。

75. ［美］迈克尔 P. 托达罗、史斯密斯:《发展经济学》，余向华等译，机械工业出版社 2009 年版。

76. ［美］詹姆斯·C. 斯科特:《国家的视角——那些试图改善人类状况的项目是如何失败的》，王晓毅译，社会科学文献出版社 2004 年版。

77. ［美］诺思:《经济史中的结构与变迁》，陈郁、罗华平译，上海三联书店 1991 年版。

78. ［美］萨缪尔森、诺德豪斯:《经济学》(第十七版)，萧琛主译，人民邮电出版社 2003 年版。

79. ［古希腊］亚里士多德:《政治学》，吴寿彭译，商务印书馆 1965 年版。

80. ［美］托克维尔:《论美国的民主》，董果良译，商务印书馆 1988 年版。

81. ［美］萨托利:《民主新论》，冯克利、阎克文译，东方出版社 1993 年版。

82. ［英］格里·斯托克:《作为理论的治理:五个论点》，华夏风译，载《国际社会科学》1999 年第 1 期。

83. ［法］福柯:《性经验史》，余碧平译，上海人民出版社 2005 年版。

84. ［法］福柯:《规训与惩罚》，刘北成等译，三联书店 2003 年版。

85. ［美］曼库尔·奥尔森:《国家的兴衰探源——经济增长、滞胀与社会僵化》，吕应中译，商务印书馆 1999 年版。

86. ［冰岛］思拉恩·埃格特森：《经济行为与制度》，吴经邦等译，商务印书馆 2004 年版。

87. ［美］唐纳德·威特曼：《法律经济分析文献精选》，苏力等译，法律出版社 2006 年版。

88. ［德］哈贝马斯：《在事实与规范之间——关于法律和民主法治国的商谈理论》，童世骏译，生活·读书·新知三联书店 2003 年版。

89. ［美］卡拉布雷西：《事故的成本》，毕竞悦、陈敏、宋小维译，北京大学出版社 2008 年版。

90. ［美］亚历山大·M. 比克尔：《最小危险部门—政治法庭上的最高法院》，姚中秋译，北京大学出版社 2007 年版。

91. ［美］科恩：《论民主》，聂崇信、朱秀贤译，商务印书馆 1988 年版。

三、国外文献

1. Jeffrey Sachs, Katharina Pistor, Introduction: Progress, Pitfalls, Scenaros, and Lost Opportunities. Jeffrey Sachs, Katharina Pistor eds. The Rule of Law and Economic Reform in Russia. Westview Press 1997.

2. Anschutz RP. The Philosophy of JS Mill. Oxford Press, 1953.

3. Beck Lewis, White Beck. A Commentary onKant's CRITIQUE of Practical Reason, Chicago: University of Chicago Press, 1960.

4. Cotterell R. The Polirics of Jurisprudence: A Critical Introduction to Legal Philosophy, London: Butterworths Press, 1989.

5. Roscoe Pound, Individualization of Justice, 7 Fordham Law Review153, 1938: 166.

6. Max Radin, Law as Logic and Experience, New Heaven, Yale University Press 1940.

7. Benjamin N. Cardozo, The Nature of Judicial Process, Yale University Press, 1921.

8. Roscoe Pound, Fifty Years of Jurisprudence, 1937 Harvard Law

Review, 573.

9. See Lawrence K. Fineley, Public Sector Privation : Alternative Approaches to Service Delivery, Greenwood Press, 1989: 11.

10. See Oliver Wendell Holmes, The Common Law , Harvard University, 1963: 5.

11. See Haque M . Shamsu, The Diminishing Publicness of Publicservice Under the Cyrrent Mode of Governance, Public Administration Review, 2001: 67.

12. Adam Fergusonl An Easy on the history of Civil Society9（影印本）. 中国政法大学出版社 2003 年版。

13. Barneet, S. and Brooks, R. (2006). What's Driving Investment in China?, wp/06/265.

14. Edith BrownWeiss (ed.), Environmental Change and International Law: New Challenges and Dimensions.

15. Pound, A Survey of Social Interests, 57 Harvard Law Review 43 (1943).

16. NORTH D C. Institutions, institutional change and economic performance. Lomdon: Cambridge University Press, 1990: 95.

17. Gunther Teubner, The "State" of Private Net works: The EmergingLegal Regime of Polycor poratism in Germany, B. Y. U. L. Rev. 1993: 533.